Suhrkamp BasisBibliothek 98

Diese Ausgabe der »Suhrkamp BasisBibliothek – Arbeitstexte für Schule und Studium« bietet Heinrich von Kleists Drama *Das Käthchen von Heilbronn* nach dem Erstdruck des gesamten Textes aus dem Jahr 1810. Ergänzt wird diese Edition von einem Kommentar, der alle für das Verständnis des Dramas erforderlichen Informationen und Materialien enthält und den intertextuellen Charakter der Texte Kleists unterstreicht: die Entstehungsgeschichte, Dokumente zur zeitgenössischen Wirkung, einen Überblick über die verschiedenen Deutungsansätze, Literaturhinweise sowie Wort- und Sacherläuterungen.

Axel Schmitt, Lehrbeauftragter für Neuere deutsche Literatur an der Universität Marburg. Mitherausgeber der Lessing-Ausgabe im Deutschen Klassiker Verlag, Herausgeber von Lessings *Emilia Galotti* (SBB 44), *Miß Sara Sampson* (SBB 52) sowie Kleists *Der zerbrochne Krug* (SBB 66) und *Penthesilea* (SBB 72). Publikationen u. a. zu Grimmelshausen, Lessing, Lenz, Kleist, Hebbel, Kafka, Canetti, Celan, Benjamin, Scholem, Derrida, Foucault, Baudrillard, Blanchot, Antikerezeption in der deutschen Literatur, deutsch-jüdische Literaturgeschichte und Literatur nach der Shoah.

Heinrich von Kleist
Das Käthchen von Heilbronn oder Die Feuerprobe

Ein großes historisches Ritterschauspiel
Berlin 1810

Mit einem Kommentar
von Axel Schmitt

Suhrkamp

Der vorliegende Text sowie ein Großteil der Wort- und
Sacherläuterungen folgen der Ausgabe: Heinrich von Kleist.
Sämtliche Werke und Briefe. Bd. 2: *Penthesilea/
Das Käthchen von Heilbronn/Die Herrmannsschlacht/
Prinz Friedrich von Homburg. Dramen 1808-1811.*
Unter Mitwirkung von Hans-Rudolf Barth hg. von
Ilse-Marie Barth und Hinrich C. Seeba, S. 321-434.
Frankfurt am Main: Deutscher Klassiker Verlag 1987.

Originalausgabe
Suhrkamp BasisBibliothek 98
Erste Auflage 2009

© Text: Deutscher Klassiker Verlag Frankfurt am Main 1987
© Kommentar: Suhrkamp Verlag Frankfurt am Main 2009

Satz: Jouve Germany, Kriftel
Druck: CPI – Ebner & Spiegel, Ulm
Umschlagabbildung: akg – images
Umschlaggestaltung: Regina Göllner und Hermann Michels
Printed in Germany

ISBN 978-3-518-18898-9

1 2 3 4 5 6 – 14 13 12 11 10 09

Inhalt

Das Käthchen von Heilbronn
oder Die Feuerprobe
ein großes historisches Ritterschauspiel

⟨Erstdruck⟩

Personen

DER KAISER
GEBHARDT, Erzbischof von Worms
FRIEDRICH WETTER, GRAF VOM STRAHL
GRÄFIN HELENA, seine Mutter
ELEONORE, ihre Nichte
RITTER FLAMMBERG, des Grafen Vasall
GOTTSCHALK, sein Knecht
BRIGITTE, Haushälterin im gräflichen Schloß
KUNIGUNDE VON THURNECK
ROSALIE, ihre Kammerzofe
⟨SYBILLE, deren Stiefmutter⟩
THEOBALD FRIEDEBORN, Waffenschmidt aus Heilbronn
KÄTHCHEN, seine Tochter
GOTTFRIED FRIEDEBORN, ihr Bräutigam
MAXIMILIAN, BURGGRAF VON FREIBURG
GEORG VON WALDSTÄTTEN, sein Freund
⟨RITTER SCHAUERMANN, ⎱ seine Vasallen⟩
⟨RITTER WETZLAF, ⎰
DER RHEINGRAF VOM STEIN, Verlobter Kunigundens
FRIEDRICH VON HERRNSTADT, ⎱ seine Freunde
EGINHARDT VON DER WART, ⎰
GRAF OTTO VON DER FLÜHE, ⎱ Räte des Kaisers
WENZEL VON NACHTHEIM, ⎬ und Richter des
HANS VON BÄRENKLAU, ⎰ heimlichen Gerichts
JACOB PECH, ein Gastwirt
DREI HERREN VON THURNECK
KUNIGUNDENS ALTE TANTEN
EIN KÖHLERJUNGE
EIN NACHTWÄCHTER
MEHRERE RITTER
EIN HEROLD, ZWEI KÖHLER, BEDIENTEN, BOTEN,
HÄSCHER, KNECHTE und VOLK
Die Handlung spielt in Schwaben.

Erster Akt

Szene: Eine unterirdische Höhle, mit den Insignien* des ᒥFemgerichtsᒣ, *von einer Lampe erleuchtet.*

Amts- oder Herrschafts-zeichen; hier: Schwert u. Strick

Erster Auftritt

Graf Otto von der Flühe als Vorsitzer, Wenzel von Nacht-heim, Hans von Bärenklau, als Beisassen*; mehrere Gra-fen, Ritter und Herren*, sämtlich vermummt, Häscher mit Fackeln u. s. w. – Theobald Friedeborn, Bürger aus Heil-bronn als Kläger, Graf Wetter vom Strahle als Beklagter, stehen vor den ᒥSchrankenᒣ.

Beisitzer

Angehörige des niederen Adels

GRAF OTTO *steht auf:* ᒥWir, Richter des hohen, heimlichen Gerichtsᒣ, die wir, die irdischen Schergen* Gottes, ᒥVorläufer der geflügelten Heereᒣ, die er in seinen Wolken mustert, den Frevel aufsuchen, da, wo er, in der Höhle
5 der Brust, gleich einem Molche verkrochen, vom Arm weltlicher Gerechtigkeit nicht aufgefunden werden kann: wir rufen dich, Theobald Friedeborn, ehrsamer und vielbekannter Waffenschmidt aus Heilbronn auf, deine Klage anzubringen gegen Friedrich, Graf Wetter
10 vom Strahle; denn dort, auf den ersten Ruf der ᒥheiligen Femeᒣ, von des Femherolds Hand dreimal mit dem Griff des Gerichtsschwerts, an die Tore seiner Burg, deinem Gesuch gemäß, ist er erschienen, und fragt, was du willst?

Von mhd. scherje; seit dem 13. Jh. Gerichtsper-sonen vom Amtsvorste-her bis zum Henker

Er setzt sich.

15 THEOBALD FRIEDEBORN Ihr hohen, heiligen und geheim-nisvollen Herren! Hätte e r, auf den* ich klage, sich bei mir ausrüsten lassen – setzet* in Silber, von Kopf bis zu Fuß, oder in schwarzen Stahl, Schienen, Schnallen und Ringe von Gold; und hätte nachher, wenn ich gespro-

Veraltet für: gegen den

nehmt an

chen: Herr, bezahlt mich! geantwortet: Theobald! Was 20
willst du? Ich bin dir nichts schuldig; oder wäre er vor
die Schranken meiner Obrigkeit getreten, und hätte meine Ehre, ⌐mit der Zunge der Schlangen⌐ – oder wäre er
aus dem Dunkel mitternächtlicher Wälder herausgebro-
chen und hätte mein Leben mit Schwert und Dolch, 25
angegriffen: so wahr mir Gott helfe! ich glaube, ich hätte nicht vor euch geklagt. Ich erlitt, in drei und funfzig
Jahren, da ich lebe, so viel Unrecht, daß meiner Seele
Gefühl nun gegen seinen Stachel wie gepanzert ist; und
während ich Waffen schmiede, für Andere, die die Mük- 30
ken stechen, sag ich selbst zum Skorpion: fort mit dir!
und laß ihn fahren. Friedrich, Graf Wetter vom Strahl,
hat mir mein Kind verführt, meine Katharine. Nehmt
ihn, ihr irdischen Schergen Gottes, und überliefert* ihn
allen geharnischten* Scharen, die an den Pforten der 35
Hölle stehen und ihre glutroten Spieße schwenken: ich
klage ihn ⌐schändlicher Zauberei⌐, aller ⌐Künste der
schwarzen Nacht⌐ und der Verbrüderung mit dem Satan
an!

GRAF OTTO Meister Theobald von Heilbronn! Erwäge 40
wohl, was du sagst. Du bringst vor, der Graf vom Strahl,
uns vielfältig und von guter Hand* bekannt, habe dir
dein Kind verführt. Du klagst ihn, hoff ich, der Zauberei
nicht an, weil er deines Kindes H e r z von dir abwendig
gemacht? Weil er ein Mädchen, voll rascher Einbildun- 45
gen*, mit einer ⌐Frage, wer sie sei⌐? oder wohl gar mit
dem bloßen Schein seiner roten Wangen, unter dem
Helmsturz* hervorglühend, oder mit irgend einer andern Kunst des hellen Mittags ausgeübt auf jedem Jahrmarkt, für sich gewonnen hat? 50

THEOBALD Es ist wahr, ihr Herren, ich sah ihn nicht zur
Nachtzeit, an Mooren und schilfreichen Gestaden, oder
wo sonst des Menschen Fuß selten erscheint, umher-
wandeln und mit den ⌐Irrlichtern⌐ Verkehr treiben. ⌐Ich

aus zuver-
lässigen
Quellen

Übersteig-
gerte Vor-
stellungen

Visier des
Helms

⁵⁵ fand ihn nicht⌐ auf den Spitzen der Gebirge, den Zau-
berstab in der Hand, das unsichtbare Reich der Luft
abmessen, oder in unterirdischen Höhlen, die kein
Strahl erhellt, Beschwörungsformeln aus dem Staub her-
aufmurmeln. Ich sah den Satan und die Scharen, deren
⁶⁰ Verbrüderten ich ihn nannte, mit Hörnern, Schwänzen
und Klauen, wie sie zu Heilbronn, über dem Altar abgebildet sind, an seiner Seite nicht. Wenn ihr mich
gleichwohl reden lassen wollt, so denke ich es durch eine
schlichte Erzählung dessen, was sich zugetragen, dahin
⁶⁵ zu bringen, daß ihr aufbrecht, und ruft: unsrer sind drei-
zehn und der vierzehnte ist der Teufel! zu den Türen
rennt und den Wald, der diese Höhle umgibt, auf drei-
hundert Schritte im Umkreis, mit euren Taftmänteln*   <small>Leichter Sei-</small>
und Federhüten besäet.   <small>denmantel</small>

⁷⁰ GRAF OTTO Nun, du alter, wilder Kläger! so rede!

THEOBALD Zuvörderst* müßt ihr wissen, ihr Herren, daß   <small>Zuerst</small>
mein Käthchen Ostern, die nun verflossen, funfzehn
Jahre alt war; gesund an Leib und Seele, ⌐wie die ersten
Menschen⌐, die geboren worden sein mögen; ein Kind
⁷⁵ recht nach der Lust Gottes, ⌐das heraufging aus der
Wüsten⌐, am stillen Feierabend meines Lebens, wie ein
gerader Rauch von Myrrhen und Wachholdern! Ein Wesen von zarterer, frommerer und lieberer Art müßt ihr
euch nicht denken, und kämt ihr, auf ⌐Flügeln der
⁸⁰ Einbildung⌐, zu den lieben, kleinen Engeln, die, mit hel-
len Augen, aus den Wolken, unter Gottes Händen und
Füßen hervorgucken. Ging sie in ihrem ⌐bürgerlichen
Schmuck⌐ über die Straße, den Strohhut auf, von gelbem
Lack erglänzend, das schwarzsamtene Leibchen, das ih-
⁸⁵ re Brust umschloß, mit feinen Silberkettlein behängt: so
lief es flüsternd von allen Fenstern herab: das ist das
Käthchen von Heilbronn; das Käthchen von Heilbronn,
ihr Herren, ⌐als ob der Himmel von Schwaben sie
erzeugt⌐, und von seinem Kuß geschwängert, die Stadt,

Diminutiv
für Muhme
(Schwester
der Mutter)
u. Base
(Schwester
des Vaters);
Bez. für alle
weibl. Ver-
wandten

Der Tag der
hl. Katharina
ist der
25. 11.

drängelte
sich

die unter ihm liegt, sie geboren hätte. Vettern und Basen, 90
mit welchen die Verwandtschaft, seit drei Menschenge-
schlechtern vergessen worden war, nannten sie, auf
Kindtaufen und Hochzeiten, ihr liebes Mühmchen, ihr
liebes Bäschen*; der ganze Markt, auf dem wir wohnten,
erschien an ihrem Namenstage*, und bedrängte sich* 95
und wetteiferte, sie zu beschenken; wer sie nur einmal,
gesehen und einen Gruß im Vorübergehen von ihr empfangen hatte, schloß sie acht folgende Tage lang, als ob
sie ihn gebessert hätte, in sein Gebet ein. Eigentümerin
eines Landguts, das ihr der Großvater, mit Ausschluß 100
meiner, als einem Goldkinde, dem er sich liebreich be-
zeigen wollte, vermacht hatte, war sie schon unabhän-
gig von mir, eine der wohlhabendsten Bürgerinnen der
Stadt. Fünf Söhne wackerer Bürger, bis in den Tod von
ihrem Werte gerührt, hatten nun schon um sie angehal- 105
ten; die Ritter, die durch die Stadt zogen, weinten, daß
sie kein ⌈Fräulein⌉ war; ach, und wäre sie Eines gewesen,
⌈das Morgenland wäre aufgebrochen⌉, und hätte Perlen
und Edelgesteine, von Mohren getragen, zu ihren Füßen
gelegt. Aber sowohl ihre, als meine Seele, bewahrte der 110
Himmel vor Stolz; und weil Gottfried Friedeborn, der
junge Landmann, dessen Güter das ihrige umgrenzen,
sie zum Weibe begehrte, und sie auf meine Frage: Ka-

Ältere Form
für: willst du

tharine, willt du* ihn? antwortete: Vater! Dein Wille sei
meiner; so sagte ich: der Herr segne euch! und weinte 115
und jauchzte, und beschloß, Ostern, die kommen, sie
nun zur Kirche zu bringen. – So war sie, ihr Herren,
bevor sie mir dieser entführte.

GRAF OTTO Nun? Und wodurch entführte er sie dir?
Durch welche Mittel hat er sie dir und dem Pfade, auf 120
welchen du sie geführt hattest, wieder entrissen?

THEOBALD Durch welche Mittel? – Ihr Herren, wenn ich
das sagen könnte, ⌈so begriffen es diese fünf Sinne⌉, und
so ständ ich nicht vor euch und klagte auf alle, mir un-

begreiflichen, Greuel der Hölle. Was soll ich vorbringen,
wenn ihr mich fragt, durch welche Mittel? Hat er sie am
Brunnen getroffen, wenn sie Wasser schöpfte, und gesagt: Lieb Mädel, wer bist du? hat er sich an den Pfeiler
gestellt, wenn sie aus der Mette* kam, und gefragt: Lieb
Mädel, wo wohnst du? hat er sich, bei nächtlicher Wei-
le*, an ihr Fenster geschlichen, und, indem er ihr einen
Halsschmuck umgehängt, gesagt: Lieb Mädel, wo ruhst
du? Ihr hochheiligen Herren, damit war sie nicht zu
gewinnen! Den ⌐Judaskuß⌐ erriet unser Heiland nicht rascher, als sie solche Künste. Nicht mit Augen, seit sie
geboren ward, hat sie ihn gesehen; ihren Rücken, und
⌐das Mal⌐ darauf, das sie von ihrer seligen Mutter erbte,
kannte sie besser, als ihn.

Von mhd. metti(n); Gottesdienst am frühen Morgen

Vmtl. in der Bedeutung von: bei nächtlicher Gelegenheit

Er weint.

GRAF OTTO *nach einer Pause:* Und gleichwohl, wenn er sie
verführt hat, du wunderlicher* Alter, so muß es wann
und irgendwo geschehen sein?

Hier: seltsam, verschroben, kauzig

THEOBALD ⌐Heiligen Abend vor Pfingsten⌐, da er auf fünf
Minuten in meine Werkstatt kam, um sich, wie er sagte,
eine Eisenschiene, die ihm zwischen Schulter und Brust
losgegangen war, wieder zusammenheften zu lassen.

WENZEL Was!

HANS Am hellen Mittag?

WENZEL Da er auf fünf Minuten in deine Werkstatt kam,
um sich eine Brustschiene anheften zu lassen?

Pause.

GRAF OTTO Fasse dich, Alter, und erzähle den Hergang.

THEOBALD *indem er sich die Augen trocknet:* Es mogte
ohngefähr eilf Uhr* Morgens sein, als er, mit einem ⌐Troß
Reisiger⌐, vor mein Haus sprengte, rasselnd, ⌐der Erz-
gepanzerte⌐, vom Pferd stieg, und in meine Werkstatt
trat: das Haupt tief herab neigt' er, um mit den Reiher-
büschen*, die ihm vom Helm niederwankten, durch die
Tür zu kommen. Meister, schau her, spricht er: dem

Es mochte ungefähr elf Uhr

Federn von Reihern als Helmschmuck

im Kampf auf ihn zu treffen

Pfalzgrafen, der eure Wälle niederreißen will, zieh ich
entgegen; die Lust, ihn zu treffen*, sprengt mir die Schie- 160
nen; nimm Eisen und Draht, ohne daß ich mich zu ent-
kleiden brauche, und heft' sie mir wieder zusammen.
Herr! sag ich: wenn euch die Brust so die Rüstung zer-
schmeißt, so läßt der Pfalzgraf unsere Wälle ganz; nötig'
ihn auf einen Sessel, in des Zimmers Mitte nieder, und:
Wein! ruf ich in die Türe, und vom frischgeräucherten 165
Schinken, zum Imbiß! und setz', einen Schemel, mit
Werkzeugen versehn, vor ihn, um ihm die Schiene wieder herzustellen. Und während draußen noch der Streithengst wiehert, und, mit den Pferden der Knechte, den
Grund zerstampft, daß der Staub, ⌜als wär' ein Cherub 170
vom Himmel niedergefahren⌝, emporquoll: öffnet langsam, ein großes, flaches Silbergeschirr auf dem Kopf
tragend, auf welchem Flaschen, Gläser und der Imbiß
gestellt waren, das Mädchen die Türe und tritt ein. Nun
seht, wenn mir Gott der Herr aus Wolken erschiene, so 175
würd ich mich ohngefähr so fassen, wie sie. Geschirr
und Becher und Imbiß, da sie den Ritter erblickt, läßt
sie fallen; und leichenbleich, mit Händen, wie zur Anbetung verschränkt, den Boden mit Brust und Scheiteln*
küssend, stürzt sie vor ihm nieder, als ob sie ein Blitz 180
nieder geschmettert hatte! Und da ich sage: Herr meines
Lebens! Was fehlt dem Kind? und sie aufhebe: schlingt
sie, wie ein Taschenmesser zusammenfallend, den Arm
um mich, das Antlitz flammend* auf ihn gerichtet, ⌜als
ob sie eine Erscheinung hätte⌝. Der Graf vom Strahl, 185
indem er ihre Hand nimmt, fragt: wes ist das Kind?*
Gesellen und Mägde strömen herbei und jammern: hilf
Himmel! Was ist dem Jüngferlein widerfahren; doch da
sie sich, mit einigen schüchternen Blicken auf sein Antlitz, erholt, so denk ich, der Anfall ist wohl auch vorüber 190
und gehe, mit Pfriemen* und Nadeln, an mein Geschäft.
Drauf sag ich: Wohlauf, Herr Ritter! Nun mögt ihr den

Seltener Plural; höchste Stelle des Kopfes oder (nach Grimm) der Kopf über-haupt

errötend

Hier: was hat das Kind?

Spitze In-strumente zum Ste-chen, v. a. von Schuh-machern und Hand-werkern ge-braucht

Pfalzgrafen treffen; die Schiene ist eingerenkt, das Herz
wird sie euch nicht mehr zersprengen. Der Graf steht
195 auf; er schaut das Mädchen, das ihm bis an die Brust-
höhle* ragt, vom Wirbel zur Sohle, gedankenvoll an,   Brustkorb
und beugt sich, und küßt ihr die Stirn und spricht: ⌐der
Herr segne dich, und behüte dich, und schenke dir seinen Frieden, Amen.⌐ Und da wir an das Fenster treten:
200 schmeißt sich das Mädchen, in dem Augenblick, da er
den Streithengst besteigt, dreißig Fuß hoch, mit aufge-
hobenen* Händen, auf das Pflaster der Straße nieder: erhobenen
gleich einer Verlorenen, die ihrer fünf Sinne beraubt
ist! Und bricht sich beide Lenden*, ihr heiligen Herren,   Hier:
205 beide zarten Lendchen, dicht über des Knierunds elfen-   Schenkel
beinernem Bau; und ich, alter, bejammernswürdiger
Narr, der mein versinkendes Leben auf sie stützen wollte, muß sie, auf meinen Schultern, wie zu Grabe tragen;
indessen er dort, den Gott verdamme! zu Pferd, unter
210 dem Volk, das herbeiströmt, herüberruft von hinten,
⌐was vorgefallen sei!⌐ – Hier liegt sie nun, auf dem Tod-
bett, in der Glut des hitzigen Fiebers, sechs endlose Wochen, ohne sich zu regen. Keinen Laut bringt sie hervor;
auch nicht ⌐der Wahnsinn, dieser Dietrich* aller Herzen⌐,   Sperrhaken,
215 eröffnet das ihrige; kein Mensch vermag das Geheimnis,   der als
das in ihr waltet, ihr zu entlocken. Und prüft, da sie sich   Nachschlüs-
ein wenig erholt hat, den Schritt, und schnürt ihr Bün-   sel dient
del, und tritt, beim Strahl der Morgensonne, in die Tür:
wohin? fragt sie die Magd; zum Grafen Wetter vom
220 Strahl antwortet sie, und verschwindet.

WENZEL Es ist nicht möglich!

HANS Verschwindet?

WENZEL Und läßt Alles hinter sich zurück?

HANS Eigentum, Heimat und den Bräutigam, dem sie ver-
225 lobt war?

WENZEL Und begehrt auch deines Segens nicht einmal?

THEOBALD Verschwindet, ihr Herren – Verläßt mich und

Alles, woran Pflicht, Gewohnheit und Natur sie knüpf-
ten – Küßt mir die Augen, die schlummernden, und verschwindet; ich wollte, sie hätte sie mir zugedrückt. 230
WENZEL Beim Himmel! Ein seltsamer Vorfall. –
THEOBALD Seit jenem Tage folgt sie ihm nun, gleich einer
Metze, in blinder Ergebung, von Ort zu Ort; geführt
⌜am Strahl seines Angesichts, fünfdrähtig, wie einen
Tau*⌝, um ihre Seele gelegt; auf nackten, jedem Kiesel 235
ausgesetzten, Füßen, das kurze Röckchen, das ihre
Hüfte deckt, im Winde flatternd, nichts als den Strohhut auf, sie gegen der Sonne Stich, oder den Grimm
empörter Witterung zu schützen. Wohin sein Fuß, im
Lauf seiner Abenteuer, sich wendet: durch den Dampf 240
der Klüfte, durch die Wüste, die der Mittag versengt,
durch die Nacht verwachsener Wälder: ⌜wie ein Hund⌝,
der von seines Herren Schweiß gekostet, schreitet sie
hinter ihm her; und die gewohnt war, auf weichen Kissen zu ruhen, und das ⌜Knötlein spürte, in des Bettuchs 245
Faden⌝, das ihre Hand unachtsam darin eingesponnen
hatte: die liegt jetzt, einer Magd gleich, in seinen Ställen, und sinkt, wenn die Nacht kömmt, ermüdet auf
die Streu nieder, die seinen stolzen Rossen untergewor-
fen wird. 250
GRAF OTTO Graf Wetter vom Strahl! Ist dies gegründet?*
DER GRAF VOM STRAHL Wahr ists, ihr Herren; sie geht auf
der Spur, die hinter mir zurückbleibt. Wenn ich mich
umsehe, erblick' ich zwei Dinge: meinen Schatten und
sie. 255
GRAF OTTO Und wie erklärt ihr euch diesen sonderbaren
Umstand?
DER GRAF VOM STRAHL Ihr unbekannten Herren der Feme! Wenn der Teufel sein Spiel mit ihr treibt, so braucht
er mich dabei, wie ⌜der Affe die Pfoten der Katze⌝; ⌜ein 260
Schelm will ich sein⌝, holt er den Nußkern für mich.
Wollt ihr meinem Wort schlechthin, wies die heilige

Evtl. fehler-
haft für:
einem Tau

begründet,
richtig

Erster Akt

Schrift vorschreibt, glauben: ⌜ja, ja, nein, nein⌝; gut! Wo
nicht, so will ich nach Worms, und den Kaiser bitten,
265 daß er den Theobald ⌜ordiniere⌝. Hier werf' ich ihm vor-
läufig meinen ⌜Handschuh⌝ hin!

GRAF OTTO Ihr sollt hier Rede stehn, auf unsre Frage! Womit rechtfertigt ihr, daß sie unter eurem Dache schläft?
Sie, die in das Haus hingehört, wo sie geboren und er-
270 zogen ward?

DER GRAF VOM STRAHL Ich war, es mögen ohngefähr
zwölf Wochen sein, auf einer Reise, die mich nach Straßburg führte, ermüdet, in der Mittagshitze, an einer Fels-
wand, eingeschlafen – ⌜nicht im Traum⌝ gedacht ich des
275 Mädchens mehr, das in Heilbronn aus dem Fenster gestürzt war – da liegt sie mir, wie ich erwache, gleich einer
Rose, entschlummert zu Füßen; ⌜als ob sie vom Himmel
herabgeschneit wäre⌝! Und da ich zu den Knechten, die
im Grase herumliegen, sage: Ei, was der Teufel! Das ist
280 ja das Käthchen von Heilbronn! schlägt sie die Augen
auf, und bindet sich das Hütlein zusammen, das ihr
schlafend vom Haupt herabgerutscht war. Katharine!
ruf ich: Mädel! Wo kömmst auch her? Auf funfzehn
Meilen* von Heilbronn, fernab am Gestade des Rheins?
285 »Hab' ein Geschäft, gestrenger Herr,« antwortet sie,
»das mich gen* Straßburg führt; schauert mich im Wald
so einsam zu wandern, und schlug mich zu euch.« Drauf
laß ich ihr zur Erfrischung reichen, was mir Gottschalk,
der Knecht, mit sich führt, und erkundige mich: wie der
290 Sturz abgelaufen? auch, was der Vater macht? Und was
sie in Straßburg zu erschaffen* denke? Doch da sie nicht
freiherzig mit der Sprache herausrückt: was auch gehts
dich an, denk' ich; ding'* ihr einen Boten, der sie durch
den Wald führe, schwing mich auf den Rappen, und
295 reite ab. Abends, in der Herberg, an der Straßburger
Straß, will ich mich eben zur Ruh niederlegen: da
kommt Gottschalk, der Knecht, und spricht: das Mäd-

Ca. 100 km
westl. von
Heilbronn
am Rhein

Von mhd.
gein »nach«

Verstärkt
für: schaffen

Hier:
mieten, in
Dienst neh-
men

chen sei unten und begehre in meinen Ställen zu übernachten. Bei den Pferden? frag' ich. Ich sage: wenn's ihr
weich genug ist, mich wird's nicht drücken. Und füge   300
noch, indem ich mich im Bett wende, hinzu: magst ihr
wohl eine Streu unterlegen, Gottschalk, und sorgen, daß
ihr Nichts widerfahre. Drauf, wandert sie, kommenden
Tages früher aufgebrochen, als ich, wieder auf der Heer-
straße, und lagert sich wieder in meinen Ställen, und   305
lagert sich Nacht für Nacht, so wie mir der Streifzug

Gefolge

fortschreitet, darin, als ob sie zu meinem Troß* gehörte.

duldete

Nun litt* ich das, ihr Herren, um jenes grauen, unwir-
schen Alten willen, der mich jetzt darum straft; denn der
Gottschalk, in seiner Wunderlichkeit, hatte das Mäd-   310

sorgte für sie

chen lieb gewonnen, und pflegte ihrer*, in der Tat, als
seiner Tochter; führt dich die Reise einst, dacht' ich,
durch Heilbronn, so wird der Alte dirs danken. Doch
da sie sich auch in Straßburg, in der erzbischöflichen
Burg, wieder bei mir einfindet, und ich gleichwohl spü-   315
re, daß sie nichts im Orte erschafft: denn mir hatte sie
sich ganz und gar geweiht, und wusch und flickte, als ob
es sonst am Rhein nicht zu haben wäre: so trete ich eines
Tages, da ich sie auf der Stallschwelle finde, zu ihr und
frage: was für ein Geschäft sie in Straßburg betreibe? Ei,   320
spricht sie gestrenger Herr, und eine Röte, daß ich

in Flammen
aufgehen

denke, ihre Schürze wird angehen*, flammt über ihr
Antlitz empor: »was fragt ihr doch? ⌐ihr wißts ja!⌐« Holla! denk ich, steht es so mit dir? und sende einen Boten

wie im
Fluge,
geschwind

flugs* nach Heilbronn, dem Vater zu, mit folgender   325
Meldung: das Käthchen sei bei mir; ich hütete seiner;
in kurzem könne er es, vom Schlosse zu Strahl, wohin
ich es zurückbringen würde, abholen.

GRAF OTTO Nun? Und hierauf?

WENZEL Der Alte holte die Jungfrau nicht ab?   330

DER GRAF VOM STRAHL Drauf, da er am zwanzigsten Tage, um sie abzuholen, bei mir erscheint, und ich ihn in

meiner Väter Saal* führe: erschau* ich mit Befremden, Ahnen-galerie
daß er, beim Eintritt in die Tür, die Hand in den Weih-
335 kessel steckt, und mich mit dem Wasser, das darin be- Verstärkt für: sehen, erblicken
findlich ist, besprengt. Ich arglos, wie ich von Natur bin,
nöt'ge ihn auf einen Stuhl nieder; erzähle ihm, mit Of-
fenherzigkeit, Alles, was vorgefallen; eröffne ihm auch, wieder auf die rechte Bahn bringen
in meiner Teilnahme, die Mittel, wie er die Sache, seinen
340 Wünschen gemäß, wieder in's Geleis rücken* könne;
und tröste ihn und führ ihn, um ihn* das Mädchen zu Mundartlich für: ihm
übergeben, in den Stall hinunter, wo sie steht, und mir
eine Waffe von Rost säubert. So wie er in die Tür tritt,
und die Arme mit tränenvollen Augen öffnet, sie zu
345 empfangen, stürzt mir das Mädchen leichenbleich zu
Füßen, alle Heiligen anrufend, daß ich sie vor ihm schütze. Gleich einer ⌐Salzsäule¬ steht er, bei diesem Anblick,
da; und ehe ich mich noch gefaßt habe, spricht er schon,
das entsetzensvolle Antlitz auf mich gerichtet: das ist der
350 leibhaftige Satan! und schmeißt mir den Hut, den er in
der Hand hält, in's Gesicht, als wollt' er ein Greuelbild
verschwinden machen, und läuft, als setzte die ganze
Hölle ihm nach, nach Heilbronn zurück.

GRAF OTTO Du wunderlicher Alter! Was hast du für Ein-
355 bildungen?

WENZEL Was war in dem Verfahren des Ritters, das Tadel
verdient? Kann er dafür, wenn sich das Herz eines tö-
richten Mädchens ihm zuwendet?

HANS Was ist in diesem ganzen Vorfall, das ihn anklagt?

360 THEOBALD Was ihn anklagt? O du – ⌐Mensch, entsetzlicher, als Worte fassen¬, und der Gedanke ermißt: stehst
du nicht rein da, als hätten die Cherubim sich entkleidet,
und ihren Glanz dir, funkelnd wie Mailicht, um die Seele
gelegt! – Mußt' ich vor dem Menschen nicht erbeben,
365 der die Natur, in dem reinsten Herzen, das je geschaffen
ward, dergestalt umgekehrt hat, daß sie vor dem Vater,
zu ihr gekommen, seiner Liebe Brust ihren Lippen zu

reichen, kreideweißen Antlitzes entweicht, wie vor dem
Wolfe, der sie zerreißen will? Nun denn, so walte,
⌐Hekate⌐, Fürstin des Zaubers, ⌐moorduftige⌐ Königin   370
der Nacht! Sproßt*, ihr dämonischen Kräfte, die die
menschliche Satzung sonst auszujäten bemüht war,
blüht auf, unter dem Atem der Hexen, und schoßt* zu
Wäldern empor, daß die Wipfel sich zerschlagen, und
die Pflanze des Himmels, die am Boden keimt, verwese;   375
rinnt, ihr Säfte der Hölle, tröpfelnd aus Stämmen und
Stielen gezogen, fallt, wie ein Katarakt*, ins Land, daß
der erstickende Pestqualm zu den Wolken empor-
dampft; fließt und ergießt euch durch alle Röhren des
Lebens, und schwemmt, in allgemeiner ⌐Sündflut⌐, Un-   380
schuld und Tugend hinweg!

GRAF OTTO Hat er ihr Gift eingeflößt?

WENZEL Meinst du, daß er ihr verzauberte Tränke ge-
reicht?

HANS Opiate, die des Menschen Herz, der sie genießt, mit   385
geheimnisvoller Gewalt umstricken?

THEOBALD Gift? Opiate? Ihr hohen Herren, was fragt ihr
m i c h ? Ich habe die Flaschen nicht gepfropft, von welchen er ihr, an der Wand des Felsens, zur Erfrischung
reichte; ich stand nicht dabei, als sie in der Herberge,   390
Nacht für Nacht, in seinen Ställen schlief. Wie soll ich
wissen, ob er ihr Gift eingeflößt? habt neun Monate
Geduld; alsdann sollt ihr sehen, wies ihrem jungen Leibe
bekommen, ist.

DER GRAF VOM STRAHL Der alte Esel, der! Dem entgegn'   395
ich nichts, als meinen Namen! Ruft sie herein; und wenn
sie ein Wort sagt, auch nur von fern duftend, wie diese
Gedanken, so nennt mich den Grafen von der stinken-
den Pfütze, oder wie es sonst eurem gerechten Unwillen
beliebt.   400

Marginal glosses:

Sprießt
(vgl. Spross,
Sprössling)

schießt
(vgl. Schoß,
Schößling)

Wasserfall,
Strom-
schnelle
(von
griech.-lat.
cataracta)

Zweiter Auftritt

Käthchen mit verbundenen Augen, geführt von zwei Hä-
schern – Die Häscher nehmen ihr das Tuch ab, und gehen
wieder fort. – Die Vorigen.

KÄTHCHEN *sieht sich in der Versammlung um, und beugt,*
da sie den Grafen erblickt eine Knie* vor ihm:

⌐Mein hoher Herr!⌐

DER GRAF VOM STRAHL Was willst du?

KÄTHCHEN Vor meinen Richter hat man mich gerufen.

DER GRAF VOM STRAHL

Dein Richter bin nicht i c h. Steh auf, dort sitzt er;
405 Hier steh ⌐ich, ein Verklagter, so wie du⌐.

KÄTHCHEN Mein hoher Herr! Du spottest.

DER GRAF VOM STRAHL   Nein! Du hörst!

Was neigst du mir dein Angesicht ⌐in Staub⌐?
Ein Zaubrer bin ich, und gestand es schon,
Und laß, aus jedem Band, das ich dir wirkte*,
410 Jetzt deine junge Seele los.

Er erhebt sie.

GRAF OTTO

Hier Jungfrau, wenn's beliebt; hier ist die Schranke!

HANS Hier sitzen deine Richter!

KÄTHCHEN *sieht sich um:*   Ihr versucht mich.*

WENZEL Hier tritt heran! Hier sollst du Rede stehn.

Käthchen stellt sich neben den Grafen vom Strahl, und
sieht die Richter an.

GRAF OTTO Nun?

WENZEL   Wirds?*

HANS   Wirst du gefällig dich bemühn?

415 GRAF OTTO Wirst dem Gebot dich deiner Richter fügen?

KÄTHCHEN *für sich:*

Sie rufen mich.

WENZEL   Nun, ja!

Margin notes:

Feminine Form war zu Kleists Zeit möglich.

knüpfte, webte

Ihr führt mich in Versuchung

Wird's bald?

HANS   Was sagte sie?

GRAF OTTO *befremdet:*
   Ihr Herrn, was fehlt dem sonderbaren Wesen?
   Sie sehen sich an.

KÄTHCHEN *für sich:*
   Vermummt von Kopf zu Füßen sitzen sie,
   ⌜Wie das Gericht, am jüngsten Tage⌝, da!

DER GRAF VOM STRAHL *sie aufweckend:*
   ⌜Du wunderliche Maid! Was träumst, was treibst du?⌝   420
   Du stehst hier vor dem heimlichen Gericht!
   Auf jene böse Kunst bin ich verklagt,
   Mit der ich mir, du weißt, dein Herz gewann,
   Geh hin, und melde jetzo*, was geschehn!

KÄTHCHEN *sieht ihn an und legt ihre Hände auf die Brust:*
   – Du quälst mich grausam, daß ich weinen mögte!   425
   Belehre deine Magd, mein edler Herr,
   Wie soll ich mich in diesem Falle fassen?*

GRAF OTTO *ungeduldig:*
   Belehren – was!

HANS   Bei Gott! Ist es erhört?

DER GRAF VOM STRAHL *mit noch milder Strenge:*
   Du sollst sogleich vor jene Schranke treten,
   Und Rede stehn, auf was man fragen wird!   430

KÄTHCHEN Nein, sprich! Du bist verklagt?

DER GRAF VOM STRAHL   Du hörst.

KÄTHCHEN
   Und jene Männer dort sind deine Richter?

DER GRAF VOM STRAHL   So ist's.

KÄTHCHEN *zur Schranke tretend:*
   Ihr würd'gen Herrn, wer ihr auch sein mögt dort,
   Steht gleich vom Richtstuhl auf und räumt ihn diesem!
   Denn, beim lebend'gen Gott, ich sag' es euch,   435
   Rein, wie sein Harnisch ist sein Herz, und eures
   Verglichen ihm*, und meins, wie eure Mäntel.
   Wenn hier gesündigt ward, ist e r der Richter,
   Und ihr sollt zitternd vor der Schranke stehn!

[Marginal notes:]

Häufig in der poetischen Sprache für: jetzt

mich in diesem Fall verhalten

Verglichen mit ihm

440 GRAF OTTO Du, Närrin, jüngst der Nabelschnur entlaufen,
        Woher kommt die prophet'sche Kunde* dir?
        Welch ein ⌐Apostel⌐ hat dir das vertraut?

Weisheit der
Propheten
des AT

THEOBALD Seht die Unselige*!

Unglück-
liche

KÄTHCHEN *da sie den Vater erblickt, auf ihn zugehend:*
                        Mein teurer Vater!
Sie will seine Hand ergreifen.
THEOBALD *streng:*
        Dort ist der Ort jetzt, wo du hingehörst!
KÄTHCHEN
445 Weis' mich nicht von dir.
Sie faßt seine Hand und küßt sie.
THEOBALD   — Kennst du das Haar noch wieder,
        Das deine Flucht mir jüngsthin* grau gefärbt?

in letzter Zeit
(Vergangen-
heit); im
Ggs. zu
»fürderhin«:
in nächster
Zeit
(Zukunft)

KÄTHCHEN Kein Tag verging, daß ich nicht einmal dachte,
        Wie seine Locken fallen. Sei geduldig,
        Und gib dich nicht unmäß'gem Grame Preis:
450 Wenn Freude Locken wieder dunkeln kann,
        So sollst du wieder wie ein Jüngling blühn.
GRAF OTTO Ihr Häscher dort! ergreift sie! bringt sie her!
THEOBALD Geh' hin wo man dich ruft.
KÄTHCHEN *zu den Richtern, da sich ihr die Häscher nähern:*
                        Was wollt ihr mir?
WENZEL Saht ihr ein Kind, so störrig* je, als dies?

wider-
spenstig

GRAF OTTO *da sie vor der Schranke steht:*
455 Du sollst hier Antwort geben, kurz und bündig,
        Auf unsre Fragen! Denn wir, von unserem
        Gewissen eingesetzt, sind deine Richter,
        Und an der Strafe, wenn du freveltest,
        Wird's deine übermüt'ge Seele fühlen.
KÄTHCHEN
460 Sprecht ihr verehrten Herrn; was wollt ihr wissen?
GRAF OTTO Warum, als Friedrich Graf vom Strahl erschien,
        In deines Vaters Haus, bist du zu Füßen,
        ⌐Wie man vor Gott tut⌐, nieder ihm gestürzt?

Warum warfst du, als er von dannen ritt,

besinnungs-
los, wie von
Sinnen

Dich aus dem Fenster sinnlos* auf die Straße,   465
Und folgtest ihm, da kaum dein Bein vernarbt,
Von Ort zu Ort, durch Nacht und Graus und Nebel,
Wohin sein Roß den Fußtritt wendete?

KÄTHCHEN *hochrot zum Grafen:*
  Das soll ich hier vor diesen Männern sagen?

DER GRAF VOM STRAHL
  Die Närrin, die verwünschte, sinnverwirrte,   470
  Was fragt sie m i c h? Ists nicht an jener Männer

den
Rechtsfall
darzulegen

  Gebot, die Sache darzutun*, genug?

einen Fehler
beging

KÄTHCHEN *in Staub niederfallend:*
  Nimm mir, o Herr, das Leben, wenn ich fehlte*!
  Was in des Busens stillem Reich geschehn,
  Und Gott nicht straft, das braucht kein Mensch zu wissen;   475
  Den nenn' ich grausam, der mich darum fragt!
  Wenn d u es wissen willst, wohlan, so rede,
  Denn dir liegt meine Seele offen da!

HANS Ward, seit die Welt steht, so etwas erlebt?

WENZEL Im Staub liegt sie vor ihm –   480

HANS   Gestürzt auf Knien –

WENZEL Wie wir vor dem Erlöser hingestreckt!

DER GRAF VOM STRAHL *zu den Richtern:*
  Ihr würd'gen Herrn, ihr rechnet hoff ich, mir
  Nicht dieses Mädchens Torheit an! Daß sie
  Ein Wahn betört, ist klar, wenn euer Sinn
  Auch gleich, wie meiner, noch nicht einsieht, welcher?   485
  Erlaubt ihr mir, ⌈so frag ich sie⌉ darum:
  Ihr mögt, aus meinen Wendungen entnehmen,
  Ob meine Seele schuldig ist, ob nicht?

GRAF OTTO *ihn forschend ansehend:*
  Es sei! Versuchts einmal, Herr Graf, und fragt sie.

DER GRAF VOM STRAHL *wendet sich zu Käthchen, die noch
immer auf Knien liegt:*

Willst du

Willt* den geheimsten der Gedanken mir,   490

Kathrina, der dir irgend, faß* mich wohl,
Im Winkel wo des Herzens schlummert, geben?

KÄTHCHEN Das ganze Herz, o Herr, dir, willt du es,
So bist du sicher des, was darin wohnt.

DER GRAF VOM STRAHL

495 Was ists, mit einem Wort, mir rund* gesagt,
Das dich aus deines Vaters Hause trieb?
Was fesselt dich an meine Schritte an?

KÄTHCHEN Mein hoher Herr! Da fragst du mich zuviel.
Und läg' ich so, wie ich vor dir jetzt liege,

500 Vor meinem eigenen Bewußtsein da:
Auf einem goldnen Richtstuhl laß es thronen,
Und alle Schrecken des Gewissens ihm,
In ⌈Flammenrüstungen⌉, zur Seite stehn;
So spräche jeglicher Gedanke noch,

505 Auf das, was du gefragt: ⌈ich weiß es nicht⌉.

DER GRAF VOM STRAHL

Du lügst mir*, Jungfrau? Willst mein Wissen täuschen?
Mir, der doch das Gefühl dir ganz umstrickt;
Mir, dessen Blick du da liegst*, wie die Rose,
Die ihren jungen Kelch dem Licht erschloß? –

510 Was hab ich dir einmal, du weißt, getan?
Was ist an Leib und Seel' dir widerfahren?

KÄTHCHEN
Wo?

DER GRAF VOM STRAHL
Da oder dort.

KÄTHCHEN   Wann?

DER GRAF VOM STRAHL   Jüngst oder früherhin.

KÄTHCHEN Hilf mir, mein hoher Herr.

DER GRAF VOM STRAHL   Ja, ich dir helfen,
Du wunderliches Ding. –
Er hält inne.
                        Besinnst du dich auf nichts?
Käthchen sieht vor sich nieder.

DER GRAF VOM STRAHL

Was für ein Ort, wo du mich je gesehen,   515

Ist dir im Geist, vor Andern, gegenwärtig.

KÄTHCHEN Der Rhein ist mir vor allen gegenwärtig.

DER GRAF VOM STRAHL

Ganz recht. Da eben wars. Das wollt ich wissen.

Der Felsen am Gestad' des Rheins, wo wir

Zusammen ruhten, in der Mittagshitze.   520

erinnerst   – Und du gedenkst* nicht, was dir da geschehn?
dich

KÄTHCHEN Nein, mein verehrter Herr,

DER GRAF VOM STRAHL   Nicht? Nicht?

– Was reicht' ich deiner Lippe zur Erfrischung?

KÄTHCHEN

Du sandtest, weil ich deines Weins verschmähte,

Den Gottschalk, deinen treuen Knecht, und ließest   525

Ihn einen Trunk mir, aus der Grotte schöpfen.

DER GRAF VOM STRAHL

Ich aber nahm dich bei der Hand, und reichte

Sonst deiner Lippe – nicht? Was stockst du da?

KÄTHCHEN

Wann?

DER GRAF VOM STRAHL

Eben damals.

KÄTHCHEN   Nein, mein hoher Herr.

DER GRAF VOM STRAHL

Jedoch nachher.   530

KÄTHCHEN   In Straßburg?

DER GRAF VOM STRAHL   Oder früher.

KÄTHCHEN

Du hast mich niemals bei der Hand genommen.

DER GRAF VOM STRAHL

Kathrina!

KÄTHCHEN *errötend:* Ach vergib mir; in Heilbronn!

DER GRAF VOM STRAHL

Wann?

KÄTHCHEN Als der Vater dir am Harnisch wirkte.

DER GRAF VOM STRAHL

Und sonst nicht?

KÄTHCHEN   Nein, mein hoher Herr.

DER GRAF VOM STRAHL   Kathrina!

KÄTHCHEN

535 Mich bei der Hand?

DER GRAF VOM STRAHL Ja, oder sonst, was weiß ich.

KÄTHCHEN *besinnt sich:*

In Straßburg einst, erinnr' ich mich, beim Kinn.

DER GRAF VOM STRAHL

Wann?

KÄTHCHEN Als ich auf der Schwelle saß und weinte,

Und dir auf was du sprachst, nicht Rede stand.

DER GRAF VOM STRAHL

Warum nicht standst du Red'?

KÄTHCHEN   Ich schämte mich.

DER GRAF VOM STRAHL

540 Du schämtest dich? Ganz recht. Auf meinen Antrag.

Du wardst* glutrot bis an den Hals hinab.   wurdest

Welch einen Antrag macht' ich dir?

KÄTHCHEN   Der Vater,

Der würd', sprachst du, daheim im Schwabenland',

Um mich sich härmen*, und befragtest mich,   sich Sorgen

545 Ob ich mit Pferden, die du senden wolltest,   machen

Nicht nach Heilbronn zu ihm zurück begehrte?

DER GRAF VOM STRAHL *kalt:*

Davon ist nicht die Rede! – Nun, wo auch,

Wo hab' ich sonst im Leben dich getroffen?

– Ich hab' im Stall zuweilen dich besucht.

550 KÄTHCHEN Nein, mein verehrter Herr.

DER GRAF VOM STRAHL   Nicht? Katharina!

KÄTHCHEN Du hast mich niemals in dem Stall besucht,

Und noch viel wen'ger rührtest du mich an.

DER GRAF VOM STRAHL
  Was! Niemals?
KÄTHCHEN   Nein, mein hoher Herr.
DER GRAF VOM STRAHL   Kathrina!
KÄTHCHEN *mit Affekt:*
  Niemals, mein hochverehrter Herr, niemals.
DER GRAF VOM STRAHL
  Nun seht, bei meiner Treu, die Lügnerin!   555
KÄTHCHEN Ich will nicht selig sein, ich will verderben*,
  Wenn du mich je –!
DER GRAF VOM STRAHL *mit dem Schein der Heftigkeit:*
                  Da schwört sie und verflucht
  Sich, die leichtfert'ge Dirne*, noch und meint,
  Gott werd' es ihrem jungen Blut vergeben!
  – ⌐Was ist geschehn⌐, fünf Tag', von hier, am Abend,   560
  In meinem Stall, als es schon dunkelte
  Und ich den Gottschalk hieß*, sich zu entfernen?
KÄTHCHEN O! Jesus! Ich bedacht' es nicht! –
  Im Stall zu Strahl, da hast du mich besucht.
DER GRAF VOM STRAHL
  Nun denn! Da ist's heraus! Da hat sie nun   565
  Der Seelen Seligkeit sich weggeschworen!
  Im Stall zu Strahl, da hab' ich sie besucht!
Käthchen weint.
Pause.
GRAF OTTO
  Ihr quält das Kind zu sehr.
THEOBALD *nähert sich ihr gerührt:* Komm, meine Tochter.
Er will sie an seine Brust heben.
KÄTHCHEN
  Laß, laß!
WENZEL   Das nenn' ich menschlich nicht verfahren.
GRAF OTTO Zuletzt ist nichts im Stall zu Strahl geschehen.   570
DER GRAF VOM STRAHL *sieht sie an:*
  Bei Gott, ihr Herrn, wenn ihr des Glaubens seid:

Im rel. Sinne:
ohne Erlö-
sung
zugrunde
gehen

Hier:
Mädchen

dem
Gottschalk
befahl

Ich bin's! Befehlt, so gehn wir aus einander.

GRAF OTTO Ihr sollt das Kind befragen, ist die Meinung,
Nicht mit barbarischem Triumph verhöhnen.
575 Sei's, daß Natur euch solche Macht verliehen:
Geübt wie ihr's tut, ist sie hassenswürd'ger,
Als selbst die Höllenkunst, der man euch zeiht*.

beschuldigt
(von mhd.
zîhen)

DER GRAF VOM STRAHL *erhebt das Käthchen vom Boden:*
Ihr Herrn, was ich getan, das tat ich nur,
Sie mit Triumph hier vor euch zu erheben!
580 Statt meiner –
auf den Boden hinzeigend:
steht mein Handschuh vor Gericht!
Glaubt ihr von Schuld sie rein, wie sie es ist,
Wohl, so erlaubt denn, daß sie sich entferne.

WENZEL Es scheint ihr habt viel Gründe, das zu wünschen?

DER GRAF VOM STRAHL
Ich? Gründ'? Entscheidende! Ihr wollt sie, hoff' ich,
585 Nicht mit barbarschem Übermut verhöhnen?

WENZEL *mit Bedeutung*:
Wir wünschen doch, erlaubt ihrs, noch zu hören,
Was in dem Stall damals zu Strahl geschehn.

mit
Nachdruck

DER GRAF VOM STRAHL
Das wollt ihr Herrn ⌐noch –⌐?

WENZEL   Allerdings!

DER GRAF VOM STRAHL *glutrot, indem er sich zum Käthchen wendet:*   Knie' nieder!
Käthchen läßt sich auf Knien vor ihm nieder.

GRAF OTTO
Ihr seid sehr dreist, Herr Friedrich Graf vom Strahl!

DER GRAF VOM STRAHL *zum Käthchen:*
590 So! Recht! Mir gibst du Antwort und sonst keinem.

HANS Erlaubt! Wir werden sie –

DER GRAF VOM STRAHL *eben so:* Du rührst dich nicht!
Hier soll dich keiner richten, als nur der,
Dem deine Seele frei sich unterwirft.

WENZEL Herr Graf, man wird hier Mittel –
DER GRAF VOM STRAHL *mit unterdrückter Heftigkeit:*

Ich sage, nein!
Der Teufel soll mich holen, zwingt ihr sie! –   595
Was wollt ihr wissen, ihr verehrten Herrn?
HANS *auffahrend:*
Beim Himmel!
WENZEL   Solch ein Trotz soll –!
HANS   He! Die Häscher!
GRAF OTTO *halblaut:*
Laßt, Freunde, laßt! Vergeßt nicht, wer er ist.
ERSTER RICHTER
Er hat nicht eben, drückt Verschuldung ihn,

verhört,
ausgefragt

Mit List sie überhört*.   600
ZWEITER RICHTER   Das sag' ich auch!

Aufgabe,
Verfahren

Man kann ihm das Geschäft* wohl überlassen.
GRAF OTTO *zum Grafen vom Strahl:*
Befragt sie, was geschehn, fünf Tag' von hier,
Im Stall zu Strahl, als es schon dunkelte,
Und ihr den Gottschalk hießt, sich zu entfernen?
DER GRAF VOM STRAHL *zum Käthchen:*
Was ist geschehn, fünf Tage von hier, am Abend,   605
Im Stall zu Strahl, als es schon dunkelte,
Und ich den Gottschalk hieß, sich zu entfernen?
KÄTHCHEN Mein hoher Herr! Vergib mir, wenn ich fehlte;
Jetzt leg' ich Alles, Punkt für Punkt, dir dar.
DER GRAF VOM STRAHL
Gut. – – Da berührt' ich dich und zwar – nicht? Freilich! 610
Das schon gestand'st du?
KÄTHCHEN   Ja, mein verehrter Herr.
DER GRAF VOM STRAHL
Nun?
KÄTHCHEN
Mein verehrter Herr?
DER GRAF VOM STRAHL   Was will ich wissen?

KÄTHCHEN

Was du willst wissen?

DER GRAF VOM STRAHL Heraus damit! Was stockst du?

Ich nahm, und herzte dich, und küßte dich,

615 Und schlug den Arm dir –?

KÄTHCHEN   Nein, mein hoher Herr.

DER GRAF VOM STRAHL

Was sonst?

KÄTHCHEN Du stießest mich mit Füßen von dir.

DER GRAF VOM STRAHL

Mit Füßen? Nein! Das tu' ich keinem Hund.

Warum? Weshalb? Was hatt'st du mir getan?

KÄTHCHEN Weil ich dem Vater, der voll Huld* und Güte,   *Gütige Her-
                                                          ablassung,
620 Gekommen war, mit Pferden, mich zu holen,   Zuneigung

Den Rücken, voller Schrecken, wendete,

Und mit der Bitte, mich vor ihm zu schützen

Im Staub vor dir bewußtlos nieder sank.

DER GRAF VOM STRAHL

Da hätt' ich dich mit Füßen weggestoßen?

625 KÄTHCHEN Ja, mein verehrter Herr.

DER GRAF VOM STRAHL   Ei, Possen, was!

Das war nur Schelmerei, des Vaters wegen.

Du bliebst doch nach wie vor im Schloß zu Strahl.

KÄTHCHEN

Nein, mein verehrter Herr.

DER GRAF VOM STRAHL   Nicht? Wo auch sonst?

KÄTHCHEN Als du die Peitsche, flammenden Gesichts,

630 Herab vom Riegel nahmst, ging ich hinaus,

Vor das bemoos'te Tor, und lagerte

Mich draußen, am zerfallnen Mauernring

⌈Wo in süßduftenden Holunderbüschen

Ein Zeisig zwitschernd sich das Nest gebaut.⌉

DER GRAF VOM STRAHL

635 Hier aber jagt' ich dich mit Hunden weg?

KÄTHCHEN Nein, mein verehrter Herr.

DER GRAF VOM STRAHL   Und als du wichst,
Verfolgt vom Hundgeklaff, von meiner Grenze,
Rief ich den Nachbar auf, dich zu verfolgen?
KÄTHCHEN Nein, mein verehrter Herr! Was sprichst du da?
DER GRAF VOM STRAHL
Nicht? Nicht? – Das werden diese Herren tadeln.   640
KÄTHCHEN Du kümmerst dich um diese Herren nicht.
Du sandtest Gottschalk mir am dritten Tage,
Daß er mir sag': dein liebes Käthchen wär' ich;
Vernünftig aber mögt' ich sein, und gehn.
DER GRAF VOM STRAHL

Hier:
dulden,
gewähren
lassen

Und was entgegnetest du dem?   645
KÄTHCHEN   Ich sagte,
Den Zeisig littest* du, den zwitschernden,
In den süßduftenden Holunderbüschen:

Möchtest

Mögt'st* denn das Käthchen von Heilbronn auch leiden.
DER GRAF VOM STRAHL *erhebt das Käthchen:*
Nun dann, so nehmt sie hin, ihr Herrn der Feme,
Und macht mit ihr und mir jetzt, was ihr wollt.   650
Pause.

Hier: unver-
ständige

GRAF OTTO *unwillig:*
Der aberwitz'ge* Träumer, unbekannt

gewöhn-
lichen

Mit dem gemeinen* Zauber der Natur! –
Wenn euer Urteil reif, wie meins, ihr Herrn,
Geh' ich zum Schluß, und laß die Stimmen sammeln.
WENZEL
Zum Schluß!   655
HANS   Die Stimmen!
ALLE   Sammelt sie!
EIN RICHTER   Der Narr, der!
Der Fall ist klar. Es ist hier nichts zu richten.
GRAF OTTO Fem-Herold nimm den Helm und sammle sie.
Fem-Herold ⌐sammelt die Kugeln⌐ und bringt den Helm,
worin sie liegen, dem Grafen.

GRAF OTTO *steht auf:*

    Herr Friedrich Wetter Graf vom Strahl, du bist

    Einstimmig von der Feme losgesprochen,

    Und dir dort, Theobald, dir geb' ich auf,

660   Nicht fürder* mit der Klage zu erscheinen,   *in der nächsten Zukunft*

    Bis du kannst bessere Beweise bringen.

    zu den Richtern:

    Steht auf, ihr Herrn! die Sitzung ist geschlossen.

Die Richter erheben sich.

THEOBALD

    Ihr hochverehrten Herrn, ihr sprecht ihn schuldlos?

665   Gott sagt ihr, hat ⌐die Welt aus nichts gemacht⌐;

    Und er, der sie durch ⌐nichts und wieder nichts⌐

    Vernichtet, in ⌐das erste Chaos⌐ stürzt,

    Der sollte nicht der leid'ge* Satan sein?   *unheilvolle*

GRAF OTTO Schweig, alter, grauer Tor! Wir sind nicht da,

670   Dir die verrückten Sinnen einzurenken.

    Fem-Häscher, an dein Amt! Blend' ihm die Augen*,   *Hier: die Augen verbinden*

    Und führ' ihn wieder auf das Feld hinaus.

THEOBALD Was! Auf das Feld? Mich hilflos greisen Alten?

    Und dies mein einzig liebes Kind, – ?

GRAF OTTO   Herr Graf,

675   Das überläßt die Feme euch! Ihr zeigtet

    Von der Gewalt, die ihr hier übt, so manche

    Besondre Probe uns; laßt uns noch eine,

    Die größeste, bevor wir scheiden, sehn,

    Und gebt sie ihrem alten Vater wieder.

DER GRAF VOM STRAHL

680   Ihr Herrn, was ich tun kann, soll geschehn. –

    Jungfrau!

KÄTHCHEN Mein hoher Herr!

DER GRAF VOM STRAHL   Du liebst mich?

KÄTHCHEN   Herzlich!

DER GRAF VOM STRAHL

    So tu mir was zu Lieb'.

KÄTHCHEN   Was willst du? Sprich.

DER GRAF VOM STRAHL
Verfolg' mich nicht. Geh nach Heilbronn zurück.
– Willst du das tun?

KÄTHCHEN   Ich hab es dir versprochen.
⌐Sie fällt in Ohnmacht.⌐

fängt sie auf THEOBALD *empfängt sie**:
Mein Kind! Mein Einziges! Hilf, Gott im Himmel!   685

DER GRAF VOM STRAHL *wendet sich:*
Dein Tuch her, Häscher!

Er verbindet sich die Augen.

THEOBALD   O verflucht sei,
⌐Mordschaunder Basiliskengeist!⌐ Mußt' ich
Auch diese Probe deiner Kunst noch sehn?

GRAF OTTO *vom Richtstuhl herabsteigend:*
⌐Was ist geschehn⌐, ihr Herrn?

WENZEL   Sie sank zu Boden.

Sie betrachten sie.

DER GRAF VOM STRAHL *zu den Häschern:*
Führt mich hinweg!   690

THEOBALD   Der Hölle zu, du Satan!
Laß ihre ⌐schlangenhaar'gen Pförtner⌐ dich
An ihrem Eingang, Zauberer, ergreifen,
Und dich zehntausend Klafter* tiefer noch,
Als ihre wildsten Flammen lodern, schleudern!

GRAF OTTO
Schweig Alter, schweig!   695

THEOBALD *weint:*   Mein Kind! Mein Käthchen!

KÄTHCHEN   ⌐Ach!⌐

WENZEL *freudig:*
Sie schlägt die Augen auf!

HANS   Sie wird sich fassen.

GRAF OTTO Bringt in des Pförtners Wohnung sie! Hinweg!

Alle ab.

Altes dt.
Längenmaß:
Spannweite
seitwärts
ausgestreck-
ter Arme
(ca. 1,7 m)

Zweiter Akt

Szene: Wald vor der Höhle des heimlichen Gerichts.

Erster Auftritt

DER GRAF VOM STRAHL *tritt auf, mit verbundenen Augen,*
geführt von zwei Häschern, die ihm die Augen aufbin-
den, und alsdann in die Höhle zurückkehren – Er wirft
sich auf den Boden nieder und weint: Nun will ich hier,
⌐wie ein Schäfer⌐ liegen und klagen. Die Sonne scheint
700   noch rötlich durch die Stämme, auf welchen die Wipfel
des Waldes ruhn; und wenn ich, nach einer kurzen Vier-
telstunde, so bald sie hinter den Hügel gesunken ist,
aufsitze, und mich im Blachfelde*, wo der Weg eben   Flaches Feld
ist, ein wenig daran halte, so komme ich noch nach
705   Schloß Wetterstrahl, ehe die Lichter darin erloschen
sind. ⌐Ich will mir einbilden⌐, meine Pferde dort unten,
wo die Quelle rieselt, wären Schafe und ⌐Ziegen, die an
dem Felsen kletterten, und an Gräsern und bittern Gesträuchen rissen⌐; ein leichtes weißes linnenes Zeug*   Stoff aus
710   bedeckte mich, mit roten Bändern zusammengebunden,   Leinen
und um mich her flatterte eine Schar muntrer Winde,
um die Seufzer, die meiner, von Gram sehr gepreßten,
Brust entquillen, gradaus zu der guten Götter Ohr empor zu tragen. Wirklich und wahrhaftig! Ich will meine
715   Muttersprache durchblättern, und das ganze, reiche Kapitel, das diese Überschrift führt: Empfindung, dergestalt plündern, daß kein ⌐Reimschmidt⌐ mehr, auf eine
neue Art, soll sagen können: ich bin betrübt. Alles,
was die Wehmut Rührendes hat, will ich aufbieten, Lust
720   und in den Tod gehende Betrübnis sollen sich abwechseln, und meine Stimme, wie einen schönen Tänzer,

Hier: ent-
zücken

durch alle ⌐Beugungen⌐ hindurch führen, die die Seele
bezaubern*; und wenn die Bäume nicht in der Tat bewegt werden, und ihren milden Tau, als ob es geregnet
hätte, herabträufeln lassen, so sind sie von Holz, und 725
Alles, was uns die Dichter von ihnen sagen, ⌐ein bloßes
liebliches Märchen⌐. O du – – –⌐wie nenn ich dich? Käthchen! Warum kann ich dich nicht mein nennen? Käthchen, Mädchen, Käthchen! Warum kann ich dich nicht
mein nennen?⌐ Warum kann ich dich nicht aufheben, 730
und in das duftende Himmelbett tragen, das mir die
Mutter, daheim im Prunkgemach, aufgerichtet hat?
Käthchen, Käthchen, Käthchen! Du, deren junge Seele,
als sie heut nackt vor mir stand, von wollüstiger Schönheit gänzlich triefte, wie ⌐die mit Ölen gesalbte Braut 735
eines Perserkönigs⌐, wenn sie, auf alle Teppiche nieder-
regnend, in sein Gemach geführt wird! Käthchen, Mädchen, Käthchen! Warum kann ich es nicht? Du Schönere, als ich singen kann, ich will eine eigene Kunst
erfinden, und ⌐dich weinen⌐. Alle ⌐Phiolen⌐ der Empfin- 740
dung, himmlische und irdische, will ich eröffnen, und
eine solche Mischung von Tränen, einen Erguß so eigen-
tümlicher Art, so heilig zugleich und üppig, zusammen-
schütten, daß jeder Mensch gleich, an dessen Hals ich sie
weine, sagen soll: sie fließen dem Käthchen von Heil- 745
bronn! – – – Ihr grauen, bärtigen Alten, was wollt ihr?
Warum verlaßt ihr eure goldnen Rahmen, ihr Bilder
meiner geharnischten Väter, die meinen ⌐Rüstsaal⌐ bevöl-
kern, und tretet, in unruhiger Versammlung, hier um
mich herum, eure ehrwürdigen Locken schüttelnd? 750
Nein, nein, nein! Zum Weibe, wenn ich sie gleich liebe,
begehr' ich sie nicht; eurem stolzen ⌐Reigen⌐ will ich mich
anschließen: das war beschloßne Sache, noch ehe ihr
kamt. Dich aber, Winfried, der ihn führt, du Erster meines Namens, Göttlicher mit der Scheitel des Zevs, dich 755
frag' ich, ob die Mutter meines Geschlechts war, wie

diese: von jeder frommen Tugend strahlender, makello-
ser an Leib und Seele, mit jedem Liebreiz geschmückter,
als sie? O Winfried! Grauer Alter! Ich küsse dir die
760 Hand, und danke dir, daß ich bin; doch hättest du sie
an die stählerne* Brust gedrückt, du hättest ein Geschlecht von Königen erzeugt, und Wetter vom Strahl
hieße jedes Gebot auf Erden! Ich weiß, daß ich mich
fassen und diese Wunde vernarben werde: denn welche
765 Wunde vernarbte nicht der Mensch? Doch wenn ich
jemals ein Weib finde, Käthchen, dir gleich: so will ich
die Länder durchreisen, und die Sprachen der Welt ler-
nen, und Gott preisen in jeder ⌐Zunge⌐, die geredet wird.
– Gottschalk!

*mit Stahl-
schienen
geschützte*

Zweiter Auftritt

Gottschalk. Der Graf vom Strahl.

770 GOTTSCHALK *draußen:* Heda! Herr Graf vom Strahl!
GRAF VOM STRAHL Was gibts?
GOTTSCHALK Was zum Henker!* – – Ein Bote ist angekommen von eurer Mutter.
DER GRAF VOM STRAHL Ein Bote?
775 GOTTSCHALK Gestreckten Laufs, keuchend, mit verhäng-
tem* Zügel; mein Seel*, wenn euer Schloß ein eiserner
Bogen und er ein Pfeil gewesen wäre, er hätte nicht rascher herangeschossen werden können.
DER GRAF VOM STRAHL Was hat er mir zu sagen?
780 GOTTSCHALK He! Ritter Franz!

*Fluch: Der
Henker steht
für den
tabuisierten
Teufel.*

*hängen ge-
lassenen*

*Von Kleist
häufig ge-
brauchte
Bekräfti-
gungsformel
für: wahr-
haftig!*

Dritter Auftritt

Ritter Flammberg tritt auf. Die Vorigen.

DER GRAF VOM STRAHL Flammberg! – Was führt dich so
eilig zu mir her?

FLAMMBERG Gnädigster Herr! eurer Mutter, der Gräfin,
Gebot*; sie befahl mir den besten Renner zu nehmen,
und euch entgegen zu reiten! 785

GRAF VOM STRAHL Nun? Und was bringst du mir?

FLAMMBERG Krieg, bei meinem Eid, Krieg! Ein Aufgebot*
zu neuer ⌜Fehde⌝, warm, wie sie es eben von des Herolds
Lippen empfangen hat.

DER GRAF VOM STRAHL *betreten:* Wessen? – Doch nicht 790
des Burggrafen, mit dem ich eben den Frieden abschloß?
Er setzt sich den Helm auf.

FLAMMBERG Des Rheingrafen, des ⌜Junkers⌝ vom Stein,
der unten am weinumblühten Neckar seinen Sitz hat.

DER GRAF VOM STRAHL Des Rheingrafen! – Was hab ich
mit dem Rheingrafen zu schaffen, Flammberg? 795

FLAMMBERG Mein Seel! Was hattet ihr mit dem Burggrafen zu schaffen? Und was wollte so mancher Andere von
euch, ehe ihr mit dem Burggrafen zu schaffen kriegtet?
Wenn ihr den kleinen ⌜griechischen Feuerfunken⌝ nicht
austretet, der diese Kriege veranlaßt, so sollt ihr noch 800
das ganze Schwabengebirge* wider euch auflodern sehen, und die Alpen und den Hundsrück obenein.

DER GRAF VOM STRAHL Es ist nicht möglich! Fräulein Kunigunde –

FLAMMBERG Der Rheingraf fordert, im Namen Fräulein 805
Kunigundens von Thurneck, den Wiederkauf eurer
Herrschaft* Stauffen; jener drei Städtlein und siebzehn
Dörfer und Vorwerker*, eurem Vorfahren Otto, von Pe-
ter, dem ihrigen, unter der ⌜besagten Klausel⌝, käuflich
abgetreten; grade so, wie dies der Burggraf von Frei- 810

Margin notes:

Befehl, Auftrag

Kriegs- erklärung

Vermutlich der Schwarz- wald

Kleines, der ›Herrschaft‹ eines Adligen unterstelltes Gebiet

Außerhalb eines Adels- gutes liegen- de kleinere Landgüter

burg, und, in früheren Zeiten schon ihre Vettern, in ihrem Namen getan haben.

DER GRAF VOM STRAHL *steht auf:* ⌜Die rasende Megäre!⌝ Ist das nicht der dritte Reichsritter, den sie mir, einem Hund' gleich, auf den Hals hetzt, um mir diese Landschaft* abzujagen! Ich glaube, ⌜das ganze Reich⌝ frißt ihr aus der Hand. ⌜Kleopatra⌝ fand Einen, und als der sich den Kopf zerschellt hatte, schauten die Anderen; doch ihr dient Alles, was eine ⌜Ribbe⌝ weniger hat, als sie, und für jeden Einzelnen, den ich ihr zerzaus't zurücksende, stehen zehn Andere wider mich auf – Was führt' er für Gründe an?

FLAMMBERG Wer? Der Herold?

GRAF VOM STRAHL Was führt' er für Gründe an?

FLAMMBERG Ei, gestrenger Herr, da hätt' er ja rot werden müssen.

DER GRAF VOM STRAHL Er sprach von Peter von Thurneck – nicht? Und von der Landschaft ungültigem Verkauf?

FLAMMBERG Allerdings. Und von den schwäbischen Gesetzen; mischte Pflicht und Gewissen bei jedem dritten Wort, in die Rede, und rief Gott zum Zeugen an, daß nichts als die reinsten Absichten seinen Herrn, den Rheingrafen, vermögten*, des Fräuleins Sache zu ergreifen.

DER GRAF VOM STRAHL Aber die roten Wangen der Dame behielt er für sich?

FLAMMBERG Davon hat er kein Wort gesagt.

DER GRAF VOM STRAHL ⌜Daß sie die Pocken kriegte!⌝ Ich wollte, ich könnte den ⌜Nachttau⌝ in Eimern auffassen*, und über ihren weißen Hals ausgießen! Ihr kleines verwünschtes Gesicht ist der letzte Grund aller dieser Kriege wider mich; und so lange ich den ⌜Märzschnee⌝ nicht vergiften kann, mit welchem sie sich wäscht, hab' ich auch vor den Rittern des Landes keine Ruhe. Aber Geduld nur! – Wo hält sie sich jetzt auf?

Hier: Einheitliches Verwaltungsgebiet

veranlassten

auffangen

FLAMMBERG Auf der Burg zum Stein, wo ihr schon seit drei Tagen Prunkgelage gefeiert werden, daß die ⸢Feste des Himmels⸣ erkracht, und Sonne, Mond und Sterne nicht mehr angesehen werden*. Der Burggraf, den sie verabschiedet hat, soll Rache kochen*, und wenn ihr einen Boten an ihn absendet, so zweifl' ich nicht, er zieht mit euch gegen den Rheingrafen zu Felde. 850

GRAF VOM STRAHL Wohlan! Führt mir die Pferde vor, ich will reiten. – Ich habe dieser jungen Aufwieglerin versprochen, wenn sie die Waffen ihres kleinen schelmischen Angesichts nicht ruhen ließe wider mich, so würd' ich ihr einen Possen zu spielen* wissen, daß sie es ewig in einer Scheide tragen* sollte; und so wahr ich diese Rechte aufhebe, ich halte Wort! – Folgt mir, meine Freunde! 855

860

Alle ab.

Szene: Köblerhütte im Gebirg. Nacht, Donner und Blitz.

Vierter Auftritt

Burggraf von Freiburg und Georg von Waldstädten treten auf.

FREIBURG *in die Szene rufend:* Hebt sie vom Pferd' herunter! – *Blitz und Donnerschlag* – Ei, so schlag' ein wo du willst; nur nicht auf die Scheitel*, belegt mit Kreide*, meiner lieben Braut, der Kunigunde von Thurneck!

EINE STIMME *außerhalb:* He! Wo seid ihr? 865

FREIBURG Hier!

GEORG Habt ihr jemals eine solche Nacht erlebt?

FREIBURG Das gießt vom Himmel herab, Wipfel und

zu sehen sind

Idiomatisch für: auf Rache sinnen

eins auszuwischen

Hier: verhüllen

Hier: Kopf gepudert mit weißer Schminke aus Kreide

Bergspitzen ersäufend, als ob eine zweite Sündflut her-
870 anbräche. – Hebt sie vom Pferd' herunter!

EINE STIMME *außerhalb:* Sie rührt sich nicht.

EINE ANDERE Sie liegt, wie tot, zu des Pferdes Füßen da.

FREIBURG Ei, Possen! Das tut sie bloß, um ihre ⌐falschen
Zähne⌐ nicht zu verlieren. Sagt ihr, ich wäre der Burggraf
875 von Freiburg und die echten, die sie im Mund' hätte,
hätte ich gezählt. – So! bringt sie her.

Ritter Schauermann erscheint, das Fräulein von Thurneck
auf der Schulter tragend.

GEORG Dort ist eine Köhlerhütte.

Fünfter Auftritt

Ritter Schauermann mit dem Fräulein, Ritter Wetzlaf und
die Reisigen des Burggrafen. Zwei Köhler. Die Vorigen.

FREIBURG *an die Köhlerhütte klopfend:* Heda!

DER ERSTE KÖHLER *drinnen:* Wer klopfet?

880 FREIBURG Frag' nicht, du Schlingel, und mach' auf.

DER ZWEITE KÖHLER *eben so:* Holla! Nicht eher bis ich
den Schlüssel umgekehrt habe. Wird doch der Kaiser
nicht vor der Tür sein?

FREIBURG Halunke! Wenn nicht der, doch Einer, der hier
885 regiert, und ⌐den Szepter⌐ gleich vom Ast brechen wird,
um's dir zu zeigen.

DER ERSTE KÖHLER *auftretend, eine Laterne in der Hand:*
Wer seid ihr? Was wollt ihr?

FREIBURG Ein Rittersmann bin ich; und diese ⌐Dame⌐, die
hier todkrank herangetragen wird, das ist –

890 SCHAUERMANN *von hinten:* Das Licht weg!

WETZLAF Schmeißt ihm die Laterne aus der Hand!

FREIBURG *indem er ihm die Laterne wegnimmt:* Spitzbube! Du willst hier leuchten?

DER ERSTE KÖHLER Ihr Herren, ich will hoffen, der Grö-
ßeste unter euch bin ich! Warum nehmt ihr mir die La- 895
terne weg?

DER ZWEITE KÖHLER Wer seid ihr? Und was wollt ihr?

FREIBURG Rittersleute, du Flegel, hab ich dir schon gesagt!

GEORG Wir sind reisende Ritter, ihr guten Leute, die das 900
Unwetter überrascht hat.

FREIBURG *unterbricht ihn:* ⌜Kriegsmänner, die von Jerusalem kommen⌝, und in ihre Heimat ziehen; und jene Dame dort, die herangetragen wird, von Kopf zu Fuß in
einem Mantel eingewickelt, das ist – 905

Ein Gewitterschlag.

DER ERSTE KÖHLER Ei, so plärr' du, daß die Wolken rei-
ßen! – Von Jerusalem, sagt ihr?

DER ZWEITE KÖHLER Man kann vor dem breitmäuligen
Donner kein Wort verstehen.

FREIBURG Von Jerusalem, ja. 910

DER ZWEITE KÖHLER Und das Weibsen*, das herangetragen wird – ?

GEORG *auf den Burggrafen zeigend:* Das ist des Herren
kranke Schwester, ihr ehrlichen Leute, und begehrt –

FREIBURG *unterbricht ihn:* Das ist jenes Schwester, du 915
Schuft, und meine Gemahlin; todkrank, wie du siehst,
von Schloßen* und Hagel halb erschlagen, so daß sie
kein Wort vorbringen kann: die begehrt eines Platzes
in deiner Hütte, bis das Ungewitter vorüber und der
Tag angebrochen ist. 920

DER ERSTE KÖHLER Die begehrt einen Platz in meiner Hütte?

GEORG Ja, ihr guten Köhler; bis das Gewitter vorüber ist,
und wir unsre Reise fortsetzen können.

DER ZWEITE KÖHLER Mein Seel, da habt ihr Worte gesagt, 925
die waren den Lungenodem* nicht wert, womit ihr sie
ausgestoßen.

Vulgär für:
Weib,
Weibsbild

Hagelkörner

Atem

DER ERSTE KÖHLER Isaak!

FREIBURG Du willst das tun?

930 DER ZWEITE KÖHLER Des Kaisers Hunden*, ihr Herrn, wenn sie vor meiner Tür darum heulten. – Isaak! Schlingel! hörst nicht?

Das würde ich für die Hunde des Kaisers tun

JUNGE *in der Hütte:* He! sag' ich. Was gibts?

DER ZWEITE KÖHLER Das Stroh schüttle auf, Schlingel,
935 und die Decken drüberhin; ein krank Weibsen wird kommen und Platz nehmen, in der Hütten! Hörst du?

FREIBURG Wer spricht drin?

DER ERSTE KÖHLER Ei, ein Flachskopf* von zehn Jahren, der uns an die Hand geht.

Blondschopf

940 FREIBURG Gut. – Tritt heran, Schauermann! hier ist ein Knebel losgegangen.

SCHAUERMANN Wo?

FREIBURG Gleichviel! – In den Winkel mit ihr hin, dort! – – Wenn der Tag anbricht, werd ich dich rufen.

Schauermann trägt das Fräulein in die Hütte.

Sechster Auftritt

Die Vorigen, ohne Schauermann und das Fräulein.

945 FREIBURG Nun, Georg, alle Saiten des Jubels schlag ich an: wir haben sie; wir haben diese Kunigunde von Thurneck! So wahr ich nach meinem Vater getauft bin, nicht um den ganzen Himmel, um den meine Jugend gebetet hat, geb' ich die Lust weg, die mir beschert
950 ist, wenn der morgende* Tag anbricht! –. Warum kamst du nicht früher von Waldstädten herab?

morgige

GEORG Weil du mich nicht früher rufen ließest.

FREIBURG O, Georg! Du hättest sie sehen sollen, wie sie daher geritten kam, einer Fabel gleich*, von den Rittern

märchenhaft

des Landes umringt, ⌐gleich einer Sonne, unter ihren ¬955
Planeten⌐! Wars nicht, ⌐als ob sie zu den Kieseln sagte⌐,
die unter ihr Funken sprühten: ihr müßt mir schmelzen,
wenn ihr mich seht? ⌐Thalestris⌐, die Königin der Amazonen, als sie herabzog vom Kaukasus, Alexander den
Großen zu bitten, daß er sie küsse: sie war nicht reizen- 960
der und göttlicher, als sie.

GEORG ⌐Wo fingst du sie?⌐

FREIBURG Fünf Stunden, Georg, fünf Stunden von der
Steinburg, wo ihr der Rheingraf, durch drei Tage, schal-
lende Jubelfeste gefeiert hatte. Die Ritter, die sie beglei- 965
teten, hatten sie kaum verlassen, da werf' ich ihren Vetter Isidor, der bei ihr geblieben war, in den Sand, und auf
den Rappen mit ihr, und auf und davon.

GEORG Aber, Max! Max! Was hast du –?

FREIBURG Ich will dir sagen, Freund – 970

GEORG Was bereitest du dir, mit allen diesen ungeheuren

Vorkehrun-
gen Anstalten*, vor?

FREIBURG Lieber! Guter! Wunderlicher! ⌐Honig von Hy-
bla⌐, für diese vom Durst der Rache zu Holz vertrock-
nete Brust. Warum soll dies ⌐wesenlose Bild⌐ länger, einer 975
olympischen Göttin gleich, auf dem Fußgestell prangen,
die Hallen der christlichen Kirchen von uns und unsers
Gleichen entvölkernd? Lieber angefaßt, und auf den
Schutt hinaus, das Oberste zu Unterst, damit mit Augen
erschaut wird, daß kein Gott in ihm wohnt. 980

GEORG Aber in aller Welt, sag' mir, was ist's, das dich mit
so rasendem Haß gegen sie erfüllt?

FREIBURG O Georg! Der Mensch wirft Alles, was er sein
nennt, in eine Pfütze, aber kein Gefühl. Georg, ich liebte
sie, und sie war dessen nicht wert. Ich liebte sie und 985
ward verschmäht, Georg; und sie war meiner Liebe
nicht wert. Ich will dir was sagen – Aber es macht mich
blaß, wenn ich daran denke. Georg! Georg! Wenn die
Teufel um eine ⌐Erfindung⌐ verlegen sind; so müssen sie

990 einen Hahn fragen der sich vergebens um eine Henne gedreht hat, und hinterher sieht, daß sie, vom Aussatz* zerfressen, zu seinem Spaße nicht taugt.

Ansteckende Hautkrankheit

GEORG Du wirst keine unritterliche Rache an ihr ausüben?

995 FREIBURG Nein; Gott behüt' mich! Keinem Knecht mut' ich zu, sie an ihr zu vollziehn. – Ich bringe sie nach der Steinburg zum Rheingrafen zurück, wo ich nichts tun will, als ihr das Halstuch abnehmen: das soll meine ganze Rache sein!

1000 GEORG Was! Das Halstuch abnehmen?

FREIBURG Ja Georg; und das Volk zusammen rufen.

GEORG Nun, und wenn das geschehn ist, da willst du – ?

FREIBURG Ei, da will ich über sie philosophieren. Da will ich euch einen metaphysischen Satz über sie geben, ⌐wie 1005 Platon, und meinen Satz nachher erläutern, wie der lustige Diogenes⌐ getan. Der Mensch ist – – Aber still:

Er horcht.

GEORG Nun! Der Mensch ist? –

FREIBURG Der Mensch ist, nach Platon, ein zweibeinigtes, ungefiedertes Tier; du weißt, wie Diogenes dies bewie1010 sen; einen Hahn, glaub' ich, rupft er, und warf ihn unter das Volk. – Und diese Kunigunde, Freund, diese Kunigunde von Thurneck, die ist nach mir – – – Aber still! So wahr ich ein Mann bin: dort steigt jemand vom Pferd!

Siebenter Auftritt

Der Graf vom Strahl und Ritter Flammberg treten auf.
Nachher Gottschalk. – Die Vorigen.

DER GRAF VOM STRAHL *an die Hütte klopfend:* Heda! Ihr 1015 wackern Köhlersleute!

FLAMMBERG Das ist eine Nacht, die Wölfe in den Klüften um ein Unterkommen anzusprechen.

GRAF VOM STRAHL Ists erlaubt, einzutreten?

FREIBURG *ihm in den Weg:* Erlaubt, ihr Herrn! Wer ihr auch sein mögt dort – 1020

GEORG Ihr könnt hier nicht einkehren.

GRAF VOM STRAHL Nicht? Warum nicht?

FREIBURG Weil kein Raum drin ist, weder für euch noch für uns. Meine Frau liegt darin todkrank, den einzigen

Dienerschaft Winkel der leer ist mit ihrer Bedienung* erfüllend: ihr 1025 werdet sie nicht daraus vertreiben wollen.

GRAF VOM STRAHL Nein, bei meinem Eid! Vielmehr wünsche ich, daß sie sich bald darin erholen möge. – Gottschalk!

FLAMMBERG So müssen wir beim Gastwirt zum blauen 1030

unter freiem Himmel* übernachten.
Himmel

GRAF VOM STRAHL Gottschalk sag' ich!

GOTTSCHALK *draußen:* Hier!

GRAF VOM STRAHL Schaff die Decken her! Wir wollen uns hier ein Lager bereiten, unter den Zweigen. 1035

Gottschalk und der Köhlerjunge treten auf.

GOTTSCHALK *indem er ihnen die Decken bringt:* Das weiß der Teufel, was das hier für eine Wirtschaft ist. Der Junge sagt, drinnen wäre ein geharnischter Mann, der ein Fräulein bewachte: das läge geknebelt und mit verstopftem Munde da, wie ein Kalb, das man zur Schlacht- 1040 bank bringen will.

GRAF VOM STRAHL Was sagst du? Ein Fräulein? Geknebelt und mit verstopftem Munde? – Wer hat dir das gesagt?

FLAMMBERG Jung'! Woher weißt du das?

KÖHLERJUNGE *erschrocken:* St! – Um aller Heiligen wil- 1045 len! Ihr Herren, was macht ihr?

GRAF VOM STRAHL Komm her.

KÖHLERJUNGE Ich sage: St!

FLAMMBERG Jung'! Wer hat dir das gesagt? So sprich.

KÖHLERJUNGE *heimlich nachdem er sich umgesehen:*
1050 Hab's geschaut, ihr Herren. Lag auf dem Stroh, als sie
sie hineintrugen, und sprachen, sie sei krank. Kehrt' ihr
die Lampe zu und erschaut; daß sie gesund war, und
Wangen hatt' als wie unsre Lore. Und wimmert' und
druckt* mir die Händ' und blinzelte, und sprach so ver-   drückt
1055 nehmlich, wie ein kluger Hund: mach mich los, lieb Bü-
bel, mach' mich los! daß ich's mit Augen hört' und mit
den Fingern verstand.

GRAF VOM STRAHL Jung', du flachsköpfiger; so tu's!

FLAMMBERG Was säumst du? Was machst du?

1060 GRAF VOM STRAHL Bind' sie los und schick sie her!

KÖHLERJUNGE *schüchtern:* St! sag' ich. – Ich wollt, daß
ihr zu Fischen würdet*! – Da erheben sich ihrer drei   verstummen
schon und kommen her, und sehen, was es gibt?   würdet
Er bläs't seine Laterne aus.

GRAF VOM STRAHL Nichts, du wackrer Junge, nichts.

1065 FLAMMBERG Sie haben nichts davon gehört.

GRAF VOM STRAHL Sie wechseln bloß um des Regens willen ihre Plätze.

KÖHLERJUNGE *sieht sich um:* Wollt ihr mich schützen?

GRAF VOM STRAHL Ja, so wahr ich ein Ritter bin; das will
1070 ich.

FLAMMBERG Darauf kannst du dich verlassen.

KÖHLERJUNGE Wohlan! Ich will's dem Vater sagen. –
Schaut was ich tue, und ob ich in die Hütte gehe, oder
nicht?
*Er spricht mit den Alten, die hinten am Feuer stehen, und
verliert sich nachher in die Hütte.*

1075 FLAMMBERG Sind das solche Kauze? Beelzebubs-Ritter*,   Hier: Teu-
deren Ordensmantel die Nacht ist? Eheleute, auf der   fels-Ritter
Landstraße mit Stricken und Banden an einander ge-
traut?

GRAF VOM STRAHL Krank, sagten sie!

1080 FLAMMBERG Todkrank, und dankten für alle Hülfe!

GOTTSCHALK Nun wart'! Wir wollen sie scheiden.
Pause.
SCHAUERMANN *in der Hütte:* He! holla! Die Bestie!
GRAF VOM STRAHL Auf, Flammberg; erhebe dich!
Sie stehen auf.
FREIBURG Was gibt's?
Die Partei des Burggrafen erhebt sich.
SCHAUERMANN Ich bin angebunden! Ich bin angebunden!　　1085
Das Fräulein erscheint.
FREIBURG Ihr Götter! Was erblick' ich?

Achter Auftritt

Fräulein Kunigunde von Thurneck im Reisekleide, mit
gelösten *entfesselten* Haaren. – Die Vorigen.*
KUNIGUNDE *wirft sich vor dem Grafen vom Strahl nieder:*
　　Mein Retter! Wer ihr immer seid! Nehmt einer
ernied-　　Vielfach geschmähten* und geschändeten
rigten,
entehrten　　⌈Jungfrau⌉ euch an! Wenn euer ritterlicher Eid
　　Den Schutz der Unschuld euch empfiehlt; hier liegt sie　　1090
　　In Staub gestreckt, die jetzt ihn von euch fordert!
FREIBURG Reißt sie hinweg, ihr Männer!
GEORG *ihn zurückhaltend:*　　　　　Max! hör mich an.
FREIBURG Reißt sie hinweg, sag' ich; laßt sie nicht reden!
GRAF VOM STRAHL
　　Halt dort ihr Herrn! Was wollt ihr!
FREIBURG　　　　　　　　　　Was wir wollen?
　　Mein Weib will ich, zum Henker! – Auf! ergreift sie!　　1095
KUNIGUNDE Dein Weib? Du Lügnerherz!
GRAF VOM STRAHL *streng:*　　　　　Berühr' sie nicht!
　　Wenn du von dieser Dame was verlangst,
　　So sagst du's mir! Denn mir gehört sie jetzt,
　　Weil sie sich meinem Schutz anvertraut.

Er erhebt sie.

1100 FREIBURG Wer bist du, Übermütiger, daß du
Dich zwischen zwei Vermählte drängst? Wer gibt
Das Recht dir, mir die Gattin zu verweigern?
KUNIGUNDE Die Gattin? Bösewicht! Das bin ich nicht!
GRAF VOM STRAHL
Und wer bist du, Nichtswürdiger, daß du
1105 Sie deine Gattin sagst*, verfluchter Bube,   nennst
Daß du sie dein nennst, geiler Mädchenräuber,
Die Jungfrau, dir vom Teufel in der Hölle,
Mit Knebeln und mit Banden angetraut?
FREIBURG Wie? Was? Wer?
GEORG   Max, ich bitte dich.
GRAF VOM STRAHL   Wer bist du?
FREIBURG
1110   Ihr Herrn, ihr irrt euch sehr –
GRAF VOM STRAHL   Wer bist du, frag' ich?
FREIBURG
Ihr Herren, wenn ihr glaubt, daß ich –
GRAF VOM STRAHL   Schafft Licht her!
FREIBURG Dies Weib hier, das ich mitgebracht, das ist –
GRAF VOM STRAHL Ich sage Licht herbeigeschafft!
Gottschalk und die Köhler kommen mit Fakeln und Feuer-
hacken.
FREIBURG   Ich bin –
GEORG *heimlich:*
Ein ⌈Rasender⌉ bist du! Fort! Gleich hinweg!
1115   Willst du auf ewig nicht dein Wappen schänden*.   deinem
GRAF VOM STRAHL   Geschlecht
So, meine wackern Köhler; leuchtet mir!   Unehre
Freiburg schließt sein Visier.   bereiten
GRAF VOM STRAHL
Wer bist du jetzt, frag' ich. Öffn' das Visier.
FREIBURG Ihr Herr'n, ich bin –
GRAF VOM STRAHL   Öffn' das Visier.

FREIBURG   Ihr hört.

GRAF VOM STRAHL

Meinst du, leichtfert'ger Bube, ungestraft
Die Antwort mir zu weigern, wie ich dir?   1120

Er reißt ihm den Helm vom Haupt, der Burggraf taumelt.

SCHAUERMANN

Schmeißt den Verwegenen doch gleich zu Boden!

WETZLAF Auf! Zieht!

FREIBURG   Du Rasender, welch eine Tat!

*Er erhebt sich, zieht und haut nach dem Grafen; der weicht
aus.*

GRAF VOM STRAHL

Du wehrst dich mir, du ⌐Afterbräutigam⌐?

Er haut ihn nieder.

So fahr' zur Hölle hin, woher du kamst,
Und feire deine Flitterwochen drin!   1125

WETZLAF Entsetzen! Schaut! Er stürzt, er wankt, er fällt!

FLAMMBERG *dringt vor:*

Auf jetzt, ihr Freunde!

SCHAUERMANN   Fort! Entflieht!

FLAMMBERG   Schlagt drein!

Jagt das ⌐Gesindel⌐ völlig in die Flucht!

*Die Burggräflichen entweichen; niemand bleibt als Georg,
der über den Burggrafen beschäftigt ist.*

GRAF VOM STRAHL *zum Burggrafen:*

Freiburg! Was seh' ich? Ihr allmächt'gen Götter!
Du bist's?   1130

KUNIGUNDE *unterdrückt:*

                Der undankbare Höllenfuchs!

GRAF VOM STRAHL

Was galt dir diese Jungfrau, du Unsel'ger?
Was wolltest du mit ihr?

GEORG   – Er kann nicht reden.

Blut füllt, vom Scheitel quellend, ihm den Mund.

KUNIGUNDE
　Laßt ihn ersticken drin!
GRAF VOM STRAHL　　　　Ein Traum erscheint mir's!
1135　Ein Mensch, wie der, so wacker sonst, und gut.
　– Kommt ihm zu Hülf', ihr Leute!
FLAMMBERG　　　　　　Auf! Greift an!*　　　Packt an!
　Und tragt ihn dort in jener Hütte Raum.　　　Greift zu!
KUNIGUNDE Ins Grab! Die Schaufeln her! Er sei gewesen!
GRAF VOM STRAHL Beruhigt euch! – Wie er darnieder liegt,
1140　Wird er auch unbeerdigt euch nicht schaden.
KUNIGUNDE Ich bitt' um Wasser!
GRAF VOM STRAHL　　　　Fühlt ihr euch nicht wohl?
KUNIGUNDE
　Nichts, nichts – Es ist – Wer hilft? – Ist hier kein Sitz?
　– Weh mir!
⌜Sie wankt.⌝
GRAF VOM STRAHL
　　　　　Ihr Himmlischen! He! Gottschalk! hilf!
GOTTSCHALK Die Fakeln her!
KUNIGUNDE　　　　Laßt, Laßt!
GRAF VOM STRAHL *hat sie auf einem Sitz geführt:*
　　　　　　　　　Es geht vorüber?
KUNIGUNDE
1145　Das Licht kehrt meinen trüben Augen wieder. –
GRAF VOM STRAHL
　Was war's, das so urplötzlich euch ergriff?
KUNIGUNDE Ach, mein großmüt'ger Retter und Befreier,
　Wie nenn' ich das? Welch ein entsetzensvoller,
　Unmenschlicher Frevel war mir zugedacht?
1150　Denk' ich, was ohne euch, vielleicht schon jetzt,
　Mir widerfuhr, hebt sich mein Haar empor,
　Und meiner Glieder jegliches erstarrt.
GRAF VOM STRAHL
　Wer seid ihr? Sprecht! Was ist euch widerfahren?
KUNIGUNDE O Seligkeit, euch dies jetzt zu entdecken!

Die Tat, die euer Arm vollbracht, ist keiner   1155
Unwürdigen geschehen; Kunigunde,
Freifrau von Thurneck bin ich, daß ihr's wißt;
Das süße Leben, das ihr mir erhieltet,
Wird, außer mir, in Thurneck, dankbar noch
Ein ganz Geschlecht euch von Verwandten lohnen.   1160

GRAF VOM STRAHL
Ihr seid? – Es ist nicht möglich? Kunigunde
Von Thurneck? –

KUNIGUNDE   So sagt' ich! Was erstaunt ihr?

GRAF VOM STRAHL *steht auf:*
Nun denn, bei meinem Eid, es tut mir Leid,
So kamt ihr aus dem Regen in die Traufe:
Denn ich bin Friedrich Wetter Graf vom Strahl!   1165

KUNIGUNDE
Was! Euer Name? – Der Name meines Retters? –

GRAF VOM STRAHL
Ist Friedrich Strahl, ihr hört's. Es tut mir Leid,
Daß ich euch keinen bessern nennen kann.

KUNIGUNDE *steht auf:*
Ihr Himmlischen! Wie prüft ihr dieses Herz?

GOTTSCHALK *heimlich:*
Die Thurneck? hört' ich recht?   1170

FLAMMBERG *erstaunt:*   Bei Gott! Sie ist's!
Pause.

Sei's drum.   KUNIGUNDE Es sei.* Es soll mir das Gefühl, das hier
In diesem Busen sich entflammt, nicht stören.
Ich will nichts denken, fühlen will ich nichts,
Als Unschuld, Ehre, Leben, Rettung – Schutz
Vor diesem Wolf, der hier am Boden liegt. –   1175
Komm her, du lieber, goldner Knabe, du,
Der mich befreit, nimm diesen Ring von mir,
Es ist jetzt Alles, was ich geben kann:
Einst lohn' ich würdiger, du junger Held,
Die Tat dir, die mein Band gelös't, die mutige,   1180

Die mich vor Schmach bewahrt, die mich errettet,
Die Tat, die mich zur Seligen gemacht.
Sie wendet sich zum Grafen:
Euch, mein Gebieter – Euer nenn' ich Alles,
Was mein ist! Sprecht! Was habt ihr über mich beschlossen?
1185 In eurer Macht bin ich; was muß geschehn?
Muß ich nach eurem Rittersitz euch folgen?
GRAF VOM STRAHL *nicht ohne Verlegenheit:*
Mein Fräulein – es ist nicht eben allzuweit.
Wenn ihr ein Pferd besteigt, so könnt ihr bei
Der Gräfin, meiner Mutter, übernachten.
1190 KUNIGUNDE Führt mir das Pferd vor!
GRAF VOM STRAHL *nach einer Pause:* Ihr vergebt mir,
Wenn die Verhältnisse, in welchen wir –
KUNIGUNDE
Nichts, nichts! Ich bitt euch sehr! beschämt mich nicht!
In eure Kerker klaglos würd' ich wandern.
GRAF VOM STRAHL
1195 In meinen Kerker! Was! Ihr überzeugt euch –
KUNIGUNDE *unterbricht ihn:*
Drückt mich mit eurer Großmut nicht zu Boden. –
Ich bitt' um eure Hand!
DER GRAF VOM STRAHL   He, Fackeln! Leuchtet!
Ab.

Szene: Schloß Wetterstrahl. Ein Gemach in der Burg.

Neunter Auftritt

Kunigunde in einem halb vollendeten, ⌐romantischen An-
⌐Schmink-
und An-
kleidetisch⌐ *zuge⌐, tritt auf, und setzt sich vor einer Toilette* nieder.*
Hinter ihr Rosalie und die alte Brigitte.

ROSALIE *zu Brigitten:* Hier, Mütterchen, setz dich! Der
Graf vom Strahl hat sich bei meinem Fräulein anmelden
lassen; sie läßt sich nur noch die Haare von mir zurecht   1200
legen, und mag gern dein Geschwätz hören.

BRIGITTE *die sich gesetzt:*
Also ihr seid Fräulein Kunigunde von Thurneck?

KUNIGUNDE Ja Mütterchen; das bin ich.

BRIGITTE Und nennt euch eine Tochter des Kaisers?

Hier: nicht
verwandt KUNIGUNDE Des Kaisers? Nein; wer sagt dir das? Der jetzt   1205
lebende Kaiser ist mir fremd*; die Urenkelin eines der
vorigen Kaiser bin ich, die in verflossenen Jahrhunder-
ten, auf dem deutschen Thron saßen.

BRIGITTE O Herr! Es ist nicht möglich? Die Urenkeltoch-
ter –   1210

KUNIGUNDE Nun ja!

ROSALIE Hab ich es dir nicht gesagt?

hat sich
erfüllt BRIGITTE Nun, bei meiner Treu, so kann ich mich ins
Grab legen: der Traum des Grafen vom Strahl ist aus*!

KUNIGUNDE Welch ein Traum?   1215

fass dich
kurz ROSALIE Hört nur, hört! Es ist ⌐die wunderlichste Geschichte von der Welt⌐! – – Aber sei bündig*, Mütterchen, und spare den Eingang; denn die Zeit wie ich dir
schon gesagt, ist kurz.

BRIGITTE Der Graf war gegen das Ende des vorletzten   1220
Jahres, nach einer seltsamen Schwermut, von welcher

kein Mensch die Ursache ergründen konnte, erkrankt;
matt lag er da, mit glutrotem Antlitz und phantasierte;
die Ärzte, die ihre Mittel erschöpft hatten, sprachen, er
1225 sei nicht zu retten. Alles, was in seinem Herzen verschlossen war, lag nun, im Wahnsinn des Fiebers, auf
seiner Zunge: er scheide gern, sprach er von hinnen*;   sterbe
das Mädchen, das fähig wäre, ihn zu lieben, sei nicht
vorhanden; Leben aber ohne Liebe sei Tod; die Welt
1230 nannt' er ein Grab, und das Grab eine Wiege, und meinte, er würde nun erst geboren werden. – ⌜Drei hintereinander folgende Nächte⌝, während welcher seine Mutter
nicht von seinem Bette wich, erzählte er ihr, ihm sei ein
Engel erschienen und habe ihm zugerufen: Vertraue, ver-
1235 traue, vertraue! Auf der Gräfin Frage: ob sein Herz sich,
durch diesen Zuruf des Himmlischen, nicht gestärkt
fühle? antwortete er: »Gestärkt? Nein!« – und mit einem Seufzer setzte er hinzu: »doch! doch, Mutter! Wenn
ich sie werde gesehen haben!« – Die Gräfin fragt: und
1240 wirst du sie sehen? »Gewiß!« antwortet er. Wann? fragt
sie. Wo? – »In der ⌜Sylvesternacht⌝, wenn das neue Jahr
eintritt; da wird er mich zu ihr führen.« Wer? fragt sie,
Lieber; zu wem? »Der Engel,« spricht er, »zu meinem
Mädchen« – wendet sich und schläft ein.

1245 KUNIGUNDE Geschwätz!

ROSALIE Hört sie nur weiter. – Nun?

BRIGITTE Drauf in der Sylvesternacht, in dem Augenblick,
da eben das Jahr wechselt, hebt er sich halb vom Lager
empor, starrt, als ob er eine Erscheinung hätte, ins Zim-
1250 mer hinein, und, indem er mit der Hand zeigt: »Mutter!
Mutter! Mutter!« spricht er. Was gibt's? fragt sie. »Dort!
Dort!« Wo? »Geschwind!« spricht er – Was? – »Den
Helm! Den Harnisch! Das Schwert!« – Wo willst du
hin? fragt die Mutter. »Zu ihr,« spricht er; »zu ihr! So!
1255 so! so! und sinkt zurück; »Ade, Mutter Ade!« ⌜streckt
alle Glieder von sich, und liegt wie tot⌝.

KUNIGUNDE Tot?

ROSALIE Tot, ja!

KUNIGUNDE Sie meint, einem Toten gleich.

ROSALIE Sie sagt, tot! Stört sie nicht. – Nun? 1260

BRIGITTE Wir horchten an seiner Brust: es war so still darin, wie in einer leeren Kammer. Eine Feder ward ihm
vorgehalten, seinem Atem zu prüfen; sie rührte sich
nicht. Der Arzt meinte in der Tat, sein Geist habe ihn
verlassen; rief ihm ängstlich seinen Namen ins Ohr; 1265
reizt' ihn, um ihn zu erwecken, mit Gerüchen*; reizt'
ihn mit Stiften und Nadeln, riß ihm ein Haar aus, daß
sich das Blut zeigte; vergebens: er bewegte kein Glied
und lag, wie tot.

KUNIGUNDE Nun? Darauf? 1270

BRIGITTE Darauf, nachdem er einen Zeitraum so gelegen,
fährt er auf, kehrt sich, mit dem Ausdruck der Betrübnis, der Wand zu, und spricht: »Ach! Nun bringen sie die
Lichter! Nun ist sie mir wieder verschwunden!« –
gleichsam, als ob er durch den Glanz derselben ver- 1275
scheucht würde. – Und da die Gräfin sich über ihn neigt
und ihn an ihre Brust hebt und spricht: Mein Friedrich!
Wo warst du? »Bei ihr,« versetzt er, mit freudiger Stimme; »bei ihr, die mich liebt! bei der ⌜Braut, die mir der
Himmel bestimmt hat⌝! Geh, Mutter geh, und laß nun in 1280
allen Kirchen für mich beten: denn nun wünsch' ich zu
leben.«

KUNIGUNDE Und bessert sich wirklich?

ROSALIE Das eben ist das ⌜Wunder⌝.

BRIGITTE Bessert sich, mein Fräulein, bessert sich, in der 1285
Tat: erholt sich, von Stund' an, gewinnt, wie durch
himmlischen ⌜Balsam⌝ geheilt, seine Kräfte wieder, und
ehe der Mond sich erneut, ist er so gesund wie zuvor.

KUNIGUNDE Und erzählte? – Was erzählte er nun?

BRIGITTE Ach, und ⌜erzählte, und fand kein Ende zu 1290
erzählen⌝: wie der Engel ihn, bei der Hand, durch die

Hier:
Belebende
Duftstoffe

Nacht geleitet; wie er sanft des Mädchens Schlafkäm-
merlein eröffnet, und alle Wände mit seinem Glanz er-
leuchtend, zu ihr eingetreten sei; wie es dagelegen, das
1295 holde Kind, mit nichts, als dem Hemdchen angetan, und
die Augen bei seinem Anblick groß aufgemacht, und
gerufen habe, mit einer Stimme, die das Erstaunen beklemmt: »Mariane!« welches jemand gewesen sein müsse, der in der Nebenkammer geschlafen; wie sie darauf,
1300 vom Purpur der Freude über und über schimmernd, aus
dem Bette gestiegen, und sich ⌜auf Knien vor ihm nieder-
gelassen⌝, das Haupt gesenkt, und: mein hoher Herr!
gelispelt; wie der Engel ihm darauf, daß es eine Kaisertochter sei, gesagt, und ihm ein ⌜Mal⌝ gezeigt, das dem
1305 Kindlein rötlich auf dem Nacken verzeichnet war, – wie
er, von unendlichem Entzücken durchbebt, sie eben
beim Kinn gefaßt, um ihr ins Antlitz zu schauen: und
wie die unselige Magd nun, die Mariane, mit Licht gekommen, und die ganze Erscheinung bei ihrem Eintritt
1310 wieder verschwunden sei.

KUNIGUNDE Und nun meinst du, diese Kaisertochter sei
ich?

BRIGITTE Wer sonst?

ROSALIE Das sag' ich auch.

1315 BRIGITTE Die ganze Strahlburg*, bei eurem Einzug, als sie
erfuhr, wer ihr seid, schlug die Hände über den Kopf
zusammen und rief: sie ist's!

ROSALIE Es fehlt nichts, als daß die Glocken ihre Zungen
gelös't, und gerufen hätten: ja, ja, ja!

1320 KUNIGUNDE *steht auf:* Ich danke dir, Mütterchen, für deine Erzählung. Inzwischen nimm diese Ohrringe zum
Andenken, und entferne dich.

Brigitte ab.

Sonst:
»Schloß
Wetter-
strahl«
(vgl. 35.705)

Zehnter Auftritt

Kunigunde und Rosalie.
KUNIGUNDE *nachdem sie sich im Spiegel betrachtet, geht*
gedankenlos ans Fenster und öffnet es. – Pause:
Hast du mir alles dort zurecht gelegt,
Was ich dem Grafen zugedacht, Rosalie?
Urkunden, Briefe, Zeugnisse?   1325
ROALIE *am Tisch zurück gebliehen:* Hier sind sie.
In diesem Einschlag* liegen sie beisammen.

> Umschlag

KUNIGUNDE
Gib mir doch –

Sie nimmt eine Leimrute*, die draußen befestigt ist, herein.

> Mit Leim
> bestrichene
> Rute zum
> Vogelfang

ROSALIE   Was, mein Fräulein?
KUNIGUNDE *lebhaft:*   Schau, o Mädchen!
Ist dies die Spur von einem Fittich* nicht?

> Synonym für
> den Vogel-
> flügel

ROSALIE *indem sie zu ihr geht:*
Was habt ihr da?
KUNIGUNDE   ⌐Leimruten, die, ich weiß
Nicht wer? an diesem Fenster aufgestellt!   1330
– Sieh, hat hier nicht ein Fittich schon gestreift?
ROSALIE Gewiß! Da ist die Spur. Was war's? Ein Zeisig?
KUNIGUNDE Ein Finkenhähnchen war's, das ich vergebens
Den ganzen Morgen schon herangelockt.
ROSALIE Seht nur dies Federchen. Das ließ er stecken.⌐   1335
KUNIGUNDE *gedankenvoll:*
Gib mir doch –
ROSALIE   Was, mein Fräulein? Die Papiere?
KUNIGUNDE *lacht und schlägt sie:*
⌐Schelmin!⌐ – Die Hirse will ich, die dort steht.
Rosalie lacht und geht und holt die Hirse.

Eilfter Auftritt

Ein Bedienter tritt auf. Die Vorigen.

DER BEDIENTE
Graf Wetter vom Strahl, und die Gräfin seine Mutter!

KUNIGUNDE *wirft Alles aus der Hand:*
Rasch! Mit den Sachen weg.

1340 ROSALIE Gleich, gleich!
Sie macht die Toilette zu und geht ab.

KUNIGUNDE Sie werden mir willkommen sein.

Zwölfter Auftritt

*Gräfin Helena, der Graf vom Strahl, treten auf. Fräulein
Kunigunde.*

KUNIGUNDE *ihnen entgegen:*
Verehrungswürd'ge! Meines Retters Mutter,
Wem dank' ich, welchem Umstand, das Vergnügen,
Daß ihr mir euer Antlitz schenkt*, daß ihr   mich
1345   Vergönnt, die teuren Hände euch zu küssen?   aufsucht

GRÄFIN Mein Fräulein, ihr demütigt mich. Ich kam,
Um eure Stirn zu küssen, und zu fragen,
Wie ihr in meinem Hause euch befindet?

KUNIGUNDE
Sehr wohl. Ich fand hier Alles, was ich brauchte.
1350   Ich hatte nichts von eurer Huld verdient,
Und ihr besorgtet mich*, gleich einer Tochter.   sorgtet für
Wenn irgend etwas mir die Ruhe störte   mich
So war es dies beschämende Gefühl;
Doch ich bedurfte nur den Augenblick,
1355   Um diesen Streit in meiner Brust zu lösen.

Sie wendet sich zum Grafen:
Wie steht's mit eurer linken Hand, Graf Friedrich?
DER GRAF VOM STRAHL
Mit meiner Hand? mein Fräulein! Diese Frage,

peinlicher Ist mir empfindlicher* als ihre Wunde!
Der Sattel wars, sonst nichts, an dem ich mich
Unachtsam stieß, euch hier vom Pferde hebend.   1360
GRÄFIN Ward sie verwundet? – Davon weiß ich nichts.
KUNIGUNDE Es fand sich, als wir dieses Schloß erreichten,
Daß ihr, in hellen Tropfen, Blut entfloß.
GRAF VOM STRAHL
Die Hand selbst, seht ihr, hat es schon vergessen.
Wenn's Freiburg war, dem ich im Kampf um euch,   1365
Dies Blut gezahlt, so kann ich wirklich sagen:
Schlecht war der Preis, um den er euch verkauft.
KUNIGUNDE Ihr denkt von seinem Werte so – nicht ich.
indem sie sich zur Mutter wendet:
– Doch wie? Wollt ihr euch, Gnädigste, nicht setzen?
*Sie holt einen Stuhl, der Graf bringt die andern. Sie lassen
sich sämtlich nieder.*
GRÄFIN Wie denkt ihr, über eure Zukunft, Fräulein?   1370
Habt ihr die Lag', in die das Schicksal euch
Versetzt, bereits erwogen? Wißt ihr schon,
Wie euer Herz darin sich fassen wird?
KUNIGUNDE *bewegt:*
Verehrungswürdige und gnäd'ge Gräfin,
Die Tage, die mir zugemessen, denk ich   1375
In Preis und Dank, in immer glühender
Erinnerung des, was jüngst für mich geschehn,
In unauslöschlicher Verehrung eurer,
Atemzug Und eures Hauses, bis auf den letzten Odem*,
Der meine Brust bewegt, wenn's mir vergönnt ist,   1380
In Thurneck bei den Meinen hinzubringen.
Sie weint.
beabsichtigt GRÄFIN Wann denkt* ihr zu den Euren aufzubrechen?

KUNIGUNDE Ich wünsche – weil die Tanten mich erwarten,
– Wenn's sein kann, morgen, – oder mindestens –
1385 In diesen Tagen abgeführt zu werden.

GRÄFIN Bedenkt ihr auch, was dem entgegen steht?

KUNIGUNDE Nichts mehr, erlauchte* Frau, wenn ihr mir nur
Vergönnt, mich offen vor euch zu erklären.

Veralt. Titel
für adlige
Personen

Sie küßt ihr die Hand; steht auf und holt die Papiere.
Nehmt dies von meiner Hand, Herr Graf vom Strahl.

DER GRAF VOM STRAHL *steht auf:*
1390 Mein Fräulein! – Kann ich wissen – was es ist?

KUNIGUNDE Die Dokumente sind's, den Streit betreffend,
Um eure Herrschaft Stauffen, die Papiere
Auf die ich meinen Anspruch gründete.

GRAF VOM STRAHL
Mein Fräulein, ihr beschämt mich, in der Tat!
1395 Wenn dieses Heft, wie ihr zu glauben scheint,
Ein Recht begründet: weichen will ich euch,
Und wenn es meine letzte Hütte gälte!

KUNIGUNDE
Nehmt, nehmt, Herr Graf vom Strahl! Die Briefe sind
⌜Zweideutig⌝, seh' ich ein, der Wiederkauf,
1400 Zu dem sie mich berechtigen, verjährt;
Doch wär' mein Recht so klar auch, wie die Sonne,
Nicht gegen euch mehr kann ich's geltend machen.

GRAF VOM STRAHL
Niemals, mein Fräulein, niemals, in der Tat!
Mit Freuden nehm ich, wollt ihr mir ihn schenken,
1405 Von euch den Frieden an; doch wenn auch nur
Der Zweifel eines Rechts auf Stauffen euer,
Das Dokument hier nicht, das ihn euch belegt!
Bringt eure Sache* vor, bei Kaiser und Reich,
Und das Gesetz entscheide, wer sich irrte.

Hier: Rechts-
streit

KUNIGUNDE *zur Gräfin:*
1410 Befreit denn ihr, verehrungswürd'ge Gräfin,
Von diesen leid'gen Dokumenten mich,

Die mir in Händen brennen, widerwärtig
Zu dem Gefühl, das mir erregt ist, stimmen,
Und mir auf Gottes weiter Welt zu nichts mehr,
Lebt' ich auch neunzig Jahre, helfen können.   1415

GRÄFIN *steht gleichfalls auf:*
Mein teures Fräulein! Eure Dankbarkeit
Führt euch zu weit. Ihr könnt, was eurer ganzen
Familie angehört, in einer flüchtigen

Hier: Rechte
abtreten

Bewegung nicht, die euch ergriff, veräußern*.
Nehmt meines Sohnes Vorschlag an und laßt   1420
In ⌐Wetzlar⌐ die Papiere untersuchen;
Versichert euch, ihr werdet wert uns bleiben,
Man mag auch dort entscheiden, wie man wolle.

KUNIGUNDE *mit Affekt:*
Nun denn, der Anspruch war mein Eigentum!
Ich brauche keinen Vetter zu befragen,   1425
Und meinem Sohn vererb' ich einst mein Herz!
Die Herrn in Wetzlar mag ich nicht bemühn:
Hier diese rasche Brust entscheidet so!
Sie zerreißt die Papiere und läßt sie fallen.

GRÄFIN Mein liebes, junges, unbesonnes Kind,
Was habt ihr da getan? – – Kommt her,   1430
Weil's doch geschehen ist, daß ich euch küsse.
Sie umarmt sie.

KUNIGUNDE Ich will daß dem Gefühl, das mir entflammt,
Im Busen ist, nichts fürder widerspreche!
Ich will, die Scheidewand soll niedersinken,
Die zwischen mir und meinem Retter steht!   1435
Ich will mein ganzes Leben ungestört,
Durchatmen, ihn zu preisen, ihn zu lieben.

GRÄFIN *gerührt:*
Gut, gut, mein Töchterchen. Es ist schon gut,
Ihr seid zu sehr erschüttert.

DER GRAF VOM STRAHL   – Ich will wünschen,
Daß diese Tat euch nie gereuen möge.   1440
Pause.

KUNIGUNDE *trocknet sich die Augen:*

Wann darf ich nun nach Thurneck wiederkehren,

GRÄFIN

Gleich! Wann ihr wollt! Mein Sohn selbst wird euch
führen!

KUNIGUNDE So sei's – auf morgen denn!

GRÄFIN   Gut! Ihr begehrt es.

Obschon ich gern euch länger bei mir sähe. –

1445   Doch heut bei Tisch noch macht ihr uns die Freude?

KUNIGUNDE *verneigt sich:*

Wenn ich mein Herz kann sammeln, wart' ich auf*.   mache ich
Ab.   meine Auf-
                                                   wartung

Dreizehnter Auftritt

Gräfin Helena. Der Graf vom Strahl.

DER GRAF VOM STRAHL

So wahr, als ich ein Mann bin, die begehr ich
Zur Frau!

GRÄFIN   Nun, nun, nun, nun!

GRAF VOM STRAHL   Was! Nicht?

Du willst, daß ich mir Eine wählen soll;

1450   Doch die nicht? Diese nicht? Die nicht?

GRÄFIN   Was willst du?

Ich sagte nicht, daß sie mir ganz mißfällt.

GRAF VOM STRAHL

Ich will auch nicht, daß heut' noch Hochzeit sei:
– Sie ist vom Stamm der alten ⌈sächs'schen Kaiser⌉.

GRÄFIN Und der Sylvesternachttraum spricht für sie?

1455   Nicht? Meinst du nicht?   verbergen,
                                                        verhehlen
GRAF VOM STRAHL   Was soll ich's bergen*: ja!   Hier: Liebes-
GRÄFIN Lass' uns die Sach'* ein wenig überlegen.   angelegen-
Ab.   heit

Dritter Akt

Szene: Gebirg und Wald. Eine Einsiedelei.

Erster Auftritt

*Theobald und Gottfried Friedeborn führen das Käthchen
von einem Felsen herab.*

THEOBALD Nimm dich in Acht, mein liebes Käthchen; der
Gebirgspfad, siehst du, hat eine Spalte. Setze deinen Fuß
hier auf diesen Stein, der ein wenig mit Moos bewachsen
ist; wenn ich wüßte, wo eine Rose wäre, so wollte ich es   1460
dir sagen. – So!

GOTTFRIED Doch hast wohl Gott, Käthchen, nichts von
der Reise anvertraut, die du heut zu tun willens warst? –
Ich glaubte, an dem ⌈Kreuzweg⌉, wo das Marienbild
steht, würden zwei Engel kommen, Jünglinge, von ho-   1465
her Gestalt, mit schneeweißen Fittigen an den Schul-
tern, und sagen: Ade, Theobald! Ade, Gottfried! Kehrt
zurück, von wo ihr gekommen seid; wir werden das
Käthchen jetzt auf seinem Wege zu Gott weiter führen.
– Doch es war nichts; wir mußten dich ganz bis ans   1470
Kloster herbringen.

THEOBALD Die ⌈Eichen⌉ sind so still, die auf den Bergen
verstreut sind: man hört den Specht, der daran pickt.
Ich glaube, sie wissen, daß Käthchen angekommen ist,
und lauschen auf das, was sie denkt. Wenn ich mich doch   1475
in die Welt auflösen könnte, um es zu erfahren. Harfen-
klang muß nicht* lieblicher sein, als ihr Gefühl: es würde
Israel* hinweggelockt von David und seinen Zungen
neue ⌈Psalter⌉ gelehrt haben. – Mein liebes Käthchen?

kann nicht

*das Volk
Israel*

1480	KÄTHCHEN	Mein lieber Vater!
	THEOBALD	Sprich ein Wort.
	KÄTHCHEN	Sind wir am Ziele?

THEOBALD Wir sind's. Dort in jenem freundlichen Gebäu-
de, das mit seinen Türmen zwischen die Felsen ge-
1485   klemmt ist, sind die stillen Zellen der frommen
⌜Augustinermönche⌝; und hier, der geheiligte Ort, wo
sie beten.

KÄTHCHEN Ich fühle mich matt.

THEOBALD Wir wollen uns setzen. Komm, gib mir deine
1490   Hand, daß ich dich stütze. Hier vor diesem Gitter ist
eine Ruhebank, mit kurzem und dichtem Gras bewachsen: schau her, das angenehmste Plätzchen, das ich jemals sah.

Sie setzen sich.

GOTTFRIED Wie befindest du dich?

1495 KÄTHCHEN Sehr wohl.

THEOBALD Du scheinst doch blaß, und deine Stirne ist voll
Schweiß?

Pause.

GOTTFRIED Sonst warst du so rüstig, konntest meilenweit
wandern, durch Wald und Feld, und brauchtest nichts,
1500   als einen Stein, und das Bündel, das du auf der Schulter
trugst, zum Pfühl*, um dich wieder herzustellen; und   Ruhekissen
heut bist du so erschöpft, daß es scheint, als ob ⌜alle
Betten, in welchen die Kaiserin ruht⌝, dich nicht wieder
auf die Beine bringen würden.

1505 THEOBALD Willst du mit etwas erquickt sein.

GOTTFRIED Soll ich gehen und dir einen Trunk Wasser
schöpfen?

THEOBALD Oder suchen wo dir eine Frucht blüht*?   wächst, reift

GOTTFRIED Sprich, mein liebes Käthchen!

1510 KÄTHCHEN Ich danke dir, lieber Vater.

THEOBALD Du dankst uns.

GOTTFRIED Du verschmähst Alles.

THEOBALD Du begehrst nichts, als daß ich ein Ende mache: hingehe und dem ⌐Prior Hatto⌐, – meinem alten
Freund, sage: der alte Theobald sei da, der sein einzig   1515
liebes Kind begraben wolle.

KÄTHCHEN Mein lieber Vater!

THEOBALD Nun gut. Es soll geschehn. Doch bevor wir die
entscheidenden Schritte tun, die nicht mehr zurück zu
nehmen sind, will ich dir noch etwas sagen. Ich will dir   1520
sagen, was Gottfried und mir eingefallen ist, auf dem
Wege hierher, und was, wie uns scheint, ins Werk zu
richten* notwendig ist, bevor wir den Prior in dieser
Sache sprechen. – Willst du es wissen?

KÄTHCHEN Rede!   1525

THEOBALD Nun wohlan, so merk' auf, und prüfe dein Herz
wohl! – Du willst in das Kloster der ⌐Ursulinerinnen⌐ gehen, das tief im einsamen kieferreichen Gebirge seinen
Sitz hat. Die Welt, der liebliche Schauplatz des Lebens,
reizt dich nicht mehr; Gottes Antlitz, in Abgezogenheit*   1530
und Frömmigkeit angeschaut, soll dir Vater, Hochzeit,
Kind, und der Kuß kleiner blühender Enkel sein.

KÄTHCHEN Ja, mein lieber Vater.

THEOBALD *nach einer kurzen Pause:* Wie wär's, wenn du
auf ein Paar Wochen, da die Witterung noch schön ist,   1535
zu dem Gemäuer zurückkehrtest, und dir die Sache ein
wenig überlegtest?

KÄTHCHEN Wie?

THEOBALD Wenn du wieder hingingst, mein' ich, nach der
Strahlburg, unter den Holunderstrauch, wo sich der   1540
Zeisig das Nest gebaut hat, am Hang des Felsens, du
weißt, von wo das Schloß, im Sonnenstrahl funkelnd,
über die Gauen* des Landes herniederschaut?

KÄTHCHEN Nein, mein lieber Vater!

THEOBALD Warum nicht?   1545

KÄTHCHEN Der Graf, mein Herr, hat es mir verboten.

THEOBALD Er hat es dir verboten. Gut. Und was er dir

Hier:
bewerk-
stelligen,
erledigen

Zurückgezo-
genheit

Landstriche,
Bezirke

verboten hat, das darfst du nicht tun. Doch wie, wenn
ich hinginge und ihn bäte, daß er es erlaubte?

1550 KÄTHCHEN Wie? Was sagst du?

THEOBALD Wenn ich ihn ersuchte, dir das Plätzgen, wo dir
so wohl ist, zu gönnen, und mir die Freiheit würde*, dich
daselbst mit dem, was du zur Notdurft* brauchst,
freundlich auszustatten?

1555 KÄTHCHEN Nein, mein lieber Vater.

THEOBALD Warum nicht?

KÄTHCHEN *beklemmt:* Das würdest du nicht tun; und
wenn du es tätest, so würde es der Graf nicht erlauben;
und wenn der Graf es erlaubte, so würd' ich doch von
1560 seiner Erlaubnis keinen Gebrauch machen.

THEOBALD Käthchen! Mein liebes Käthchen! Ich will es
tun. Ich will mich so vor ihm niederlegen, wie ich es jetzt
vor dir tue, und sprechen: mein hoher Herr! erlaubt, daß
das Käthchen unter dem Himmel, der über eure Burg
1565 gespannt ist, wohne; reitet ihr aus, so vergönnt, daß sie
euch von fern, auf einen Pfeilschuß, folge, und räumt ihr,
wenn die Nacht kömmt, ein Plätzchen auf dem Stroh
ein, das euren stolzen Rossen untergeschüttet wird. Es
ist besser, als daß sie vor Gram vergehe.

KÄTHCHEN *indem sie sich gleichfalls vor ihm niederlegt:*
1570 Gott im höchsten Himmel; du vernichtest mich! ⌐Du
legst mir deine Worte kreuzweis, wie Messer, in die
Brust⌐ Ich will jetzt nicht mehr ins Kloster gehen, nach
Heilbronn will ich mit dir zurückkehren, ich will den
Grafen vergessen, und, wen du willst heiraten; müßt'
1575 auch ein Grab mir, von acht Ellen* Tiefe, das Brautbett
sein.

THEOBALD *der aufgestanden ist und sie aufhebt:* Bist du
mir bös, Käthchen?

KÄTHCHEN Nein, nein! Was fällt dir ein?

1580 THEOBALD Ich will dich ins Kloster bringen!

KÄTHCHEN Nimmer und nimmermehr! Weder auf die

ich die
Erlaubnis
hätte

Bedarf an
Notwen-
digem

Längenmaß
für die
Spanne von
Ellbogen u.
Handgelenk;
die preuß.
Elle betrug
66,69 cm.

Strahlburg, noch ins Kloster! – Schaff mir nur jetzt, bei dem Prior, ein Nachtlager, daß ich mein Haupt niederlege, und mich erhole; mit Tagesanbruch, wenn es sein kann, gehen wir zurück. 1585

Sie weint.

GOTTFRIED Was hast du gemacht, Alter?

THEOBALD Ach! Ich habe sie gekränkt!

GOTTFRIED *klingelt:* Prior Hatto ist zu Hause?

PFÖRTNER *öffnet:* Gelobt sei Jesus Christus!

THEOBALD In Ewigkeit, Amen! 1590

GOTTFRIED Vielleicht besinnt sie sich!

THEOBALD Komm meine Tochter!

Alle ab.

Szene: Eine Herberge.

Zweiter Auftritt

Der Rheingraf vom Stein und Friedrich von Herrnstadt treten auf, ihnen folgt: Jacob Pech, der Gastwirt. Gefolge von Knechten.

RHEINGRAF *zu dem Gefolge:* Laßt die Pferde absatteln! Stellt Wachen aus, auf dreihundert Schritt um die Herberge, und laßt jeden ein, niemand aus! Füttert und bleibt, in den Ställen, und zeigt euch, so wenig es sein kann; wenn Eginhardt mit Kundschaft* aus der Thurneck* zurückkommt, geb' ich euch meine weitern Befehle. 1595

Nachricht, die ›ausgekundschaftet‹ wurde

Burg Thurneck

Das Gefolge ab.

Wer wohnt hier? 1600

JACOB PECH ⌜Halten zu Gnaden⌝, ich und meine Frau, gestrenger Herr.

RHEINGRAF Und hier?

JACOB PECH Vieh.

1605 RHEINGRAF Wie?

JACOB PECH Vieh. – Eine Sau mit ihrem Wurf, halten zu
Gnaden; es ist ein Schweinstall, von Latten draußen an-
gebaut.

RHEINGRAF Gut. – Wer wohnt hier?

1610 JACOB PECH Wo?

RHEINGRAF Hinter dieser dritten Tür?

JACOB PECH Niemand, halten zu Gnaden.

RHEINGRAF Niemand?

JACOB PECH Niemand gestrenger Herr, gewiß und wahr-
1615 haftig. Oder vielmehr jedermann. Es geht wieder aufs
offne Feld hinaus.

RHEINGRAF Gut. – Wie heißest du?

JACOB PECH Jacob Pech.

RHEINGRAF Tritt ab, Jacob Pech. –

Der Gastwirt ab.

1620 RHEINGRAF Ich will mich hier, wie die Spinne, zusammen
knäueln, daß ich aussehe, wie ein Häuflein argloser
Staub; und wenn sie im Netz sitzt, diese Kunigunde,
über sie herfahren – den ⌐Stachel der Rache⌐ tief eindrük-   Hier: Als ab-
schrecken-
1625 ken in ihre treulose Brust: töten, töten, töten, und ihr   des Zeichen
Gerippe, als das Monument* einer ⌐Erzbuhlerin⌐, in dem
Gebälke* der Steinburg aufbewahren!   Hier:
Dachboden

FRIEDRICH Ruhig, ruhig Albrecht! Eginhardt, den du
nach Thurneck gesandt hast, ist noch, mit der Bestäti-
gung dessen, was du argwohnst, nicht zurück.

1630 RHEINGRAF Da hast du Recht, Freund; Eginhardt ist noch
nicht zurück. Zwar in dem Zettel, den mir die Bübin
schrieb, steht: ihre Empfehlung voran; es sei nicht nötig,
daß ich mich fürder* um sie bemühe; Stauffen sei ihr von   weiterhin
dem Grafen vom Strahl, auf dem Wege freundlicher Ver-
1635 mittlung, abgetreten. Bei meiner unsterblichen Seele,
hat dies irgend einen Zusammenhang, der rechtschaffen

Hier: Für den
Krieg aufge-
stellte
(›gerüstete‹)
Soldaten

Formelhafte
Wendung:
die Hand zur
Ehe geben

Wohlerzo-
genheit

ist: so will ich es hinunterschlucken, und die Kriegsrü-
stung*, die ich für sie gemacht, wieder auseinander gehen lassen. Doch wenn Eginhardt kommt und mir sagt,
was mir das Gerüchte schon gesteckt, daß sie ihm mit   1640
ihrer Hand verlobt* ist: so will ich meine Artigkeit*, wie
ein Taschenmesser, zusammenlegen, und ihr die Kriegs-
kosten wieder abjagen: müßt' ich sie umkehren, und ihr
den Betrag ⌜hellerweise⌝ aus den Taschen herausschüt-
teln.   1645

Dritter Auftritt

Eginhardt von der Wart tritt auf. Die Vorigen.

RHEINGRAF Nun, Freund, alle Grüße treuer Brüderschaft
    über dich! – Wie steht's auf dem Schlosse zu Thurneck?

Gerücht

EGINHARDT Freunde, es ist alles, wie der Ruf* uns erzählt!
    Sie gehen mit vollen Segeln auf dem Ozean der Liebe,

innerhalb ei-
nes Monats

    und ehe der Mond sich erneut*, sind sie in den Hafen der   1650
    Ehe eingelaufen.

RHEINGRAF Der Blitz soll ihre Masten zersplittern, ehe sie
    ihn erreichen!

FRIEDRICH Sie sind miteinander verlobt?

Offen
gesagt

EGINHARDT Mit dürren Worten*, glaub' ich, nein; doch   1655
    wenn Blicke reden, Mienen schreiben und Händedrük-

Ehevertrag
über die
Besitzver-
hältnisse

    ke siegeln können, so sind die Ehepakten* fertig.

RHEINGRAF Wie ist es mit der Schenkung von Stauffen
    zugegangen? Das erzähle!

FRIEDRICH Wann machte er ihr das Geschenk?   1660

EGINHARDT Ei! Vorgestern, am Morgen ihres Geburts-
    tags, da die Vettern ihr ein glänzendes Fest in der Thurn-
    eck bereitet hatten. Die Sonne schien kaum rötlich auf
    ihr Lager: da findet sie das Dokument schon auf der

1665 Decke liegen; das Dokument, versteht mich, in ein Briefchen des verliebten Grafen eingewickelt, mit der Ver-
sicherung, daß es ihr Brautgeschenk sei, wenn sie sich
entschließen könne, ihm ihre Hand zu geben.

RHEINGRAF Sie nahm es? Natürlich! Sie stellte sich vor
1670 den Spiegel, knickste, und nahm es?

EGINHARDT Das Dokument? Allerdings.

FRIEDRICH Aber die Hand, die dagegen gefordert ward?

EGINHARDT O die verweigerte sie nicht.

FRIEDRICH Was! Nicht?

1675 EGINHARDT Nein. Gott behüte! Wann hätte sie je einem
Freier ihre Hand verweigert.

RHEINGRAF Aber sie hält, wenn die Glocke geht*, nicht
Wort?

EGINHARDT Danach habt ihr mich nicht gefragt.

1680 RHEINGRAF Wie beantwortete sie den Brief?

EGINHARDT Sie sei so gerührt, daß ihre Augen, wie, zwei
Quellen, niederträufelten, und ihre Schrift ertränkten; –
die Sprache, an die sich wenden müsse, ihr Gefühl auszudrücken, sei ein Bettler. – Er habe, auch ohne dieses
1685 Opfer, ein ewiges Recht an ihre Dankbarkeit, und es sei,
wie mit einem Diamanten, in ihre Brust geschrieben; –
kurz, einen Brief voll doppelsinniger Fratzen, der, wie
der Schillertaft*, zwei Farben spielt, und ⌐weder ja sagt,
noch nein⌐.

1690 RHEINGRAF Nun, Freunde; ihre Zauberei geht, mit diesem
Kunststück zu Grabe! Mich betrog sie, und keinen
mehr; die Reihe derer, die sie am Narrenseil geführt
hat, schließt mit mir ab. – Wo sind die beiden reitenden
Boten?

1695 FRIEDRICH *in die Tür rufend:* He!

wenn die
Hochzeits-
glocken
läuten

In mehreren
Farben
schillernder
Seidenstoff

Vierter Auftritt

Zwei Boten treten auf. Die Vorigen.

RHEINGRAF *nimmt zwei Briefe aus dem* ⌈Collet⌉: Diese beiden Briefe nehmt ihr – diesen du, diesen du; und tragt sie
– diesen hier du an den ⌈Dominicanerprior⌉ Hatto, verstehst du? Ich würd' Glock sieben* gegen Abend kommen, und Absolution in seinem Kloster empfangen? 1700
Diesen hier du an Peter Quanz, Haushofmeister* in
der Burg zu Thurneck; Schlag zwölf um Mitternacht
stünd' ich mit meinem Kriegshaufen vor dem Schloß,
und bräche ein. Du gehst nicht eher in die Burg, du,
bis es finster ist, und lässest dich vor keinem Menschen 1705
sehen; verstehst du mich? – Du brauchst das Tageslicht
nicht zu scheuen. – Habt ihr mich verstanden?

DIE BOTEN Gut.

RHEINGRAF *nimmt ihnen die Briefe wieder aus der Hand:*
Die Briefe sind doch nicht verwechselt?

FRIEDRICH Nein, Nein. 1710

RHEINGRAF Nicht? – – Himmel und Erde!

EGINHARDT Was gibt's?

RHEINGRAF Wer versiegelte sie?

FRIEDRICH Die Briefe?

RHEINGRAF Ja! 1715

FRIEDRICH Tod und Verderben! Du versiegeltest sie
selbst!

RHEINGRAF *gibt den Boten die Briefe wieder:* Ganz recht!
hier, nehmt! Auf der Mühle*, beim Sturzbach, werd' ich
euch erwarten. – Kommt meine Freunde! 1720

Alle ab.

um sieben
Uhr

Verwalter

Auf dem
Gelände der
Mühle

Szene: Thurneck. Ein Zimmer in der Burg.

Fünfter Auftritt

Der Graf vom Strahl sitzt gedankenvoll an einem Tisch,
auf welchem zwei Lichter stehen. Er hält eine Laute in der
Hand, und tut einige Griffe darauf. Im Hintergrunde, bei
seinen Kleidern und Waffen beschäftigt, Gottschalk.

STIMME *von außen:*
   Macht auf! Macht auf! Macht auf!

GOTTSCHALK   Holla! – Wer ruft?

STIMME
   ⌐Ich, Gottschalk, bin's; ich bin's, du lieber Gottschalk!

GOTTSCHALK
   Wer?

STIMME
       Ich!

GOTTSCHALK
          Du?

STIMME   Ja!

GOTTSCHALK   Wer?

STIMME   Ich!⌐

DER GRAF VOM STRAHL *legt die Laute weg:*
                  Die Stimme kenn' ich!

GOTTSCHALK Mein Seel! Ich hab' sie auch schon wo gehört.

STIMME
1725   Herr Graf vom Strahl! Macht auf! Herr Graf vom Strahl!

GRAF VOM STRAHL
   Bei Gott! Das ist –

GOTTSCHALK   Das ist, so wahr ich lebe –

STIMME Das Käthchen ist's! Wer sonst! Das Käthchen ist's,
   Das kleine Käthchen von Heilbronn!

GRAF VOM STRAHL *steht auf:*   Wie? Was? zum Teufel!

GOTTSCHALK *legt alles aus der Hand:*
   Du, Mädel? Was! O Herzensmädel! Du?
Er öffnet die Tür.

GRAF VOM STRAHL
   Ward, seit die Welt steht, so etwas –?   1730

KÄTHCHEN *indem sie eintritt:*   Ich bin's.

GOTTSCHALK
   Schaut her, bei Gott! Schaut her, sie ist es selbst!

Sechster Auftritt

Das Käthchen mit einem Brief. Die Vorigen.

DER GRAF VOM STRAHL
   Schmeiß sie hinaus. Ich will nichts von ihr wissen.

GOTTSCHALK
   Was! Hört' ich recht –?

KÄTHCHEN   Wo ist der Graf vom Strahl?

GRAF VOM STRAHL
   Schmeiß sie hinaus! Ich will nichts von ihr wissen!

GOTTSCHALK *nimmt sie bei der Hand:*
   Wie, gnädiger Herr, vergönnt –!   1735

KÄTHCHEN *reicht ihm den Brief:* Hier! nehmt, Herr Graf!

GRAF VOM STRAHL *sich plötzlich zu ihr wendend:*
   Was willst du hier? Was hast du hier zu suchen?

KÄTHCHEN *erschrocken:*
   Nichts! – Gott behüte! Diesen Brief hier bitt ich –

GRAF VOM STRAHL
   Ich will ihn nicht! – Was ist dies für ein Brief?
   Wo kommt er her? Und was enthält er mir?

KÄTHCHEN Der Brief hier ist –   1740

GRAF VOM STRAHL   Ich will davon nichts wissen!

Fort! Gib ihn unten in dem Vorsaal ab.

KÄTHCHEN

Mein hoher Herr! Laßt' bitt ich, euch bedeuten* – *erklären*

GRAF VOM STRAHL *wild:*

Die Dirne, die landstreichend unverschämte!

Ich will nichts von ihr wissen! Hinweg, sag' ich!

1745 Zurück nach Heilbronn, wo du hingehörst!

KÄTHCHEN Herr meines Lebens! Gleich verlass' ich euch!

Den Brief nur hier, der euch sehr wichtig ist,

Erniedrigt euch, von meiner Hand zu nehmen.

GRAF VOM STRAHL

Ich aber will ihn nicht! Ich mag ihn nicht!

1750 Fort! Augenblicks!* Hinweg! *Augenblicklich!*

KÄTHCHEN   Mein hoher Herr!

GRAF VOM STRAHL *wendet sich:*

Die Peitsche her! An welchem Nagel hängt sie?

Ich will doch sehn, ob ich, vor losen* Mädchen, *Von mhd. lôs »frei«; hier: sitten- losen, ver- dorbenen*

In meinem Haus nicht Ruh mir kann verschaffen.

Er nimmt die Peitsche von der Wand.

GOTTSCHALK

O Gnäd'ger Herr! Was macht ihr? Was beginnt ihr?

1755 Warum auch wollt ihr, den nicht sie verfaßt,

Den Brief, nicht freundlich aus der Hand ihr nehmen?

GRAF VOM STRAHL

Schweig, alter Esel, du, sag' ich.

KÄTHCHEN *zu Gottschalk:*   Laß, Laß!

GRAF VOM STRAHL

In Thurneck bin ich hier, weiß, was ich tue;

Ich will den Brief aus ihrer Hand nicht nehmen!

1760 – Willst du jetzt gehn?

KÄTHCHEN *rasch:*   Ja, mein verehrter Herr!

GRAF VOM STRAHL

Wohlan!

GOTTSCHALK *halblaut zu Käthchen da sie zittert:*

Sei ruhig. Fürchte nichts.

So entferne
dich!

GRAF VOM STRAHL   So fern' dich!* –
  Am Eingang steht ein Knecht, dem gib den Brief,
  Und kehr des Weges heim, von wo du kamst.
KÄTHCHEN Gut, gut. Du wirst mich dir gehorsam finden.
  Peitsch mich nur nicht, bis ich mit Gottschalk sprach. –   1765
  Sie kehrt sich zu Gottschalk um:
  Nimm du den Brief.
GOTTSCHALK   Gib her, mein liebes Kind.
  Was ist dies für ein Brief? Und was enthält er?
KÄTHCHEN
  Der Brief hier ist vom Graf vom Stein, verstehst du?
  Ein Anschlag, der noch heut vollführt soll werden,
  Auf Thurneck, diese Burg, darin enthalten,   1770
  Und auf das schöne Fräulein Kunigunde,
  Des Grafen, meines hohen Herren, Braut.
GOTTSCHALK
  Ein Anschlag auf die Burg? Es ist nicht möglich!
  Und vom Graf Stein? – Wie kamst du zu dem Brief?
KÄTHCHEN Der Brief ward Prior Hatto übergeben,   1775

gerade
  Als ich mit Vater just*, durch Gottes Fügung,
Von lat.
claudere
»schließen«;
Behausung
eines Ein-
siedlers
  In dessen stiller Klause* mich befand.
  Der Prior, der verstand den Inhalt nicht,
  Und wollt' ihn schon dem Boten wiedergeben;
  Ich aber riß den Brief ihm aus der Hand,   1780
  Und eilte gleich nach Thurneck her, euch Alles
zu den Waf-
fen zu rufen
  Zu melden, in die Harnische zu jagen*;
  Denn heut, Schlag zwölf um Mitternacht, soll schon
  Der mörderische Frevel sich vollstrecken.
GOTTSCHALK Wie kam der Prior Hatto zu dem Brief?   1785
KÄTHCHEN Lieber, das weiß ich nicht; es ist gleichviel.
  Er ist, du siehst an irgend wen geschrieben,
  Der hier im Schloß zu Thurneck wohnhaft ist;
  Was er dem Prior soll, begreift man nicht.
  Doch daß es mit dem Anschlag richtig ist,   1790
  Das hab' ich selbst gesehn; denn kurz und gut,

Der Graf zieht auf die Thurneck schon heran:
Ich bin ihm, auf dem Pfad' hieher, begegnet.

GOTTSCHALK

Du siehst Gespenster, Töchterchen!

KÄTHCHEN   Gespenster! –
1795   Ich sage, nein! So wahr ich Käthchen bin!
Der Graf liegt draußen vor der Burg, und wer
Ein Pferd besteigen will, und um sich schauen,
Der kann den ganzen weiten Wald ringsum
Erfüllt von seinen Reisigen erblicken!

GOTTSCHALK
1800   – Nehmt doch den Brief, Herr Graf, und seht selbst zu.
Ich weiß nicht, was ich davon denken soll.

DER GRAF VOM STRAHL *legt die Peitsche weg, nimmt den
Brief und entfaltet ihn:*
»Um zwölf Uhr, wenn das Glöckchen schlägt, bin ich
Vor Thurneck. Laß die Tore offen sein.
Sobald die Flamme zuckt, zieh' ich hinein.
1805   Auf niemand ⌐münz⌐ ich es, als Kunigunden,
Und ihren Bräutigam, den Graf vom Strahl:
Tu mir zu wissen, Alter, wo sie wohnen.«

GOTTSCHALK Ein Höllenfrevel! – Und die Unterschrift?

GRAF VOM STRAHL Das sind ⌐drei Kreuze⌐.

Pause.

1810   Wie stark fandst* du den Kriegstroß*, Katharina?

KÄTHCHEN

Auf sechzig Mann, mein hoher Herr, bis siebzig.

GRAF VOM STRAHL

Sahst du ihn selbst den Graf vom Stein?

KÄTHCHEN   Ihn nicht.

GRAF VOM STRAHL

Wer führte seine Mannschaft an?

KÄTHCHEN   Zwei Ritter,
Mein hochverehrter Herr, die ich nicht kannte.

schätzt
du ... ein

Soldaten-
trupp

GRAF VOM STRAHL

Und jetzt, sagst du, sie lägen vor der Burg? 1815

KÄTHCHEN Ja, mein verehrter Herr.

GRAF VOM STRAHL Wie weit von hier?

KÄTHCHEN Auf ein dreitausend Schritt, verstreut im Walde.

GRAF VOM STRAHL

Rechts, auf der Straße?

KÄTHCHEN Links, im Föhrengrunde*,

Tief liegen-
des, mit
Kiefern
(Föhren) be-
wachsenes
Gelände

Wo überm Sturzbach sich die Brücke baut.

Pause.

GOTTSCHALK Ein Anschlag, greuelhaft, und unerhört! 1820

GRAF VOM STRAHL *steckt den Brief ein:*

Ruf mir sogleich die Herrn von Thurneck her!

– Wie hoch ist's an der Zeit?

GOTTSCHALK Glock halb auf zwölf.

GRAF VOM STRAHL

So ist kein Augenblick mehr zu verlieren.

Er setzt sich den Helm auf.

GOTTSCHALK

Gleich, gleich; ich gehe schon! – Komm, liebes Käthchen,

Daß ich dir das erschöpfte Herz erquicke! – 1825

Wie großen Dank, bei Gott, sind wir dir schuldig?

So in der Nacht, durch Wald und Feld und Tal –

GRAF VOM STRAHL

Hast du mir sonst noch, Jungfrau, was zu sagen?

KÄTHCHEN Nein, mein verehrter Herr.

GRAF VOM STRAHL – Was suchst du da?

KÄTHCHEN *sich in den Busen fassend:*

Umschlag

Den Einschlag*, der vielleicht dir wichtig ist. 1830

Ich glaub', ich hab' –? Ich glaub', er ist –?

Sie sieht sich um.

GRAF VOM STRAHL Der Einschlag?

KÄTHCHEN

Nein, hier.

Sie nimmt das Couvert und gibt es dem Grafen.

Dritter Akt

GRAF VOM STRAHL
> Gib her!

Er betrachtet das Papier.

> Dein Antlitz speit ja Flammen! –
> Du nimmst dir gleich ein Tuch um, Katharina,
> Und trinkst nicht ehr, bis du dich abgekühlt.
1835   – Du aber hast keins?

KÄTHCHEN   Nein –

GRAF VOM STRAHL *macht sich die Schärpe los – wendet sich plötzlich, und wirft sie auf den Tisch:*
> So nimm die Schürze.

Nimmt die Handschuh und zieht sie sich an.

> Wenn du zum Vater wieder heim willst kehren,
> Werd’ ich, wie sich’s von selbst versteht –

Er hält inne.

KÄTHCHEN   Was wirst du?

GRAF VOM STRAHL *erblickt die Peitsche:*
> Was macht die Peitsche hier?

GOTTSCHALK   Ihr selbst ja nahmt sie –!

GRAF VOM STRAHL *ergrimmt:*
> Hab’ ich hier Hunde, die zu schmeißen sind?

Er wirft die Peitsche, daß die Scherben niederklirren, durchs Fenster; hierauf zu Käthchen:

1840   Pferd’ dir, mein liebes Kind, und Wagen geben,
> Die sicher nach Heilbronn dich heimgeleiten.
> – Wann denkst du heim*?

                                              heimzu-
                                              kehren

KÄTHCHEN *zitternd:*   Gleich, mein verehrter Herr

GRAF VOM STRAHL *streichelt ihre Wangen:*
> Gleich nicht! Du kannst im Wirtshaus übernachten.

Er weint.

> – Was glotzt er da? Geh, nimm die Scherben auf!

Gottschalk hebt die Scherben auf. Er nimmt die Schärpe vom Tisch, und gibt sie Käthchen.

1845   Da! Wenn du dich gekühlt, gib mir sie wieder.

KÄTHCHEN *sie will seine Hand küssen:*
Mein hoher Herr!

GRAF VOM STRAHL *wendet sich von ihr ab:*
Leb wohl! Leb wohl! Leb wohl!

Getümmel und Glockenklang draußen.

GOTTSCHALK Gott, der Allmächtige!

KÄTHCHEN   Was ist? Was gibts?

GOTTSCHALK

Sturm-
geläute
Ist das nicht Sturm*?

KÄTHCHEN   Sturm?

GRAF VOM STRAHL   Auf! Ihr Herrn von Thurneck!
Der Rheingraf, beim Lebend'gen, ist schon da!

Alle ab.

*Szene: Platz vor dem Schloß. Es ist Nacht. Das Schloß
brennt. Sturmgeläute.*

Siebenter Auftritt

EIN NACHTWÄCHTER *tritt auf und stößt ins Horn:* Feuer! 1850
Feuer! Feuer! Erwacht ihr Männer von Thurneck, ihr
Weiber und Kinder des ⌐Fleckens⌐ erwacht! Werft den
Schlaf nieder, der, wie ein Riese, über euch liegt; besinnt
steht auf euch, ersteht* und erwacht! Feuer! Der Frevel zog auf
Socken durchs Tor! Der Mord steht, mit Pfeil und Bo- 1855
gen, mitten unter euch, und die Verheerung, um ihm zu
leuchten, schlägt ihre Fackel an alle Ecken der Burg!
Feuer! Feuer! O daß ich ⌐eine Lunge von Erz⌐ und ein
Wort hätte, das sich mehr schreien ließe, als dies: Feuer!
Feuer! Feuer!   1860

Achter Auftritt

Der Graf vom Strahl. Die drei Herren von Thurneck. Ge-
folge. Der Nachtwächter.

GRAF VOM STRAHL Himmel und Erde! Wer steckte das
    Schloß in Brand? – Gottschalk!

GOTTSCHALK *außerhalb der Szene:* He!

GRAF VOM STRAHL Mein Schild, meine Lanze!

1865 RITTER VON THURNECK ⌜Was ist geschehn?⌝

GRAF VOM STRAHL Fragt nicht, nehmt was hier steht,
    fliegt auf die Wälle, kämpft und schlagt um euch, wie
    angeschossene Eber!

RITTER VON THURNECK Der Rheingraf ist vor den Toren?

1870 GRAF VOM STRAHL Vor den Toren, ihr Herrn, und ehe ihr
    den Riegel vorschiebt, drin; Verräterei, im Innern des
    Schlosses, hat sie ihm geöffnet!

RITTER VON THURNECK Der Mordanschlag, der unerhörte!
    – Auf!

Ab mit Gefolge.

1875 GRAF VOM STRAHL Gottschalk!

GOTTSCHALK *außerhalb:* He!

GRAF VOM STRAHL Mein Schwert! Mein Schild! meine
    Lanze.

Neunter Auftritt

Das Käthchen tritt auf. Die Vorigen.

KÄTHCHEN *mit Schwert, Schild und Lanze:* Hier!

GRAF VOM STRAHL *indem er das Schwert nimmt und es*
1880   *sich umgürtet:* Was willst du?

KÄTHCHEN Ich bringe dir die Waffen.

GRAF VOM STRAHL Dich rief ich nicht!

KÄTHCHEN Gottschalk rettet.*

GRAF VOM STRAHL Warum schickt er den Buben nicht? –
Du dringst* Dich schon wieder auf? 1885

Der Nachtwächter stößt wieder ins Horn.

ist mit Retten beschäftigt

drängst

Zehnter Auftritt

Ritter Flammberg mit Reisigen. Die Vorigen.

FLAMMBERG Ei, so blase du, daß dir die Wangen bersten!
Fische und Maulwürfe wissen, daß Feuer ist, was
braucht es deines gotteslästerlichen Gesangs, um es
uns zu verkündigen?

GRAF VOM STRAHL Wer da? 1890

FLAMMBERG Strahlburgische!

GRAF VOM STRAHL Flammberg? –

FLAMMBERG Er selbst!

GRAF VOM STRAHL Tritt heran! – Verweil' hier, bis wir
erfahren, wo der Kampf tobt! 1895

Eilfter Auftritt

Die Tanten von Thurneck treten auf. Die Vorigen.

ERSTE TANTE Gott helf' uns!

GRAF VOM STRAHL Ruhig, ruhig.

ZWEITE TANTE Wir sind verloren! Wir sind gespießt.*

GRAF VOM STRAHL Wo ist Fräulein Kunigunde, eure
Nichte? 1900

DIE TANTEN Das Fräulein, unsre Nichte?

Im Sinne von: Wir sind erledigt.

KUNIGUNDE *im Schloß:* Helft! Ihr Menschen! Helft!

GRAF VOM STRAHL Gott im Himmel! War das nicht ihre
    Stimme?

Er gibt Schild und Lanze an Käthchen.

1905 ERSTE TANTE Sie rief! – Eilt, eilt!

ZWEITE TANTE Dort erscheint sie im Portal!

ERSTE TANTE Geschwind! Um aller Heiligen! Sie wankt,
    sie fällt!

ZWEITE TANTE Eilt sie zu unterstützen!

Zwölfter Auftritt

Kunigunde von Thurneck. Die Vorigen.

GRAF VOM STRAHL *empfängt sie in seinen Armen:*

1910   Meine Kunigunde!

KUNIGUNDE *schwach:*

    Das Bild, das ihr mir jüngst* geschenkt, Graf Friedrich!   vor Kurzem
    ⌜Das Bild mit dem Futtral!⌝

GRAF VOM STRAHL   Was soll's? Wo ist's?

KUNIGUNDE

    Im Feu'r! Weh mir! Helft! Rettet! Es verbrennt.

GRAF VOM STRAHL

    Laßt, Laßt! ⌜Habt ihr mich selbst nicht⌝, Teuerste?

KUNIGUNDE

1915   Das Bild mit dem Futtral, Herr Graf vom Strahl!
    Das Bild mit dem Futtral!

KÄTHCHEN *tritt vor:*   Wo liegt's, Wo steht's?

Sie gibt Schild und Lanze an Flammberg.

KUNIGUNDE

    Im Schreibtisch! Hier, mein Goldkind, ist der Schlüssel!

Käthchen geht.

GRAF VOM STRAHL

    Hör; Käthchen!

KUNIGUNDE   Eile!

GRAF VOM STRAHL   Hör, mein Kind!

KUNIGUNDE   Hinweg!
    Warum auch stellt ihr wehrend euch –?

GRAF VOM STRAHL   Mein Fräulein,
    Ich will zehn andre Bilder euch statt dessen –   1920

KUNIGUNDE *unterbricht ihn:*

> bedeutet

    Dies brauch ich, dies; sonst keins! – Was es mir gilt*,
    Ist hier der Ort jetzt nicht, euch zu erklären. –
    Geh, Mädchen geh, schaff Bild mir und Futtral:
    Mit einem Diamanten lohn' ich's dir!

GRAF VOM STRAHL

> schaff es
> herbei

    Wohlan, so schaff's*! Es ist der Törin recht!   1925
    Was hatte sie an diesem Ort zu suchen?

KÄTHCHEN

> Balkonarti-
> ger Über-
> bau; typ.
> Element der
> Burgarchi-
> tektur

    Das Zimmer – rechts?

KUNIGUNDE   Links, Liebchen; eine Treppe,
    Dort, wo der Altan*, schau, den Eingang ziert!

KÄTHCHEN Im Mittelzimmer?

KUNIGUNDE   In dem Mittelzimmer!

> Du bist auf
> dem rechten
> Weg

    Du fehlst nicht*, lauf; denn die Gefahr ist dringend!   1930

KÄTHCHEN
    Auf! Auf! Mit Gott! Mit Gott! Ich bring' es euch!
Ab.

Dreizehnter Auftritt

Die Vorigen, ohne Käthchen.

GRAF VOM STRAHL
    Ihr Leut', hier ist ⌈ein Beutel Gold⌉ für den,
    Der in das Haus ihr folgt!

KUNIGUNDE   Warum? Weshalb?

GRAF VOM STRAHL
   Veit Schmidt! Hans, du! Karl Böttiger! Fritz Töpfer!
1935   Ist niemand unter euch?
KUNIGUNDE   Was fällt euch ein?
GRAF VOM STRAHL
   Mein Fräulein, in der Tat, ich muß gestehn –
KUNIGUNDE Welch ein besondrer Eifer glüht euch an?* –   Was ereifert
   Was ist dies für ein Kind?   ihr euch so?
GRAF VOM STRAHL   – Es ist ⌜die Jungfrau⌝,
   Die heut mit so viel Eifer uns gedient.
KUNIGUNDE
1940   Bei Gott, und ⌜wenn's des Kaisers Tochter wäre!⌝
   – Was fürchtet ihr? Das Haus, wenn es gleich brennt,
   Steht, wie ein Fels, auf dem Gebälke noch;
   Sie wird, auf diesem Gang, nicht gleich verderben.
   Die Treppe war noch unberührt vom Strahl;
1945   Rauch ist das einz'ge Übel, das sie findet.
KÄTHCHEN *erscheint in einem brennenden Fenster:*
   Mein Fräulein! He! Hilf Gott! Der Rauch erstickt mich!
   – Es ist der rechte Schlüssel nicht.
GRAF VOM STRAHL *zu Kunigunden:* Tod und Teufel!
   Warum regiert* ihr eure Hand nicht besser?   beherrscht
KUNIGUNDE
   Der rechte Schlüssel nicht?
KÄTHCHEN *mit schwacher Stimme:*
                         Hilf Gott! Hilf Gott!
GRAF VOM STRAHL
1950   Komm herab, mein Kind!
KUNIGUNDE   Laßt, laßt!
GRAF VOM STRAHL   Komm herab, sag ich!
   Was sollst du ohne Schlüssel dort! Komm herab!
KUNIGUNDE
   Laßt einen Augenblick –!
GRAF VOM STRAHL   Wie? Was, zum Teufel!
KUNIGUNDE Der Schlüssel, liebes Herzens-Töchterchen,

mich dessen

Gemeint ist
wohl eine
Zierspitze
am Spiegel-
rahmen.

Hängt, jetzt erinnr' ich mich's*, am Stift des Spiegels*,
Der überm Putztisch glänzend eingefugt!   1955

KÄTHCHEN
  Am Spiegelstift?

GRAF VOM STRAHL Beim Gott der Welt! Ich wollte,
  Er hätte nie gelebt, der mich gezeichnet,
  Und er, der mich gemacht hat, obenein! –
  – So such!

KUNIGUNDE Mein Augenlicht! Am Putztisch, hörst du?

KÄTHCHEN *indem sie das Fenster verläßt:*
  Wo ist der Putztisch? Voller Rauch ist Alles.   1960

DER GRAF VOM STRAHL
  Such!

KUNIGUNDE
     An der Wand rechts.

KÄTHCHEN *unsichtbar:*   Rechts?

GRAF VOM STRAHL   Such', sag' ich!

KÄTHCHEN *schwach:*
  Hilf Gott! Hilf Gott! Hilf Gott!

GRAF VOM STRAHL   Ich sage, such! –
  Verflucht die hündische Dienstfertigkeit!

FLAMMBERG
  Wenn sie nicht eilt: das Haus stürzt gleich zusammen!

GRAF VOM STRAHL
  Schafft eine Leiter her!   1965

KUNIGUNDE   Wie, mein Geliebter?

GRAF VOM STRAHL Schafft eine Leiter her! Ich will hinauf.

KUNIGUNDE
  Mein teurer Freund! Ihr selber wollt – ?

GRAF VOM STRAHL   Ich bitte!
  Räumt mir den Platz! Ich will das Bild euch schaffen.

KUNIGUNDE
  Harrt einen Augenblick noch, ich beschwör' euch.
  Sie bringt es gleich herab.   1970

GRAF VOM STRAHL   Ich sage, laßt mich! –

Putztisch und Spiegel ist, und Nagelstift,
Ihr unbekannt, mir nicht; ich find's heraus,
Das Bild von Kreid' und Öl auf Leinewand,
Und bring's euch her, nach eures Herzens Wunsch.
Vier Knechte bringen eine Feuerleiter.
1975 – Hier! Legt die Leiter an!
ERSTER KNECHT *vorn, indem er sich umsieht:*
Holla! Da hinten!
EIN ANDERER *zum Grafen:*
Wo?
GRAF VOM STRAHL
Wo das Fenster offen ist.
DIE KNECHTE *heben die Leiter auf:* O ha!
DER ERSTE *vorn:*
Blitz! Bleibt zurück, ihr hinten da! Was macht ihr?
Die Leiter ist zu lang!
DIE ANDEREN *hinten:* Das Fenster ein!*

Stoßt das
Fenster ein!

Das Kreuz des Fensters eingestoßen! So!
FLAMMBERG *der mit geholfen:*
1980 Jetzt steht die Leiter fest und rührt sich nicht!
GRAF VOM STRAHL *wirft sein Schwert weg:*
Wohlan denn!
KUNIGUNDE Mein Geliebter! Hört mich an!
GRAF VOM STRAHL
Ich bin gleich wieder da!
Er setzt einen Fuß auf die Leiter.
FLAMMBERG *aufschreiend:* Halt! Gott im Himmel!
KUNIGUNDE *eilt erschreckt von der Leiter weg:* Was gibt's?
DIE KNECHTE Das Haus sinkt! Fort zurücke!
ALLE
Heiland der Welt! Da liegt's in Schutt und Trümmern!
*Das Haus sinkt zusammen, der Graf wendet sich, und
drückt beide Hände vor die Stirne; Alles, was auf der Büh-
ne ist, weicht zurück und wendet sich gleichfalls ab. –
Pause.*

Vierzehnter Auftritt

⌐Käthchen tritt rasch, mit einer Papierrolle, durch ein gro-
ßes Portal, das stehen geblieben ist, auf; hinter ihr ein
⌐Cherub⌐, in der Gestalt eines Jünglings, von Licht umflos-
sen, blondlockig, Fittige an den Schultern und einen
Palmzweig in der Hand.

wendet sie sich um

KÄTHCHEN *so wie sie aus dem Portal ist, kehrt sie sich*,*
und stürzt vor ihm nieder:

Beschirmt mich; behütet mich

Schirmt mich*, ⌐ihr Himmlischen⌐! Was widerfährt mir? 1985
Der Cherub berührt ihr Haupt mit der Spitze des Palmen-
zweigs, und verschwindet.
Pause.

Fünfzehnter Auftritt

Die Vorigen, ohne den Cherub.
KUNIGUNDE *sieht sich zuerst um:*
Nun, beim lebend'gen Gott, ich glaub', ich träume! –
Mein Freund! Schaut her!
GRAF VOM STRAHL *vernichtet:*
                        Flammberg!
Er sützt sich auf seine Schulter.
KUNIGUNDE   Ihr Vettern! Tanten! –
Herr Graf! so hört doch an!
GRAF VOM STRAHL *schiebt sie von sich:*
                        Geht, geht! – – Ich bitt' euch.
KUNIGUNDE Ihr Toren! Seid ihr ⌐Säulen Salz⌐ geworden?
Gelös't ist alles glücklich.   1990

Alles ist trostlos für mich!

GRAF VOM STRAHL *mit abgewandtem Gesicht:*
                        Trostlos mir!*

Die Erd' hat nichts mehr Schönes. Laßt mich sein.

FLAMMBERG *zu den Knechten:*

Rasch, Brüder, rasch!

EIN KNECHT   Herbei, mit Hacken, Spaten!

EIN ANDERER

Laßt uns den Schutt durchsuchen, ob sie lebt!

KUNIGUNDE *scharf:*

Die Alten, bärt'gen Gecken*, die! das Mädchen,   Narren

1995 Das sie verbrannt zu Feuersasche glauben,

Frisch und gesund am Boden liegt sie da,

Die Schürze kichernd vor dem Mund, und lacht!

GRAF VOM STRAHL *wendet sich:*

Wo?

KUNIGUNDE

Hier!

FLAMMBERG Nein, sprecht! Es ist nicht möglich.

DIE TANTEN

Das Mädchen wär –?

ALLE   O Himmel! Schaut! Da liegt sie.

GRAF VOM STRAHL *tritt zu ihr und betrachtet sie:*

2000 Nun über dich schwebt Gott mit seinen Scharen!

Er erhebt sie vom Boden.

Wo kommst du her?

KÄTHCHEN   Weiß nit, mein hoher Herr.

GRAF VOM STRAHL

Hier stand ein Haus, dünkt mich*, und du warst drin.   scheint mir

– Nicht? War's nicht so?

FLAMMBERG   – Wo warst du, als es sank?

KÄTHCHEN Weiß nit, ihr Herren, was mir widerfahren.

Pause.

GRAF VOM STRAHL

2005 Und hat noch obenein das Bild.

Er nimmt ihr die Rolle aus der Hand.

KUNIGUNDE *reißt sie an sich:*   Wo?

GRAF VOM STRAHL   Hier.

Kunigunde erblaßt.

GRAF VOM STRAHL
　　Nicht? Ist's das Bild nicht? – Freilich!

DIE TANTEN　　　　　　　　　　　Wunderbar!

FLAMMBERG　Wer gab dir es? Sag an!

KUNIGUNDE *indem sie ihr mit der Rolle einen Streich auf*
die Backen gibt:　　　　　　　Die dumme Trine*!
　　Hatt' ich ihr nicht gesagt, das Futteral?

GRAF VOM STRAHL
　　Nun, beim gerechten Gott, das muß ich sagen –!
　　– Ihr wolltet das Futtral?　　　　　　　　　　　2010

KUNIGUNDE　　　　　　　Ja und nichts Anders!
　　Ihr hattet euren Namen drauf geschrieben;
　　Es war mir wert, ich hatt's ihr eingeprägt.

GRAF VOM STRAHL
　　Wahrhaftig, wenn es sonst nichts war –

KUNIGUNDE　　　　　　　　　　So? Meint ihr?
　　Das kommt zu prüfen m i r zu, und nicht e u c h.

GRAF VOM STRAHL
　　Mein Fräulein, eure Güte macht mich stumm.　　2015

KUNIGUNDE *zu Käthchen:*
　　Warum nahmst du's heraus, aus dem Futteral?

GRAF VOM STRAHL
　　Warum nahmst du's heraus, mein Kind?

KÄTHCHEN　　　　　　　　　　　　Das Bild?

GRAF VOM STRAHL　　　　　　　　　　　　　Ja!

KÄTHCHEN　Ich nahm es nicht heraus, mein hoher Herr.
　　Das Bild, halb aufgerollt, im Schreibtischwinkel*,
　　Den ich erschloß*, lag neben dem Futtral.　　　2020

KUNIGUNDE　Fort! – das Gesicht der Äffin!

GRAF VOM STRAHL　　　　　　　　　Kunigunde! –

KÄTHCHEN　Hätt' ich's hinein erst wieder ordentlich
　　In das Futtral –?

GRAF VOM STRAHL　Nein, nein, mein liebes Käthchen!
　　Ich lobe dich, du hast es recht gemacht.

2025 Wie konntest du den Wert der Pappe kennen?
KUNIGUNDE Ein Satan leitet' ihr die Hand!
GRAF VOM STRAHL   Sei ruhig! –
Das Fräulein meint es nicht so bös. – Tritt ab,
KÄTHCHEN
Wenn du mich nur nicht schlägst, mein hoher Herr!
*Sie geht zu Flammberg und mischt sich im Hintergrund
unter die Knechte.*

Sechzehnter Auftritt

Die Herren von Thurneck. Die Vorigen.
RITTER VON THURNECK
Triumph, ihr Herrn! Der Sturm* ist abgeschlagen!   Angriff
2030 Der Rheingraf zieht mit blut'gem Schädel heim!
FLAMMBERG
Was! Ist er fort?
VOLK   Heil, Heil!
GRAF VOM STRAHL   Zu Pferd, zu Pferd!
Laßt uns den Sturzbach ungesäumt erreichen,
So schneiden wir die ganze ⌈Rotte⌉ ab!*   So schnei-
Alle ab.   den wir den
                                                  Weg ab!

Vierter Akt

Szene: Gegend im Gebirg, mit Wasserfällen und einer Brücke.

Erster Auftritt

Der Rheingraf vom Stein, zu Pferd, zieht mit einem Troß Fußvolk über die Brücke. Ihnen folgt: Der Graf vom Strahl zu Pferd; bald darauf Ritter Flammberg mit Knechten und Reisigen zu Fuß. Zuletzt Gottschalk gleichfalls zu Pferd, neben ihm das Käthchen.

RHEINGRAF *zu dem Troß:* Über die Brücke, Kinder, über die Brücke! Dieser Wetter vom Strahl kracht, wie vom   2035
Sturmwind getragen, hinter uns drein; wir müssen die
Brücke abwerfen*, oder wir sind Alle verloren!

Er reitet über die Brücke.

KNECHTE DES RHEINGRAFEN *folgen ihm:* Reißt die Brücke
nieder!

Sie werfen die Brücke ab.

GRAF VOM STRAHL *erscheint in der Szene, sein Pferd tummelnd*:*

Hinweg! – Wollt ihr den Steg unberührt lassen?   2040

KNECHT DES RHEINGRAFEN *schießen mit Pfeilen auf ihn:*
Hei! Diese Pfeile zur Antwort dir!

GRAF VOM STRAHL *wendet das Pferd:*
Meuchelmörder*! – He! Flammberg!

KÄTHCHEN *hält eine Rolle in die Höhe:*
Mein hoher Herr!

GRAF VOM STRAHL *zu Flammberg:*
Die Schützen her!

niederreißen

sein Pferd im Kreis herumreitend

Von mhd. muichel »heimlich«: Hinterhältiger Mörder!

RHEINGRAF *über den Fluß rufend:*

2045 Auf Wiedersehn, Herr Graf! Wenn ihr schwimmen könnt, so schwimmt; auf der Steinburg, diesseits der Brücke, sind wir zu finden.

Ab mit dem Troß.

GRAF VOM STRAHL Habt Dank ihr Herrn! Wenn der Fluß trägt*, so sprech' ich bei euch ein*!

Er reitet hindurch.

2050 EIN KNECHT *aus seinem Troß:* Halt! zum Henker! nehmt euch in Acht!

KÄTHCHEN *am Ufer zurückbleibend:* Herr Graf vom Strahl!

EIN ANDERER KNECHT Schafft Balken und Bretter her!

RITTER FLAMMBERG Was! bist du ein Jud'?

2055 ALLE Setzt hindurch! Setzt hindurch!

Sie folgen ihm.

GRAF VOM STRAHL Folgt! Folgt! Es ist ein Forellenbach, weder breit noch tief! So recht! So recht! Laßt uns das Gesindel völlig in die Pfanne hauen!

Ab mit dem Troß.

KÄTHCHEN Herr Graf vom Strahl! Herr Graf vom Strahl!

2060 GOTTSCHALK *wendet mit dem Pferde um:* Ja, was lärmst und schreist du? – Was hast du hier im Getümmel zu suchen? Warum läufst du hinter uns drein?

KÄTHCHEN *hält sich an einem Stamm:* Himmel!

GOTTSCHALK *indem er absteigt:* Komm! Schürz' und

2065 schwinge dich! Ich will das Pferd an die Hand nehmen, und dich hindurch führen.

GRAF VOM STRAHL *hinter der Szene:* Gottschalk!

GOTTSCHALK Gleich, gnädiger Herr, gleich! Was befehlt ihr?

GRAF VOM STRAHL Meine Lanze will ich haben!

2070 GOTTSCHALK ⌜*hilft das Käthchen*⌝ *in den Steigbügel:* Ich bringe sie schon!

KÄTHCHEN Das Pferd ist scheu.

GOTTSCHALK *reißt das Pferd in den Zügel:* Steh, Mord-mähre* – – – So zieh dir Schuh und Strümpfe aus!

Hier: mich und mein Pferd trägt

besuch ich euch

Schimpf-wort für ein widerspen-stiges Pferd

KÄTHCHEN ⌜*setzt sich auf einen Stein*⌝: Geschwind!   2075

GRAF VOM STRAHL *außerhalb:* Gottschalk!

GOTTSCHALK Gleich, gleich! Ich bringe die Lanze schon. –
    Was hast du denn da in der Hand?

KÄTHCHEN *indem sie sich auszieht:* Das Futteral, Lieber,
    das gestern* – nun!   2080

GOTTSCHALK Was! Das im Feuer zurück blieb?

KÄTHCHEN Freilich! Um das ich gescholten ward. Früh
    morgens, im Schutt, heut' sucht' ich nach und durch
    Gottes Fügung – – nun, so!

Sie zerrt sich am Strumpf.

GOTTSCHALK Je, was der Teufel!   2085

Er nimmt es ihr aus der Hand.

    Und unversehrt, bei meiner Treu, als wärs Stein! – Was
    steckt denn drin?

KÄTHCHEN Ich weiß nicht.

GOTTSCHALK *nimmt ein Blatt heraus:* »Akte, die Schen-
    kung, Stauffen betreffend, von Friedrich Grafen vom   2090
    Strahl« – Je, verflucht!

GRAF VOM STRAHL *draußen:* Gottschalk!

GOTTSCHALK Gleich, gnädiger Herr, gleich!

KÄTHCHEN *steht auf:* Nun bin ich fertig!

GOTTSCHALK Nun, das mußt du dem Grafen geben! *Er*   2095
    gibt ihr das Futtral wieder: Komm, reich mir die Hand,
    und folg' mir!

Er führt sie und das Pferd durch den Bach.

KÄTHCHEN *mit dem ersten Schritt ins Wasser:* Ah!

GOTTSCHALK Du mußt dich ein wenig schürzen.

KÄTHCHEN Nein, bei Leibe, schürzen nicht!   2100

Sie steht still.

GOTTSCHALK Bis an den Zwickel* nur, Käthchen!

KÄTHCHEN Nein! Lieber such' ich mir einen Steg!

Sie kehrt um.

GOTTSCHALK *hält sie:* Bis an den Knöchel nur, Kind! bis
    an die äußerste, unterste Kante der Sohle!

Gemeint ist
die voran-
gegangene
Nacht.

Von mhd.
zwickel
»Keil«; hier:
das obere
Ende der
Strumpf-
ferse

2105 KÄTHCHEN Nein, nein, nein, nein; ich bin gleich wieder
 bei dir!
 Sie macht sich los, und läuft weg.
 GOTTSCHALK *kehrt aus dem Bach zurück, und ruft ihr
  nach:* Käthchen! Käthchen! Ich will mich umkehren!
  Ich will mir die Augen zuhalten! Käthchen! Es ist kein
  Steg auf Meilenweite zu finden! – Ei so wollt ich, daß ihr
2110 der Gürtel platzte! Da läuft sie am Ufer entlang, der
 Quelle zu, den weißen schroffen Spitzen der Berge; mein
 Seel, wenn sich kein Fährmann ihrer erbarmt, so geht sie
 verloren!
 GRAF VOM STRAHL *draußen:* Gottschalk! Himmel und
2115 Erde! Gottschalk!
 GOTTSCHALK Ei, so schrei du! – – Hier, gnädiger Herr; ich
  komme schon.
 Er leitet sein Pferd mürrisch durch den Bach.
 Ab.

*Szene: Schloß Wetterstrahl. Platz, dicht mit Bäumen be-
wachsen, am äußeren zerfallenen Mauernring der Burg.
Vorn ein Holunderstrauch, der eine Art von natürlicher
Laube bildet, worunter von Feldsteinen, mit einer Stroh-
matte bedeckt, ein Sitz. An den Zweigen sieht man ein
Hemdchen und ein paar Strümpfe u. s. w. zum Trocknen
aufgehängt.*

Zweiter Auftritt

Käthchen liegt und schläft. Der Graf vom Strahl tritt auf.
GRAF VOM STRAHL *indem er das Futteral in den Busen
 steckt:* Gottschalk, der mir dies Futteral gebracht; hat

mir gesagt, das Käthchen wäre wieder da. Kunigunde
zog eben, weil ihre Burg niedergebrannt ist, in die Tore 2120
der meinigen ein; da kommt er und spricht: unter dem
Holunderstrauch läge sie wieder da, und schliefe; und
bat mich, mit tränenden Augen, ich möchte ihm doch
erlauben, sie in den Stall zu nehmen. Ich sagte, bis der
alte Vater, der Theobald sich aufgefunden, würd' ich ihr 2125
in der Herberge ein Unterkommen verschaffen; und indessen hab' ich mich herabgeschlichen, um einen Ent-
Plan wurf* mit ihr auszuführen. – Ich kann diesen Jammer
nicht mehr zusehen. Dies Mädchen, bestimmt, den herr-
lichsten Bürger von Schwaben zu beglücken, wissen will 2130
ich, warum ich verdammt bin, sie einer Metze gleich,
mit mir herum zu führen; wissen, warum sie hinter mir
herschreitet, einem Hunde gleich, ⌜durch Feuer und
Wasser⌝, mir Elenden, der nichts für sich hat, als das
Wappen auf seinem Schild. – Es ist mehr, als der bloße 2135
irgendwie ⌜sympathetische⌝ Zug des Herzens; es ist irgend* von der
Hölle angefacht, ein Wahn, der in ihrem Busen sein
Spiel treibt. So oft ich sie gefragt habe: Käthchen! Warum erschrakst du doch so, als du mich zuerst in Heilbronn sahst? hat sie mich immer ⌜zerstreut⌝ angesehen, 2140
und dann geantwortet: Ei, gestrenger Herr! ihr wißt's
ja! – – – Dort ist sie! – Wahrhaftig, wenn ich sie so
daliegen sehe, mit roten Backen und verschränkten
Händchen, so kommt die ganze Empfindung der Weiber über mich, und macht meine Tränen fließen. Ich will 2145
gleich sterben, wenn sie mir nicht die Peitsche vergeben
hat – ach! was sag' ich? wenn sie nicht im Gebet für
mich, der sie mißhandelte, eingeschlafen! – – – Doch
rasch, ehe Gottschalk kommt, und mich stört. Dreierlei
hat er mir gesagt: einmal, daß sie einen Schlaf hat, wie 2150
ein Murmeltier; zweitens, daß sie, wie ein Jagdhund,
immer träumt, und drittens, daß sie im Schlaf spricht;
und auf diese Eigenschaften hin, will ich meinen ⌜Ver-

such¯ gründen. – Tue ich eine Sünde, so mag sie mir Gott
2155 verzeihen.

⌈*Er läßt sich auf Knien vor ihr nieder und legt seine beiden
Arme sanft um ihren Leib. – Sie macht eine Bewegung als
ob sie erwachen wollte, liegt aber gleich wieder still.*⌉

DER GRAF VOM STRAHL
  Käthchen! Schläfst du?

KÄTHCHEN   Nein, mein verehrter Herr.

Pause.

GRAF VOM STRAHL Und doch hast du die Augenlider zu.

KÄTHCHEN Die Augenlider?

GRAF VOM STRAHL   Ja; und fest, dünkt mich.

KÄTHCHEN
  – Ach, geh!

GRAF VOM STRAHL Was! Nicht? Du hätt'st die Augen auf?

2160 KÄTHCHEN Groß auf, so weit ich kann, mein bester Herr;
       Ich sehe dich ja, wie du zu Pferde sitzest.

GRAF VOM STRAHL
  So! – Auf dem Fuchs* – nicht?

KÄTHCHEN   Nicht doch! Auf dem Schimmel.

Pause.

GRAF VOM STRAHL
  Wo bist du denn, mein Herzchen? Sag mir an.*

KÄTHCHEN Auf einer schönen grünen Wiese bin ich,
2165   Wo Alles bunt und voller Blumen ist.

GRAF VOM STRAHL
  Ach, die Vergißmeinnicht! Ach, die Kamillen!

KÄTHCHEN Und hier die Veilchen; schau! ein ganzer Busch.

GRAF VOM STRAHL
  Ich will vom Pferde niedersteigen, Käthchen,
  Und mich ins Gras ein wenig zu dir setzen.
  – Soll ich?

2170 KÄTHCHEN Das tu, mein hoher Herr.

GRAF VOM STRAHL *als ob er riefe:* He, Gottschalk! –
  Wo, laß ich doch das Pferd? – Gottschalk! Wo bist du?

Rötlich-
braunes
Pferd

Formelhafte
Bitte um
eine Aus-
kunft

KÄTHCHEN Je, laß es stehn. Die Liese läuft nicht weg.
GRAF VOM STRAHL *lächelt:*
  Meinst du? – Nun denn, so sei's!
Pause. – Er rasselt mit seiner Rüstung.
                                    Mein liebes Käthchen.
Er faßt ihre Hand.
KÄTHCHEN Mein hoher Herr!   2175
GRAF VOM STRAHL   Du bist mir wohl recht gut.
KÄTHCHEN Gewiß! Von Herzen.
GRAF VOM STRAHL   Aber i c h – was meinst du?
  Ich nicht.
KÄTHCHEN *lächelnd:*
            O Schelm!
GRAF VOM STRAHL   Was, Schelm! Ich hoff –?
KÄTHCHEN   O geh! –
  Verliebt ja, wie ein Käfer, bist du mir.
GRAF VOM STRAHL
  Ein Käfer! Was! Ich glaub' du bist –?
KÄTHCHEN   Was sagst du?
GRAF VOM STRAHL *mit einem Seufzer:*
  Ihr Glaub' ist, wie ein Turm, so fest gegründet! –   2180
  Sei's! Ich ergebe mich darin. – Doch, Käthchen,
  Wenn's ist, wie du mir sagst –
KÄTHCHEN   Nun? Was beliebt?
GRAF VOM STRAHL
  Was, sprich, was soll draus werden?
KÄTHCHEN   Was draus soll werden?
GRAF VOM STRAHL
  Ja! hast du's schon bedacht?
KÄTHCHEN   Je, nun.
GRAF VOM STRAHL   – Was heißt das?
heiraten KÄTHCHEN Zu Ostern, über's Jahr, wirst du mich heuern*.   2185
GRAF VOM STRAHL *das Lachen verbeißend:*
  So! Heuern! In der Tat! Das wußt ich nicht!
  Kathrinchen, schau! – Wer hat dir das gesagt?

98   Vierter Akt

KÄTHCHEN Das hat die ⌐Mariane⌐ mir gesagt.

GRAF VOM STRAHL So! Die Mariane! Ei! – Wer ist denn das?

2190 KÄTHCHEN Das ist die Magd, die sonst das Haus uns fegte.

GRAF VOM STRAHL
  Und die, die wußt' es wiederum – von wem?

KÄTHCHEN Die ⌐sah's im Blei⌐, das sie geheimnisvoll
  In der Sylvesternacht, mir zugegossen.

GRAF VOM STRAHL Was du mir sagst! Da prophezeite sie –?

2195 KÄTHCHEN Ein großer, schöner Ritter würd' mich heuern.

GRAF VOM STRAHL
  Und nun meinst du so frischweg*, das sei ich?   *bedenken-
                                                      los
KÄTHCHEN Ja, mein verehrter Herr.

Pause.

DER GRAF VOM STRAHL *gerührt:*   – Ich will dir sagen,
  Mein Kind, ich glaub', es ist ein Anderer.
  Der Ritter Flammberg. Oder sonst. Was meinst du?

KÄTHCHEN

2200 Nein, nein!

GRAF VOM STRAHL
            Nicht?

KÄTHCHEN   Nein, nein, nein!

GRAF VOM STRAHL   Warum nicht? Rede!

KÄTHCHEN – Als ich zu Bett' ging, da das Blei gegossen,
  In der Sylvesternacht, bat ich zu Gott,
  Wenn's wahr wär, was mir die Mariane sagte,
  Mögt' er den Ritter mir im Traume zeigen.

2205 Und da erschienst du ja, um Mitternacht,
  Leibhaftig, wie ich jetzt dich vor mir sehe,
  Als deine Braut mich liebend zu begrüßen.

GRAF VOM STRAHL
  Ich wär dir –? Herzchen! Davon weiß ich nichts.
  – Wann hätt' ich dich –?

KÄTHCHEN   In der Sylvesternacht.

2210 Wenn wiederum Sylvester kommt, zwei Jahr.

GRAF VOM STRAHL
  Wo? In dem Schloß zu Strahl?
KÄTHCHEN   Nicht! In Heilbronn;
  Im Kämmerlein, wo mir das Bette steht.
GRAF VOM STRAHL
  Was du da schwatzst, mein liebes Kind. – Ich lag
  Und obenein todkrank, im Schloß zu Strahl.
Pause – Sie seufzt, bewegt sich, und lispelt etwas.
DER GRAF VOM STRAHL
  Was sagst du?   2215
KÄTHCHEN   Wer?
GRAF VOM STRAHL   Du!
KÄTHCHEN   Ich? Ich sagte nichts.
Pause.
GRAF VOM STRAHL *für sich:*
  Seltsam, beim Himmel! In der Sylvesternacht –
⌜*Er träumt vor sich nieder.*⌝
  – Erzähl' mir doch etwas davon, mein Käthchen!
  Kam ich allein?
KÄTHCHEN   Nein, mein verehrter Herr.
GRAF VOM STRAHL
  Nicht? – Wer war bei mir?
KÄTHCHEN   Ach, so geh!
GRAF VOM STRAHL   So rede!
KÄTHCHEN
  Das weißt du nicht mehr?   2220
GRAF VOM STRAHL   Nein, so wahr ich lebe.
KÄTHCHEN Ein ⌜Cherubim⌝, mein hoher Herr, war bei dir,
  Mit Flügeln, weiß wie Schnee, auf beiden Schultern,
  Und Licht – o Herr! das funkelte! das glänzte! –
  Der führt', an seiner Hand, dich zu mir ein.
DER GRAF VOM STRAHL *starrt sie an:*
  So wahr, als ich will selig sein, ich glaube,   2225
  Da hast du recht!
KÄTHCHEN   Ja, mein verehrter Herr.

GRAF VOM STRAHL *mit beklemmter Stimme:*
  Auf einem härnen* Kissen lagst du da,
  Das Bettuch weiß, die wollne Decke rot?
KÄTHCHEN
  Ganz recht! so wars!
GRAF VOM STRAHL ⌐Im bloßen leichten Hemdchen?⌐
KÄTHCHEN
2230 Im Hemdchen? – Nein.
GRAF VOM STRAHL   Was! Nicht?
KÄTHCHEN   Im leichten Hemdchen?
GRAF VOM STRAHL ⌐Mariane⌐, riefst du?
KÄTHCHEN   Mariane, rief ich!
  Geschwind! Ihr Mädchen! Kommt doch her! Christine!
GRAF VOM STRAHL
  Sahst groß, mit schwarzem Aug', mich an?
KÄTHCHEN
  ⌐Ja, weil ich glaubt', es wär ein Traum.⌐
GRAF VOM STRAHL   Stiegst langsam,
2235 An allen Gliedern zitternd, aus dem Bett,
  Und sankst zu Füßen mir –?
KÄTHCHEN   Und flüsterte –
GRAF VOM STRAHL *unterbricht sie:*
  Und flüstertest, mein hochverehrter Herr!
KÄTHCHEN *lächelnd:*
  Nun! Siehst du wohl? – Der Engel zeigte dir –
GRAF VOM STRAHL
  Das ⌐Mal⌐ – Schützt mich, ihr Himmlischen! Das hast du?
2240 KÄTHCHEN Je, freilich!
GRAF VOM STRAHL *reißt ihr das Tuch ab:*
              Wo? Am Halse?
KÄTHCHEN *bewegt sich:*   Bitte, bitte.
GRAF VOM STRAHL O ihr Urewigen! – Und als ich jetzt,
  Dein Kinn erhob, ins Antlitz dir zu schauen?
KÄTHCHEN Ja, da kam die unselige Mariane
  ⌐Mit Licht⌐ – – – und Alles war vorbei;

aus (Ziegen-)Haar gefertigtes; hier. Bezeichnung für einen einfachen Stoff

Ich lag im Hemdchen auf der Erde da,   2245

hat sich über mich lustig gemacht

Und die Mariane spottete mich aus*.

GRAF VOM STRAHL
Nun steht mir bei, ihr Götter: ⌈ich bin doppelt!⌉
Ein Geist bin ich und wandele zur Nacht!
Er läßt sie los und springt auf.

KÄTHCHEN *erwacht:*
Gott, meines Lebens Herr! Was widerfährt mir!
Sie steht auf und sieht sich um.

GRAF VOM STRAHL
Was mir ein Traum schien, nackte Wahrheit ist's: 2250
Im Schloß zu Strahl, todkrank am Nervenfieber,
Lag ich danieder, und hinweggeführt,
Von einem Cherubim, besuchte sie
Mein Geist in ihrer Klause zu Heilbronn!

KÄTHCHEN
Himmel! Der Graf!   2255
Sie setzt sich den Hut auf, und rückt sich das Tuch zurecht.

GRAF VOM STRAHL   Was tu ich jetzt? Was lass' ich?
Pause.

KÄTHCHEN *fällt auf ihre beiden Knie nieder:*
Mein hoher Herr, hier lieg' ich dir zu Füßen,

Darauf gefasst sein

Gewärtig dessen*, was du mir verhängst!
An deines Schlosses Mauer fandst du mich,
Trotz des Gebots, das du mir eingeschärft;
Ich schwör's, es war ein Stündchen nur zu ruhn,   2260
Und jetzt will ich gleich wieder weiter gehn.

GRAF VOM STRAHL
Weh mir! Mein Geist, von Wunderlicht geblendet,

entsetz-lichem

⌈Schwankt an des Wahnsinns grausem* Hang umher!⌉
Denn wie begreif ich die ⌈Verkündigung⌉,
Die mir noch silbern wiederklingt im Ohr,   2265
Daß sie die Tochter meines Kaisers sei?

GOTTSCHALK *draußen:*
Käthchen! He, junge Maid!

GRAF VOM STRAHL *erhebt sie rasch vom Boden:*
                    Geschwind erhebe dich!
    Mach dir das Tuch zurecht! Wie siehst du aus?

Dritter Auftritt

Gottschalk tritt auf. Die Vorigen.

GRAF VOM STRAHL
    Gut, Gottschalk, daß du kommst! Du fragtest mich,
2270   Ob du die Jungfrau in den Stall darfst nehmen;
    Das aber schickt aus manchem Grund sich nicht;
    Die Friedborn zieht aufs Schloß zu meiner Mutter.

GOTTSCHALK
    Wie? Was? Wo? – Oben auf das Schloß hinauf?

GRAF VOM STRAHL
    Ja, und das gleich! Nimm ihre Sachen auf,
2275   Und auf dem Pfad zum Schlosse folg' ihr nach.

GOTTSCHALK
    Gott's Blitz auch, Käthchen! hast du das gehört?

KÄTHCHEN *mit einer zierlichen Verbeugung:*
    Mein hochverehrter Herr! Ich nehm' es an,
    Bis ich werd' wissen, wo mein Vater ist.

GRAF VOM STRAHL
    Gut, gut! Ich werd mich gleich nach ihm erkund'gen.
Gottschalk bindet die Sachen zusammen; Käthchen hilft ihm.
2280   Nun? Ist's geschehn?
Er nimmt ein Tuch vom Boden auf, und übergibt es ihr.
KÄTHCHEN *errötend:* Was! Du bemühst dich mir*?   um mich
Gottschalk nimmt das Bündel in die Hand.
GRAF VOM STRAHL
    Gib deine Hand!

KÄTHCHEN   Mein hochverehrter Herr!
Er führt sie über die Steine; wenn sie hinüber ist, läßt er sie
vorangehen und folgt.
Alle ab.

⌐Szene⌐: Garten. Im Hintergrunde eine Grotte, ⌐im goti-
schen Styl⌐.

Vierter Auftritt

Kunigunde von Kopf zu Fuß in einen feuerfarbnen Schleier
verhüllt und Rosalie treten auf.
KUNIGUNDE Wo ritt der Graf vom Strahl hin?
ROSALIE Mein Fräulein, es ist dem ganzen Schloß unbegreiflich. Drei kaiserliche Kommissarien* kamen spät in
der Nacht, und weckten ihn auf; er verschloß sich mit   2285
ihnen, und heut, bei Anbruch des Tages schwingt er sich
aufs Pferd, und verschwindet.
KUNIGUNDE Schliess' mir die Grotte auf.
ROSALIE Sie ist schon offen.
KUNIGUNDE Ritter Flammberg, hör ich, macht dir den   2290
Hof; zu Mittag, wann* ich mich gebadet und angeklei-
det, werd' ich dich fragen, was dieser Vorfall zu bedeuten?
Ab in die Grotte.

Abgesandte
des Kaisers

wenn

Fünfter Auftritt

Fräulein Eleonore tritt auf, Rosalie.

ELEONORE Guten Morgen, Rosalie.

2295 ROSALIE Guten Morgen, mein Fräulein! – Was führt euch
so früh schon hierher?

ELEONORE Ei, ich will mich mit Käthchen, dem kleinen,
holden Gast, den uns der Graf ins Schloß gebracht, weil
die Luft so heiß ist, in dieser Grotte baden.

2300 ROSALIE Vergebt! – Fräulein Kunigunde ist in der Grotte.

ELEONORE Fräulein Kunigunde? – Wer gab euch den
Schlüssel?

ROSALIE Den Schlüssel? – Die Grotte war offen.

ELEONORE Habt ihr das Käthchen nicht darin gefunden?

2305 ROSALIE Nein, mein Fräulein. Keinen Menschen.

ELEONORE Ei, das Käthchen, so wahr ich lebe, ist drin!

ROSALIE In der Grotte? Unmöglich!

ELEONORE Wahrhaftig! In der Nebenkammern eine, die
dunkel und versteckt sind. – Sie war vorangegangen;

2310 ich sagte, nur, als wir an die Pforte kamen, ich wollte
mir ein Tuch von der Gräfin zum Trocknen holen. – O
Herr meines Lebens; da ist sie schon!

Sechster Auftritt

Käthchen, aus der Grotte. Die Vorigen.

ROSALIE *für sich:*
Himmel! Was seh ich dort?

KÄTHCHEN *zitternd:*   Eleonore!

ELEONORE Ei, Käthchen! Bist du schon im Bad gewesen?

2315 Schaut, wie das Mädchen funkelt, wie es glänzet!

⌜Dem Schwane gleich⌝, der in die Brust geworfen,
Aus des Krystallsees blauen Fluten steigt!
– Hast du die jungen Glieder dir erfrischt?
KÄTHCHEN Eleonore! Komm hinweg.
ELEONORE   Was fehlt dir?
ROSALIE *schreckenblaß:*
    Wo kommst du her? Aus jener Grotte dort?   2320
    Du hattest in den Gängen dich versteckt?
KÄTHCHEN Eleonore! Ich beschwöre dich!
KUNIGUNDE *im Innern der Grotte:*
    Rosalie!
ROSALIE
         Gleich, mein Fräulein!
    zu Käthchen: Hast sie gesehn?
erbleichst ELEONORE Was gibt's? Sag an! – Du bleichst*?
KÄTHCHEN *sinkt in ihre Arme:*   Eleonore!
ELEONORE
    Hilf, Gott im Himmel! Käthchen! Kind! Was fehlt dir? 2325
KUNIGUNDE *in der Grotte:*
    Rosalie!
ROSALIE *zu Käthchen:*
         Nun, beim Himmel! Dir wär besser,
    Du rissest dir die Augen aus, als daß sie
    Der Zunge anvertrauten, was sie sahn!
Ab in die Grotte.

Siebenter Auftritt

Käthchen und Eleonore.
ELEONORE
    Was ist geschehn, mein Kind? Was schilt man dich?
    Was macht an allen Gliedern so dich zittern?   2330

Wär dir ⌐der Tod, in jenem Haus, erschienen,
Mit Hipp' und Stundenglas⌐, von Schrecken könnte
Dein Busen grimmiger* erfaßt nicht sein!

bedrücken-
der

KÄTHCHEN Ich will dir sagen –
⌐*Sie kann nicht sprechen.*⌐

ELEONORE   Nun, sag' an! Ich höre.

2335 KÄTHCHEN – Doch du gelobst mir, nimmermehr, Lenore,
Wem es auch sei, den Vorfall zu entdecken.

ELEONORE Nein, keiner Scele; nein! Verlaß dich drauf.

KÄTHCHEN Schau, in die Seitengrotte hatt' ich mich,
Durch die verborgne Türe eingeschlichen;

2340 Das große Prachtgewölb' war mir zu hell.
Und nun, da mich das Bad erquickt, tret' ich
In jene größre Mitte scherzend* ein,

Hier in der
urspr.
Bedeutung:
fröhlich
herum-
springend

Und denke du, du seist's, die darin rauscht:
Und eben von dem Rand ins Becken steigend,

2345 Erblickt mein Aug' –

ELEONORE   Nun, was? wen? Sprich!

KÄTHCHEN   Was sag' ich!
Du mußt sogleich zum Grafen, Leonore,
Und von der ganzen Sach' ihn unterrichten.

ELEONORE Mein Kind! Wenn ich nur wüßte, was es wäre?

KÄTHCHEN
– Doch ihm nicht sagen, nein, um's Himmels willen,

2350 Daß es von mir kommt. Hörst du? Eher wollt' ich,
Daß er den Greuel* nimmermehr entdeckte.

Gegenstand
des Grauens

ELEONORE
In welchen Rätseln sprichst du, liebstes Käthchen?
Was für ein Greu'l? Was ist's, das du erschaut?

KÄTHCHEN Ach, Leonor', ich fühle, es ist besser,

2355 Das Wort kommt über meine Lippen nie!
Durch mich kann er, durch mich, enttäuscht nicht werden!

ELEONORE
Warum nicht? Welch ein Grund ist, ihm zu bergen – ?
Wenn du nur sagtest –

KÄTHCHEN *wendet sich:* Horch!

ELEONORE   Was gibt's?

KÄTHCHEN   Es kommt!

ELEONORE Das Fräulein ist's, sonst niemand, und Rosalie.

KÄTHCHEN Fort! Gleich! Hinweg!   2360

ELEONORE   Warum?

KÄTHCHEN   Fort, Rasende!

ELEONORE Wohin?

KÄTHCHEN   Hier fort, aus diesem Garten will ich –

ELEONORE Bist du bei Sinnen?

KÄTHCHEN   Liebe Leonore!
   Ich bin verloren, wenn sie mich hier trifft!
   Fort! In der Gräfin Arme flücht' ich mich!
Ab.

Achter Auftritt

Kunigunde und Rosalie, aus der Grotte.

KUNIGUNDE *gibt Rosalien einen Schlüssel:*
   Hier, nimm! – Im Schubfach, unter meinem Spiegel;   2365
   Das Pulver, in der schwarzen Schachtel, rechts,
   Schütt' es in Wein, in Wasser oder Milch,
   Und sprich: komm her, mein Käthchen! – Doch du nimmst
   Vielleicht sie lieber zwischen deine Knie?
   Gift, Tod und Rache! Mach' es, wie du willst,   2370
   Doch sorge mir, daß sie's hinunterschluckt.

ROSALIE
   Hört mich nur an, mein Fräulein –

KUNIGUNDE   Gift! Pest! Verwesung!
   Stumm mache sie und rede nicht!
   Wenn sie ⌐vergiftet, tot ist, eingesargt,
   Verscharrt, verwes't, zerstiebt⌐, als Myrtenstengel,   2375

Von dem, was sie jetzt sah, im Winde flüstert;
So komm und sprich von Sanftmut und Vergebung,
Pflicht und Gesetz und Gott und Höll' und Teufel,
Von Reue und Gewissensbissen mir.

2380 ROSALIE Sie hat es schon entdeckt*, es hilft zu nichts.

weiter-
gesagt

KUNIGUNDE Gift! Asche! Nacht! Chaotische Verwirrung!
Das Pulver reicht, die Burg ganz wegzufressen,
Mit Hund und Katzen hin! – Tu, wie ich sagte!
Sie buhlt mir so zur Seite* um sein Herz,

2385 Wie ich vernahm, und ich – des Todes sterb' ich,
Wenn ihn das Affenangesicht* nicht rührt;
Fort! In die Dünste mit ihr hin: die Welt,
Hat nicht mehr Raum genug, für mich und sie!
Ab.

wirbt als
meine Ne-
benbuhlerin

Vgl. v. 2011:
»Gesicht der
Äffin«

Fünfter Akt

Szene: Worms. Freier Platz vor der kaiserlichen Burg, zur Seite ein Thron; im Hintergrunde die Schranken des Gottesgerichts.

Erster Auftritt

Der Kaiser auf dem Thron. Ihm zur Seite der Erzbischof von Worms, Graf Otto von der Flühe und mehrere andere Ritter, Herren und Trabanten*. Der Graf vom Strahl im leichten Helm und Harnisch, und Theobald von Kopf zu Fuß in voller Rüstung; beide stehen dem Thron gegenüber.

Krieger zu Fuß (bes. Leibwächter)

DER KAISER Graf Wetterstrahl, du hast, auf einem Zuge,

Monaten

    Der durch Heilbronn dich, vor drei Monden*, führte,   2390
    In einer Törin Busen eingeschlagen;
    Den alten Vater jüngst verließ die Dirne,

verbirgst

    Und, statt sie heimzusenden, birgst* du sie
    Im Flügel deiner väterlichen Burg.

Im Sinne von: verbreitest

    Nun sprengst* du, solchen Frevel zu beschönen,   2395
    Gerüchte, lächerlich und gottlos, aus;
    Ein Cherubim, der dir zu Nacht erschienen,
    Hab' dir vertraut, die Maid, die bei dir wohnt,
    Sei meiner kaiserlichen Lenden Kind.
    Solch eines ⌈abgeschmackt prophet'schen Grußes⌉   2400
    Spott' ich, wie sich's versteht, und meinethalb
    Magst du die Krone selbst auf's Haupt ihr setzen;
    Von Schwaben einst, begreifst du, erbt sie nichts,
    Und meinem Hof' auch bleibt sie fern zu Worms.
    Hier aber steht ein tiefgebeugter Mann,   2405
    Dem du, zufrieden mit der Tochter nicht,
    Auch noch die Mutter willst zur ⌈Metze⌉ machen;

Denn er, sein Lebelang fand er sie treu,
Und rühmt des Kinds unsel'gen Vater sich.

2410 Darum, auf seine schweren Klagen, riefen wir
Vor unsern Thron dich her, die Schmach, womit
Du ihre Gruft geschändet, darzutun;
Auf, rüste dich, du Freund der Himmlischen:
Denn du bist da, mit einem Wort von Stahl,

2415 Im ⌐Zweikampf⌐ ihren Ausspruch zu beweisen!

GRAF VOM STRAHL *mit dem Erröten des Unwillens:*
Mein kaiserlicher Herr! Hier ist ein Arm,
Von Kräften strotzend, markig, stahlgeschient,
Geschickt* im Kampf dem Teufel zu begegnen;   Geübt
Treff ich auf jene graue Scheitel dort,

2420 Flach schmettr' ich sie, wie einen Schweizerkäse,
Der gärend auf dem Brett des Sennen* liegt.   Genitiv von
Erlass', in deiner Huld und Gnade, mir,   »Senn«,
Ein ⌐Märchen⌐, aberwitzig, sinnverwirrt,   Alpenhirt,
Dir darzutun, das sich das Volk aus zwei   Melker

2425 Ereignissen, zusammen seltsam freilich,
Wie die zwei Hälften eines Ringes, passend,
Mit müß'gem* Scharfsinn, an einandersetzte.   überflüssi-
Begreif', ich bitte dich, in deiner Weisheit,   gem
Den ganzen Vorfall der Sylvesternacht,

2430 Als ein Gebild des Fiebers, und so wenig
Als es mich kümmern würde, träumtest du,
Ich sei ein Jud', so wenig kümmre dich,
Daß ich geras't*, die Tochter jenes Mannes   ohne Ver-
Sei meines hochverehrten Kaisers Kind!   nunft ge-
                                                 handelt und
ERZBISCHOF   (mir) etwas
                                                 eingebildet
2435 Mein Fürst und Herr, mit diesem Wort, fürwahr,
Kann sich des Klägers wackres Herz beruh'gen.
Geheimer Wissenschaft*, sein Weib betreffend,   Kenntnisse,
Rühmt er sich nicht; schau, was er der Mariane   Wissen
Jüngst, jn geheimer Zwiesprach', vorgeschwatzt:

2440 Er hat es eben jetzo widerrufen!
⌐Straft um den Wunderbau der Welt ihn nicht⌐,

Der ihn, auf einen Augenblick, verwirrt.
Er gab, vor einer Stund', o Theobald,
Mir seine Hand, das Käthchen, wenn du kommst
Zu Strahl, in seiner Burg, dir abzuliefern;   2445
Geh' hin und tröste dich und hole sie,
Du alter Herr, und laß die Sache ruhn*!

THEOBALD

Verfluchter Heuchler, du, wie kannst du leugnen,
Daß deine Seele ganz durchdrungen ist,
Vom Wirbel bis zur Sohle*, von dem Glauben,   2450
Daß sie des Kaisers Bänkeltochter* sei?
Hast du den Tag nicht, bei dem ⌐Kirchenspiel⌐,
Erforscht, wann sie geboren, nicht berechnet,
Wohin die Stunde der Empfängnis fällt;
Nicht ausgemittelt*, mit verruchtem Witze*,   2455
Daß die erhabne Majestät des Kaisers
Vor sechzehn Lenzen durch Heilbronn geschweift?
Ein Übermütiger, ⌐aus eines Gottes Kuß,
Auf einer Furie Mund gedrückt, entsprungen⌐;
Ein glanzumfloßner ⌐Vatermördergeist⌐,   2460
An jeder der granitnen Säulen rüttelnd,
In dem urew'gen Tempel der Natur;
Ein Sohn der Hölle, den mein gutes Schwert
Entlarven jetzo, oder, rückgewendet,
Mich selbst zur Nacht des Grabes schleudern soll!   2465

GRAF VOM STRAHL

Nun, den Gott selbst verdammte, gifterfüllter
Verfolger meiner*, der dich nie beleidigt,
Und deines Mitleids eher würdig wäre,
So sei's, Mordraufer, denn, so wie du willst.
Ein Cherubim, der mir, in Glanz gerüstet,   2470
Zu Nacht erschien, als ich im Tode lag*,
Hat mir, was leugn' ich's länger, Wissenschaft,
Entschöpft dem Himmelsbronnen, anvertraut.
Hier vor des höchsten Gottes Antlitz steh' ich,

den Rechts-
streit beile-
gen

Von Kopf bis
Fuß

(Auf der
Bank
gezeugtes)
uneheliches
Kind

heraus-
gefunden

Verstand,
Scharfsinn

von mir

Gebräuch-
lich für: im
Sterben lag

Und die Behauptung schmettr' ich dir ins Ohr:
Käthchen von Heilbronn, die dein Kind du sagst,
Ist meines höchsten Kaisers dort, komm her,
Mich von dem Gegenteil zu überzeugen!
DER KAISER Trompeter, blas't, dem Lästerer zum Tode!
Trompetenstöße.
THEOBALD *zieht:*
2480 Und wäre gleich mein Schwert auch eine Binse,
Und einem Griffe, locker, wandelbar*   biegsam
Von gelbem Wachs geknetet, eingefugt,
So wollt' ich doch von Kopf zu Fuß dich spalten,
Wie einen Giftpilz, der der Heid' entblüht*,   der auf der
2485 Der Welt zum Zeugnis, Mordgeist, daß du logst!   Heide
                                                          wächst
GRAF VOM STRAHL *er nimmt sich sein Schwert ab und gibt*
es weg:
Und wär mein Helm gleich und die Stirn, die drunter,
Durchsichtig, messerrückendünn, zerbrechlich,
Die Schale eines ausgenomm'nen Ei's,
So sollte doch dein Sarraß*, Funken sprühend,   Großer
2490 Abprallen, und in alle Ecken splittern,   Säbel
Als hätt'st du einen Diamant getroffen,
Der Welt zum Zeugnis, daß ich wahr gesprochen!
Hau, und lass' jetzt mich sehn, wess' Sache rein*?   fehlerfrei
Er nimmt sich den Helm ab und tritt dicht vor ihn.
THEOBALD *zurückweichend:*
Setz' dir den Helm auf!
GRAF VOM STRAHL *folgt ihm:*
                              Hau!
THEOBALD   Setz' dir den Helm auf!
GRAF VOM STRAHL *stößt ihn zu Boden:*
2495 Dich lähmt ⌈der bloße Blitz aus meiner Wimper⌉?
Er windet ihm das Schwert aus der Hand, tritt über ihm
und setzt ihm den Fuß auf die Brust.
Was hindert mich, im Grimm gerechten Siegs,
Daß ich den Fuß ins Hirn dir drücke? – Lebe!

Er wirft das Schwert vor des Kaisers Thron.
  Mag es ⌈die alte Sphynx, die Zeit⌉, dir lösen,
  Das Käthchen aber ist, wie ich gesagt,
  Die Tochter meiner höchsten Majestät!   2500
VOLK *durcheinander:*

triumphiert   Himmel! Graf Wetterstrahl hat obgesiegt*!
DER KAISER *erblaßt und steht auf:*
  Brecht auf, ihr Herrn!
ERBISCHOF   Wohin?
EIN RITTER *aus dem Gefolge:* Was ist geschehn?
GRAF OTTO Allmächt'ger Gott! Was fehlt der Majestät?
  Ihr Herren, folgt! Es scheint, ihr ist nicht wohl?
Ab.

Szene: Ebendaselbst. Zimmer im kaiserlichen Schloß.

Zweiter Auftritt

dreht sich in DER KAISER *wendet sich unter der Tür*:* Hinweg! Es soll   2505
der Tür um   mir niemand folgen! Den Burggrafen von Freiburg und
               den Ritter von Waldstätten laßt herein; das sind die ein-
               zigen Männer, die ich sprechen will! *Er wirft die Tür zu.*
               – – – Der Engel Gottes, der dem Grafen vom Strahl ver-
               sichert hat, das Käthchen sei meine Tochter: ich glaube,   2510
               bei meiner kaiserlichen Ehre, er hat Recht! Das Mäd-
               chen ist, wie ich höre, funfzehn Jahr alt; und vor sechs-
               zehn Jahren, weniger drei Monaten, genau gezählt,
               feierte ich der ⌈Pfalzgräfin⌉, meiner Schwester, zu Ehren
               das große Turnier in Heilbronn! Es mogte ohngefähr eilf   2515
               Uhr Abends sein, und der Jupiter ging eben, mit seinem
               funkelnden Licht, im Osten auf, als ich, vom Tanz sehr
               ermüdet, aus dem Schloßtor trat, um mich in dem Gar-

ten, der daran stößt, unerkannt, unter dem Volk, das ihn
erfüllte, zu erlaben; und ⌐ein Stern, mild und kräftig, wie
der, leuchtete, wie ich gar nicht zweifle, bei ihrer
Empfängnis⌐. Gertrud, so viel ich mich erinnere, hieß
sie, mit der ich mich in einem, von dem Volk minder
besuchten, Teil des Gartens, beim Schein verlöschender
Lampen, während die Musik, fern von dem Tanzsaal
her, in den Duft der Linden niedersäuselte, ⌐unterhielt⌐;
und Käthchens Mutter heißt Gertrud! Ich weiß, daß ich
mir, als sie sehr weinte, ein Schaustück*, mit dem Bildnis   Medaille
Papst Leo's, von der Brust los machte, und es ihr, als ein
Andenken von mir, den sie ⌐gleichfalls nicht kannte⌐, in
das Mieder steckte; und ein solches Schaustück, wie ich
eben vernehme, besitzt das Käthchen von Heilbronn! O
Himmel! Die Welt wankt aus ihren Fugen. Wenn der
Graf vom Strahl, dieser Vertraute der Auserwählten,
von der Buhlerin, an die er geknüpft ist, loslassen kann:
so werd' ich ⌐die Verkündigung wahrmachen⌐, den Theobald, unter welchem Vorwand es sei, bewegen müssen,
daß er mir dies Kind abtrete, und sie mit ihm verheiraten
müssen: will ich nicht wagen, daß der Cherub zum zwei-
tenmal zur Erde steige und das ganze Geheimnis, das ich
hier den vier Wänden anvertraut, ausbringe*!   öffentlich
Ab.   mache

Dritter Auftritt

*Burggraf von Freiburg und Georg von Waldstätten treten
auf. Ihnen folgt Ritter Flammberg.*

FLAMMBERG *erstaunt:* Herr Burggraf von Freiburg! –
Seid ihr es, oder ist es euer Geist? O eilt nicht, ich be-
schwör euch –!
FREIBURG *wendet sich:* Was willst du?

GEORG Wen suchst du?

FLAMMBERG Meinen bejammernswürdigen Herrn, den
Grafen vom Strahl! Fräulein Kunigunde, seine Braut –
o hätten wir sie euch nimmermehr abgewonnen! Den
Koch hat sie bestechen wollen, dem Käthchen Gift zu   2550
reichen –: Gift, ihr gestrengen Herren, und zwar aus
dem abscheulichen, unbegreiflichen und rätselhaften
Grunde, weil das Kind sie im Bade belauschte!

FREIBURG Und das begreift ihr nicht?

FLAMMBERG Nein!   2555

FREIBURG So will ich es dir sagen. Sie ist eine ⌐mosaische
Arbeit⌐, aus allen ⌐drei Reichen der Natur⌐ zusammengesetzt. Ihre Zähne gehören einem Mädchen aus München, ihre Haare sind aus Frankreich verschrieben*, ihrer Wangen Gesundheit kommt aus den ⌐Bergwerken in   2560
Ungarn⌐, und den Wuchs, den ihr an ihr bewundert, hat
sie einem Hemde zu danken, das ihr der Schmidt*, aus
schwedischem Eisen, verfertigt hat. – Hast du verstanden?

FLAMMBERG Was!   2565

FREIBURG Meinen Empfehl* an deinen Herrn!
Ab.

GEORG Den meinigen auch! – Der Graf ist bereits nach der
Strahlburg zurück; sag' ihm wenn er den Hauptschlüssel
nehmen, und sie in der Morgenstunde, wenn ihre ⌐Reize
auf den Stühlen liegen⌐, überraschen wolle, so könne er   2570
seine eigne ⌐Bildsäule⌐ werden und sich, zur Verewigung
seiner Heldentat, bei der Köhlerhütte aufstellen lassen!
Ab.

---

auf schrift-
liche Bestel-
lung hin
importiert

Waffen-
schmied
(wie Theo-
bald)

Meine
Empfehlung

Szene: Schloß Wetterstrahl. Kunigundens Zimmer.

Vierter Auftritt

Rosalie bei der Toilette des Fräuleins beschäftigt, Kunigunde tritt ungeschminkt, wie sie aus dem Bette kommt auf; bald darauf der Graf vom Strahl.

KUNIGUNDE *indem sie sich bei der Toilette niedersetzt:*
    Hast du die Tür besorgt*?

ROSALIE   Sie ist verschlossen.

KUNIGUNDE Verschlossen! Was! Verriegelt, will ich wissen!
2575   Verschlossen u n d verriegelt, jedesmal!

Rosalie geht, die Tür zu verriegeln; der Graf kommt ihr entgegen.

ROSALIE *erschrocken:*
    Mein Gott! wie kommt ihr hier herein, Herr Graf?
    – Mein Fräulein!

KUNIGUNDE *sieht sich um:*
                Wer?

ROSALIE   Seht, bitt' ich euch!

KUNIGUNDE   Rosalie!

Sie erhebt sich schnell, und geht ab.

Fünfter Auftritt

Der Graf vom Strahl und Rosalie.

GRAF VOM STRAHL *steht wie vom Donner gerührt:*
    Wer war die unbekannte Dame?

ROSALIE   – Wo?

Im Sinne von: sich um etwas kümmern; hier: geschlossen

GRAF VOM STRAHL
  Die, wie der Turm von Pisa, hier vorbeiging? –
  Doch, hoff ich, nicht –? 2580
ROSALIE   Wer?
GRAF VOM STRAHL   Fräulein Kunigunde?
ROSALIE Bei Gott, ich glaub', ihr scherzt! ⌜Sybille⌝, meine
  Stiefmutter, gnäd'ger Herr –
KUNIGUNDE *drinnen:*   Rosalie!
ROSALIE Das Fräulein, das im Bett liegt, ruft nach mir. –
  Verzeiht, wenn ich –!
Sie holt einen Stuhl.
                    Wollt ihr euch gütigst setzen?
Sie nimmt die Toilette und geht ab.

Sechster Auftritt

erschüttert DER GRAF VOM STRAHL *vernichtet*[*]:
  Nun, du allmächt'ger Himmel, meine Seele, 2585
  Sie ist doch wert nicht, daß sie also heiße!
  Das Maß, womit sie, auf dem Markt der Welt,
  Die Dinge mißt, ist falsch; scheusel'ge Bosheit
  Hab ich für die milde Herrlichkeit erstanden!
  Wohin flücht' ich, Elender, vor mir selbst? 2590
  Wenn ein Gewitter wo in Schwaben tobte,
  Mein Pferd könnt' ich, in meiner Wut, besteigen,
  Und suchen, wo der Keil mein Haupt zerschlägt!
  Was ist zu tun, mein Herz? Was ist zu lassen?

Siebenter Auftritt

*Kunigunde in ihrem gewöhnlichen Glanz, Rosalie und die
alte Sybille, die schwächlich auf Krücken, durch die Mit-
teltür abgeht.*

2595 KUNIGUNDE Sieh da, Graf Friederich! Was für ein Anlaß
Führt euch so früh in meine Zimmer her?

GRAF VOM STRAHL *indem er die Sybille mit den Augen
verfolgt:*
Was! ⌈Sind die Hexen doppelt?⌉

KUNIGUNDE *sieht sich um:*   Wer?

GRAF VOM STRAHL *faßt sich:*   Vergebt! –
Nach eurem Wohlsein wollt' ich mich erkunden.

KUNIGUNDE Nun? – Ist zur Hochzeit Alles vorbereitet?

GRAF VOM STRAHL *indem er näher tritt und sie prüft:*

2600 Es ist, bis auf den Hauptpunkt, ziemlich Alles –

KUNIGUNDE *weicht zurück:*
Auf wann ist sie bestimmt?

GRAF VOM STRAHL   Sie war's – auf morgen.

KUNIGUNDE *nach einer Pause:*
Ein Tag mit Sehnsucht längst von mir erharrt*!   erwartet
– Ihr aber seid nicht froh, dünkt mich*, nicht heiter?   scheint mir

GRAF VOM STRAHL *verbeugt sich:*
Erlaubt! ich bin der Glücklichste der Menschen!

ROSALIE *traurig:*

2605 Ist's wahr, daß jenes Kind, das Käthchen, gestern,
Das ihr im Schloß beherbergt habt –?

GRAF VOM STRAHL   O Teufel!

KUNIGUNDE *betreten:*
Was fehlt euch? Sprecht!

ROSALIE *für sich:*   Verwünscht!

GRAF VOM STRAHL *faßt sich:*   – Das Los der Welt!
Man hat sie schon im Kirchhof beigesetzt.

KUNIGUNDE Was ihr mir sagt!

ROSALIE   Jedoch noch nicht begraben?

KUNIGUNDE Ich muß sie doch im Leichenkleid, noch sehn. 2610

Achter Auftritt

Ein Diener tritt auf. Die Vorigen.

DIENER Gottschalk schickt einen Boten, gnädger Herr,

Vorzimmer   Der euch im Vorgemach* zu sprechen wünscht!

KUNIGUNDE

  Gottschalk?

ROSALIE   Von wo?

GRAF VOM STRAHL   Vom Sarge der Verblichnen!

  Laßt euch im Putz, ich bitte sehr, nicht stören!

Ab.

Neunter Auftritt

Kunigunde und Rosalie.

Pause.

KUNIGUNDE *ausbrechend:*

  Er weiß, umsonst ist's, Alles hilft zu nichts, 2615

  Er hat's gesehn, es ist um mich getan!

ROSALIE Er weiß es nicht!

KUNIGUNDE   Er weiß!

ROSALIE   Er weiß es nicht!

  Ihr klagt, und ich, vor Freuden mögt' ich hüpfen.

Er glaubt   Er steht im Wahn*, daß die, die hier gesessen,

irrtümlich   Sybille, meine Mutter, sei gewesen; 2620

  Und nimmer war ein Zufall glücklicher

Als daß sie just* in eurem Zimmer war;   gerade jetzt
Schnee, im Gebirg gesammelt, wollte sie,
Zum Waschen eben euch in's Becken tragen.

2625 KUNIGUNDE Du sahst, wie er mich prüfte, mich ermaß.

ROSALIE Gleichviel! Er traut den Augen nicht! Ich bin
⌐So fröhlich, wie ein Eichhorn⌐ in den Fichten!
Laßt sein, daß ihm von fern ein Zweifel kam;
Daß ihr euch zeigtet, groß und schlank und herrlich,

2630 Schlägt seinen Zweifel völlig wieder nieder.
Des Todes will ich sterben, wenn er nicht,
Den Handschuh jedem hinwirft, der da zweifelt,
Daß ihr die Königin der Frauen seid.
O seid nicht mutlos! Kommt und zieht euch an;

2635 Der nächsten Sonne Strahl, was gilt's* begrüßt euch,   Bekräfti-
Als Gräfin Kunigunde Wetterstrahl!   gungsfor-
                                      mel: Um was

KUNIGUNDE Ich wollte, daß die Erde mich verschlänge!   wollen wir
Ab.   wetten?

*Szene: Das Innere einer Höhle mit der Aussicht auf eine
Landschaft.*

Zehnter Auftritt

*Käthchen, in einer Verkleidung, sitzt traurig auf einem
Stein, den Kopf an die Wand gelehnt, Graf Otto von der
Flühe, Wenzel von Nachtheim, Hans von Bärenklau, in
der Tracht kaiserlicher Reichsräte, und Gottschalk treten
auf, Gefolge, zuletzt der Kaiser und Theobald, welche in
Mänteln verhüllt, im Hintergrunde bleiben.*

GRAF OTTO *eine Pergamentrolle in der Hand:*
⌐Jungfrau von Heilbronn⌐! Warum herbergst du,
Dem Sperber gleich, in dieser Höhle Raum?

KÄTHCHEN *steht auf:*
　　O Gott! Wer sind die Herrn? 2640

GOTTSCHALK 　　　　Erschreckt sie nicht! –
　　Der Anschlag einer Feindin, sie zu töten,

Hier transitiv: durch Flucht in Sicherheit bringen

　　Zwang uns, in diese Berge sie zu flüchten*.

GRAF OTTO
　　Wo ist dein Herr, der Reichsgraf, dem du dienst?

KÄTHCHEN Ich weiß es nicht.

GOTTSCHALK 　　　　Er wird sogleich erscheinen!

GRAF OTTO *gibt ihr das Pergament:*
　　Nimm diese Rolle hier; es ist ein Schreiben, 2645
　　Verfaßt von kaiserlicher Majestät.

Mundartlich für: Durchflieg es, lies es schnell durch

　　Durchfleuchs* und folge mir; hier ist kein Ort,
　　Jungfraun, von deinem Range, zu bewirten;
　　Worms nimmt fortan, in seinem Schloß, dich auf!

DER KAISER *im Hintergrund:*
　　Ein lieber Anblick! 2650

THEOBALD 　　　　O ein wahrer Engel!

Eilfter Auftritt

Der Graf vom Strahl tritt auf. Die Vorigen.

GRAF VOM STRAHL *betroffen:*

Prachtvolle Kleidung

　　Reichsrät', in festlichem Gepräng'*, aus Worms!

GRAF OTTO
　　Seid uns gegrüßt, Herr Graf!

GRAF VOM STRAHL 　　　　– Was bringt ihr mir?

GRAF OTTO Ein kaiserliches Schreiben dieser Jungfrau!
　　Befragt sie selbst; sie wird es euch bedeuten*.

Hier transitiv: erklären

GRAF VOM STRAHL
　　O Herz, was pochst du? 2655
　　zu Käthchen: 　　　　Kind, was hältst du da?

KÄTHCHEN
Weiß nit, mein hoher Herr. –

GOTTSCHALK   Gib, gib, mein Herzchen.

GRAF VOM STRAHL *lies't:*
»Der Himmel, wisset, hat mein Herz gestellt*,   verpflichtet
Das ⸢Wort des Auserwählten⸣ einzulösen.
Das Käthchen ist nicht mehr des Theobalds,
2660 Des Waffenschmidts, der mir sie abgetreten,
Das Käthchen fürderhin ist meine Tochter,
Und Katharina heißt sie jetzt von Schwaben.«
Er durchblättert die andern Papiere:
Und hier: »Kund sei«* – Und hier: »das Schloß zu   Formel
                                    Schwabach« –   fürstlicher
                                                     Verfügun-
Kurze Pause.   gen

Nun mögt' ich vor der Hochgebenedeiten*   Von lat.
2665 In Staub mich werfen, ihren Fuß ergreifen,   benedictus
Und mit des Danks glutheißer Träne waschen.   »gesegnet«;
                                                     Hochgesey-
KÄTHCHEN *setzt sich:*   neten
Gottschalk, hilf, steh mir bei; mir ist nicht wohl!

GRAF VOM STRAHL *zu den Räten:*
Wo ist der Kaiser? Wo der Theobald?

DER KAISER *indem beide ihre Mäntel abwerfen:*
Hier sind sie!

KÄTHCHEN *steht auf:*
                    ⸢Gott im hohen Himmel! Vater!⸣
Sie eilt auf ihn zu; er empfängt sie.

GOTTSCHALK *für sich:*
2670 Der Kaiser! Ei, so wahr ich bin! Da steht er!

GRAF VOM STRAHL
Nun, sprich du – Göttlicher! Wie nenn' ich dich?
– Sprich, las ich recht?

DER KAISER   Beim Himmel, ja, das tatst du!
Die einen Cherubim zum Freunde hat,
Der kann mit Stolz ein Kaiser Vater sein!
2675 Das Käthchen ist die Erst' itzt vor den Menschen,

Wie sie's vor Gott längst war; wer sie begehrt,
Der muß bei mir jetzt würdig um sie frein.
GRAF VOM STRAHL *beugt ein Knie vor ihm:*
Nun, hier auf Knien bitt ich: gib sie mir!
DER KAISER
Herr Graf! Was fällt ihm ein?
GRAF VOM STRAHL   Gib, gib sie mir!
Welch' andern Zweck ersänn' ich deiner Tat?*   2680
DER KAISER So! Meint er das? – Der Tod nur ist umsonst,
Und die Bedingung setz' ich dir.
GRAF VOM STRAHL   Sprich! Rede!
DER KAISER *ernst:*
In deinem Haus den Vater nimmst du auf!
GRAF VOM STRAHL
Du spottest!
DER KAISER   Was! du weigerst dich?
GRAF VOM STRAHL   In Händen!
⌐In meines Herzens Händen⌐ nehm' ich ihn!   2685
DER KAISER *zu Theobald:*
Nun, Alter; hörtest du?
THEOBALD *führt ihm Käthchen zu:*
                        So gib sie ihm!
⌐Was Gott fügt, heißt es, soll der Mensch nicht scheiden.⌐
GRAF VOM STRAHL *steht auf, und nimmt Käthchens Hand:*
Nun denn, zum Sel'gen hast du mich gemacht! –
Laßt einen Kuß mich, Vater, einen Kuß nur
Auf ihre himmelsüßen Lippen drücken.   2690
Hätt' ich zehn Leben, nach der Hochzeitsnacht,
Opfr' ich sie jauchzend jedem von euch hin!
DER KAISER Fort jetzt! daß er das Rätsel ihr erkläre!
Ab.

Im Sinne
von: Wie soll
ich mir dein
Handeln
anders
erklären?

Zwölfter Auftritt

Der Graf vom Strahl und das Käthchen.
GRAF VOM STRAHL *indem er sie bei der Hand nimmt, und sich setzt:*
    Nun denn, mein Käthchen, komm! komm her, o Mädchen!
2695   Mein Mund hat jetzt dir etwas zu vertraun*.   anzuvertrau-en
KÄTHCHEN Mein hoher Herr! Sprich! Was bedeutet mir – ?
GRAF VOM STRAHL
    Zuerst, mein süßes Kind, muß ich dir sagen,
    Daß ich mit Liebe dir, unsäglich, ewig,
    Durch alle meine Sinne zugetan.
2700   Der Hirsch, der von der Mittagsglut gequält,
    Den Grund zerwühlt, mit spitzigem* Geweih,   Für: spitzem
    Er sehnt sich so begierig nicht,
    Vom Felsen in den Waldstrom sich zu stürzen,
    Den reißenden, als ich, jetzt, da du mein bist,
2705   In alle deine jungen Reize mich.
KÄTHCHEN *schamrot:*
    Jesus! Was sprichst du? Ich versteh' dich nicht.
GRAF VOM STRAHL
    Vergib mir, wenn mein Wort dich oft gekränkt,
    Beleidigt; meine roh mißhandelnde
    Gebärde dir zuweilen weh getan.
2710   Denk' ich, wie lieblos einst mein Herz geeifert,
    Dich von mir wegzustoßen – und seh' ich gleichwohl
                       jetzo dich
    So voll von Huld und Güte vor mir stehn,
    Sieh, so kommt Wehmut, Käthchen, über mich,
    Und meine Tränen halt' ich nicht zurück.
Er weint.
KÄTHCHEN *ängstlich:*
2715   Himmel! Was fehlt dir? Was bewegt dich so?
    Was hast du mir getan? Ich weiß von nichts.

GRAF VOM STRAHL
> O Mädchen, wenn die Sonne wieder scheint,
> Will ich den Fuß in Gold und Seide legen,
> Der einst auf meiner Spur sich wund gelaufen.

Traghimmel
aus Stoff

> Ein Baldachin* soll diese Scheitel schirmen,   2720
> Die einst der Mittag hinter mir versengt.
> Arabien soll sein schönstes Pferd mir schicken,
> Geschirrt in Gold, mein süßes Kind zu tragen,

zum Kampf
(auf das
Schlacht-
feld)

> Wenn mich in's Feld* der Klang der Hörner ruft;
> Und wo der Zeisig sich das Nest gebaut,   2725
> Der zwitschernde, in dem Holunderstrauch,

Ungewöhn-
liches Refle-
xivum für:
erbaut wer-
den, entste-
hen

> Soll sich ein Sommersitz dir auferbaun*,
> In heitern, weitverbreiteten Gemächern,
> Mein Käthchen, kehr' ich wieder, zu empfangen.

KÄTHCHEN Mein Friederich! Mein angebeteter!   2730
> Was soll ich auch von dieser Rede denken?
> Du willst? – Du sagst? –

Sie will seine Hand küssen.

GRAF VOM STRAHL *zieht sie zurück:*
>   Nichts, nichts, mein süßes Kind.

Er küßt ihre Stirn.

KÄTHCHEN
> Nichts?

GRAF VOM STRAHL
>   Nichts. Vergib. Ich glaubt', es wäre morgen.
> – Was wollt' ich doch schon sagen? – Ja, ganz recht,
> Ich wollte dich um einen Dienst ersuchen.   2735

Er wischt sich die Tränen ab.

KÄTHCHEN *kleinlaut:*
> Um einen Dienst? Nun, welchen? Sag nur an.

Pause.

GRAF VOM STRAHL
> Ganz recht. Das war's. – Du weißt, ich mache morgen
>   Hochzeit.
> Es ist zur Feier Alles schon bereitet;

Am nächsten Mittag* bricht der Zug,

2740 Mit meiner Braut bereits zum Altar auf.

Nun sann' ich mir ein Fest aus, süßes Mädchen,

Zu welchen* du die Göttin spielen sollst.

Du sollst, aus Lieb' zu deinem Herrn, für morgen

Die Kleidung, die dich deckt, bei Seite legen,

2745 Und in ein reiches Schmuckgewand dich werfen,

Das Mutter schon für dich zurecht gelegt.

– Willst du das tun?

KÄTHCHEN *hält ihre Schürze vor die Augen:*

                Ja, ja, es soll geschehn.

GRAF VOM STRAHL

Jedoch recht schön; hörst du? Still* aber prächtig!

Recht, wie's Natur und Weis' in dir erheischt*.

2750 Man wird dir Perlen und Smaragden reichen;

Gern mögt' ich daß du alle Fraun im Schloß,

Selbst noch die Kunigunde überstrahlst. –

Was weinst du?

KÄTHCHEN   – Ich weiß nicht, mein verehrter Herr.

Es ist in's Aug' mir was gekommen.

GRAF VOM STRAHL   Ins Auge? Wo?

Er küßt ihr die Tränen aus den Augen.

2755 Nun komm nur fort. Es wird sich schon erhellen.

Er führt sie ab.

---

*Für: Morgen Mittag

*welchem; bei Kleist häufige Verwechslung von Akk. und Dat.

*Hier im Sinne von: unaufdringlich, schlicht

*verlangt

Szene: Schloßplatz, zur Rechten, im Vordergrund, ein Por-
tal. Zur Linken, mehr in der Tiefe, das Schloß, mit einer
Rampe. Im Hintergrund' die Kirche.

Dreizehnter Auftritt

Marsch. Ein Aufzug. Ein Herold eröffnet ihn; darauf Tra-
banten. Ein Baldachin, von vier Mohren getragen. In der
Mitte des Schloßplatzes stehen der Kaiser, der Graf vom
Strahl, Theobald, Graf Otto von der Flühe, der Rheingraf
vom Stein, der Burggraf von Freiburg und das übrige Ge-
folge des Kaisers und empfangen den Baldachin. Unter
dem Portal, rechts Fräulein Kunigunde von Thurneck im
Brautschmuck, mit ihren Tanten und Vettern, um sich dem
Zuge anzuschließen. Im Hintergrunde Volk, worunter
Flammberg, Gottschalk, Rosalie u. s. w.

DER GRAF VOM STRAHL Halt hier, mit dem Baldachin! –
   Herold, tue dein Amt!

DER HEROLD *ablesend:* »Kund und zu wissen sei hiermit
   jedermann, daß der Reichsgraf, Friedrich Wetter vom
   Strahl, heut seine Vermählung feiert, mit Katharina,   2760
   Prinzessin von Schwaben, Tochter unsers durchlauch-
   tigsten Herrn Herrn* und Kaisers. Der Himmel segne
   das hohe Brautpaar, und schütte das ganze Füllhorn
   von Glück, das in den Wolken schwebt, über ihre teuren
   Häupter aus!   2765

KUNIGUNDE *zu Rosalie:* Ist dieser Mann besessen, Rosalie?

ROSALIE Beim Himmel! Wenn er es nicht ist, so ist es darauf angelegt, uns dazu zu machen. –

BURGGRAF VON FREIBURG Wo ist die Braut?

RITTER VON THURNECK Hier, ihr verehrungswürdigen   2770
   Herren!

Kein Setzer-
fehler; viel-
mehr im
Kanzleistil
des 18. Jh.s
übliche ku-
riale Dopp-
lung in der
Titulatur des
Kaisers

FREIBURG Wo?

THURNECK Hier steht das Fräulein, unsere Muhme*, unter diesem Portal!

Hier:
Verwandte

2775 FREIBURG Wir suchen die Braut des Grafen vom Strahl. – Ihr Herren, an euer Amt! Folgt mir und laßt uns sie holen.

Burggraf von Freiburg, Georg von Waldstätten und der Rheingraf vom Stein, besteigen die Rampe und gehen ins Schloß.

DIE HERREN VON THURNECK Hölle, Tod und Teufel! Was haben diese Anstalten zu bedeuten?

Vierzehnter Auftritt

Käthchen im kaiserlichen Brautschmuck, geführt von Gräfin Helena und Fräulein Eleonore, ihre Schleppe von drei Pagen getragen; hinter ihr Burggraf von Freiburg u. s. w., steigen die Rampe herab.

2780 GRAF OTTO ⌈Heil dir, o Jungfrau!⌉

RITTER FLAMMBERG *und* GOTTSCHALK Heil dir, Käthchen von Heilbronn, kaiserliche Prinzessin von Schwaben!

VOLK Heil dir! Heil! Heil dir!

HERRNSTADT *und* VON DER WART *die auf dem Platz geblieben:*

Ist dies die Braut?

2785 FREIBURG Dies ist sie.

KÄTHCHEN Ich? Ihr hohen Herren! Wessen?

DER KAISER Dessen, den dir der Cherub geworben. Willst du diesen Ring mit ihm wechseln?

THEOBALD Willst du dem Grafen deine Hand geben?

2790 GRAF VOM STRAHL *umfaßt sie:* Käthchen! Meine Braut! Willst du mich?

KÄTHCHEN Schütze mich Gott und alle Heiligen!

Sie sinkt; die Gräfin empfängt sie.

DER KAISER Wohlan, so nehmt sie, Herr Graf vom Strahl,
und führt sie zur Kirche!

Glockenklang.

Diese
Beleidigung

KUNIGUNDE Pest, Tod und Rache! Diesen Schimpf* sollt   2795
ihr mir büßen!

Ab, mit Gefolge.

DER GRAF VOM STRAHL ⌜Giftmischerin!⌝

*Marsch: Der Kaiser stellt sich mit Käthchen und dem Gra-
fen vom Strahl unter den Baldachin; die Damen und Ritter
folgen. Trabanten beschließen den Zug. – Alle ab.*

Ende

Kommentar

Entstehung

Die nur spärlich erhaltenen Zeugnisse des Entstehungsprozesses legen den Schluss nahe, dass Heinrich von Kleist – nach seiner Ankunft in Dresden und der Beendigung der *Penthesilea* (vgl. SBB 72) – im Spätherbst 1807 mit der Arbeit an seinem Drama *Das Käthchen von Heilbronn* begann, den Text Anfang Juni 1808 in einer ersten Fassung abschloss und ihn anschließend bis zur Buchausgabe im September 1810 mindestens einmal, wahrscheinlich jedoch mehrere Male umarbeitete. Noch wenige Monate zuvor befand er sich als Kriegsgefangener in Frankreich, unter dem Verdacht, als preußischer Spion gegen Frankreich tätig gewesen zu sein. Aus dem Kriegsgefangenenlager in Châlons-sur-Marne schrieb er einen Brief an Marie von Kleist (1761–1831), in dem sich eine der wenigen poetologischen Äußerungen Kleists findet, wonach Dichtung als bewusste Kunstfertigkeit zur Erzeugung von Imaginationen, als Mimesis nicht von in Natur Gegebenem, sondern von Phantasiebildern beschrieben wird – eine Ansicht, die auch die Texturen der Dramen und Erzählungen wesentlich prägt:

Entste-
hungs-
prozess

> »Erscheinungen rings, d[a]ß man eine Ewigkeit brauchte um sie zu würdigen, u[nd] kaum wahrgenommen schon wieder von andern verdrengt, die eben so unbegriffen verschwinden. In einer der hiesigen Kirchen ist ein Gemälde, schlecht gezeichnet zwar, doch von der schönsten Erfindung die man sich denken kann, und Erfindung ist es überall was ein Werk der Kunst ausmacht. Denn nicht das was den Sinnen dargestellt ist, sondern das was das Gemüth, durch diese Wahrnehmung erregt, sich denkt, ist das Kunstwerk« (SWB 4, S. 379).

Als Erster hat Karl August Böttiger (1760–1835) über die verschiedenen Phasen der Entstehung des Dramas in der Dresdner *Abend-Zeitung* vom 15.12.1819 berichtet:

K. A. Böttiger

> »Heinrich von Kleist [...] vollendete das Käthchen von Heilbronn während seines Aufenthaltes in Dresden im Jahre 1808, las hier seine Dichtung im vertrauten Kreise mehrmals vor und ließ in einem von ihm und A[dam] Müller in demselben Jahre hier herausgegebenen, seinem innern Vollgehalte

nach viel zu wenig bekannt gewordenen Journal für die Kunst, *Phöbus* (im 4. bis 9. Stück des ersten, aber nie zum zweiten fortgeschrittenen Jahrgangs) die *ersten 3 Akte* ganz so, wie sie später im ganzen erschienen, als Probe abdrucken« (*Lebensspuren*, Nr. 268).

Auch wenn die Angaben über den Druck einzelner Teile des Dramas im *Phöbus* nicht korrekt sind – lediglich die Szenen I 1 bis II 13 sind dort in einer (vom Erstdruck an manchen Stellen abweichenden) Fassung erschienen, und auch nur im 4. und 5. sowie im 9. und 10. Stück der Zeitschrift (vgl. Seeba 1987, S. 854 ff.) –, so scheint doch immerhin Böttigers Annahme des Entstehungsorts zutreffend zu sein: Während seiner Zeit in Dresden hat Kleist offenkundig im Spätherbst 1807 mit der ersten Fassung des *Käthchen von Heilbronn* begonnen und diese Anfang Juni 1808 abgeschlossen. Er erwähnt das Stück erstmals in einem Brief vom Spätherbst 1807 an seine Cousine Marie von Kleist, der er bereits zuvor Auszüge aus der *Penthesilea* übersandt hatte: »Jetzt bin ich nur neugierig was Sie zu dem Kätchen von Heilbronn sagen werden denn das ist die Kehrseite der Penthesilea ihr andrer Pol, ein Wesen das ebenso mächtig ist durch gänzliche Hingebung, als jene durch Handeln« (SWB 4, S. 398). Das gleiche physikalische Spannungsbild, unter dem die beiden so konträren Frauengestalten Kleists zu lesen sind, findet sich auch in einem Brief an den ihm bekannten Dichter und Theaterfachmann Heinrich Joseph von Collin (1771–1811) vom 8.12.1808: »Denn wer das Käthchen liebt, dem kann die Penthesilea nicht ganz unbegreiflich sein, sie gehören ja wie das + und – der Algebra zusammen, und sind Ein und dasselbe Wesen, nur unter entgegengesetzten Beziehungen gedacht« (ebd., S. 424).

Hörbar wird an dieser Stelle der Einfluss eines erfolgreichen Buches des Philosophen und Naturwissenschaftlers Christian Ernst Wünsch (1744–1828), bei dem Kleist ab April 1799 an der Viadrina in Frankfurt/Oder Physik studiert hatte. In der 21. Unterhaltung im zweiten Band seiner *Kosmologischen Unterhaltungen für junge Freunde der Naturerkenntniß* (Leipzig ²1794) findet sich eine Einführung in die Lehre von der Elektrizität, in der der Experte Philalethes den Unterschied von »po-

Physikalisches Spannungsbild

C.E.Wünsch

sitiv oder bejahend elektrisch« und »negativ oder verneinend elektrisch« erläutert (ebd., S. 658). Die Bewegung zwischen zwei Körpern, »die nahe genug bei einander hangen«, wird dann wie folgt aufgezeichnet: »so stoßen sie einander von sich, da sie doch im Gegentheile einander anziehen, wenn sie entgegen gesezt elektrisch werden, oder auch wenn man bloß den einen, den andern hingegen gar nicht, elektrisiert« (ebd., S. 662). Beeinflusst von den Axiomen zeitgenössischer Experimente zu Galvanismus und Elektrizität, vor allem der Vorstellung einer Existenz so genannter Leitprinzipien, die als Grundbausteine von Natur und Geist gleichermaßen Bestand haben, macht Kleist das ursprünglich aus dem Magnetismus stammende Prinzip der Polarität zu einer Gedankenfigur seiner Dichtung.

Experimentalkultur

Die brieflichen Zeugnisse zur *Penthesilea* und zum *Käthchen von Heilbronn* lassen erkennen, dass Kleist das naturwissenschaftliche Phänomen einer Polarisierung von Ladungen durch elektrostatische Influenz explizit auf die Gestaltungsprinzipien seiner beiden poetischen Texte überträgt (vgl. auch Schmidt 1978). Jürgen Daiber verdeutlicht in diesem Zusammenhang, dass Kleist jedoch »nicht an die Durchbrechung jener dichotomischen Ordnungsschemata durch ein wie auch immer geartetes synthetisierendes System« glaubt. Durch Erhebung der »Figur des verweigerten Dritten« zu einem »literarischen Narrativ« entscheidet sich Kleist sowohl in der *Penthesilea* (vgl. die entsprechenden Belege in SBB 72) als auch in *Käthchen von Heilbronn* »innerhalb dieser binären Opposition der klassischen abendländischen Episteme [weder] für einen der beiden Pole, noch glaubt er daran, den so schmerzlich wahrgenommenen Binarismus durch Etablierung einer wie auch immer gearteten Metaebene zu einer höheren Einheit verbinden zu können. Stattdessen verharrt Kleists Dichtung in jener für die Moderne so spezifischen Zwitterposition einer so genannten ›Doppelkonditionierung‹, die den Dichter und sein Figurenpotential in die Ordnung des sie umgebenden Systems als gleichermaßen eingeschlossen wie ausgeschlossen begreift« (Daiber 2005, S. 62). Kleists literarisches Narrativ der verweigerten Synthese, das bei aller Rekurrenz auf die romantische Naturphilosophie alles andere als romantisch ist, thematisiert jene Differenz zwischen den

»Figur des verweigerten Dritten«

Polen und Körpern, die kein poetisches Experiment aufzuheben vermag, und begreift sie als generellen Ausdruck der (dann in der Erzählung *Michael Kohlhaas* skizzierten) ›gebrechlichen Einrichtung der Welt‹, die das Figurenpersonal wie ein außer Kontrolle geratenes Pendel hin- und herschwingen lässt, ohne dass ein Stillstand oder gar ein Ruhepol in Sicht wäre. Daraus lässt sich schließen, dass Käthchen nur scheinbar eine engelreine Heilbronner Waffenschmiedstochter ist, stattdessen – und damit Penthesilea gar nicht so unähnlich – eine durchaus irritierende Gestalt verkörpert, die ebenso monomanisch von der Liebe besessen, für die Stimmen der diesseitigen Alltagswelt nicht zugänglich ist und in solcher Obsession nicht weniger Furcht erregend wirkt als die Amazonenkönigin Penthesilea.

Ein anderer Fingerzeig auf die von Kleist skizzierte Bipolarität von *Penthesilea* und *Käthchen von Heilbronn* findet sich in

A. Müller Adam Müllers (1779–1829) Vorrede zu *Amphitryon*, wo dieser die gleichzeitige Verbindung und Überwindung von »Antike« und »Moderne« in Kleists Dramen thematisiert: »Mir scheint dieser Amphitryon weder in Antiker noch Moderner Manier gearbeitet: der Autor verlangt auch keine mechanische Verbindung von beiden, sondern strebt nach einer gewissen poetischen Gegenwart, in der sich das Antike und Moderne – wie sehr sie auch ihr untergeordnet sein möchten, dereinst wenn getan sein wird, was Göthe entworfen hat – dennoch wohlgefallen werden« (SWB 1, S. 380). In den *Fragmenten über dramatische Kunst*, die in mehreren Heften des *Phöbus* 1808 abgedruckt wurden, hatte Müller das antike Theater (als Teil des Dionysos-Kultes) als religiöses gedeutet; Gleiches galt seiner Ansicht nach auch für das moderne, wenn man beispielsweise an das christliche Welttheater eines Calderon dachte. Kleists Zwillingsdramen können dementsprechend nach Ansicht Müllers als »anachronistische« Versuche gelesen werden: einmal (in *Penthesilea*) der Versuch, eine klassische Tragödie in synchroner Wieder- und Um-Schrift der Antike zu verfassen, zum anderen (in *Käthchen von Heilbronn*) der Versuch, ein christliches, mittelalterliches Welttheater im Geist der Moderne zu gestalten. Die Polarität umfasst die gesamten Texturen: Auf der einen Seite die Antike, im Sinne Schellings gekennzeichnet als »real«, »heldenhaft« und bestimmt durch »Natur«, »Mythologie« und »tragisches Ende«, dort die Moderne, die »ideal« ist und »romantisch«, »Geschichte« darstellt, mit dem Eingriff des »Wunderbaren« verbunden ist und mit einer scheinbaren »Versöhnung« endet (vgl. hierzu Zimmermann 1989, S. 228 ff.).

Das zweite wichtige Dokument zur Entstehungsgeschichte setzt den Abschluss der ersten Fassung bereits voraus. Am 7.6.1808 schlägt Kleist dem Tübinger Verleger Johann Friedrich Cotta (1764–1832) »in Betreff einiger Manuskripte, die ich vorrätig liegen habe« die Übernahme eines Taschenbuches vor, für das er jährlich ein Drama mit Zeichnungen seines Dresdner Malerfreundes Ferdinand Zimmermann (1774–1842) »überliefern würde«, um wenig später zu präzisieren: »Ich würde, in diesem Jahre, das *Käthchen von Heilbronn* dazu bestimmen, ein Stück, das mehr in die romantische Gattung schlägt, als die übrigen« (SWB 4, S. 417). Einem Bericht Ludwig Tiecks (1773–1853) zufolge, der sich in seiner *Vorrede* zur Herausgabe von Kleists *Hinterlassenen Schriften* (Berlin 1821) findet, ist das *Käthchen* im Sommer 1808 in Dresden fertig geworden. Tieck schreibt: »Der Herausgeber dieses Nachlasses lernte ihn im Sommer 1808 in Dresden kennen. Er hatte damals eben sein Schauspiel Käthchen von Heilbronn vollendet« (*Lebensspuren*, Nr. 274a).

Kontakt zu Cotta

In den Folgemonaten bemühte sich Kleist, sein Drama an verschiedene Bühnen zu verkaufen. Zunächst machte er sich vor allem Hoffnungen auf eine Aufführung in Dresden. An seine Schwester Ulrike schrieb er diesbezüglich im August 1808:

Kontakt zu Bühnen

»Ich habe jetzt wieder ein Stück, durch den hiesigen Maître de plaisir, Grf. Vizthum [Karl Graf von Vitzthum (1767–1834), Direktor (»Maître de plaisir«) des Dresdener Königlichen Theaters], an die Sächsische Hauptbühne verkauft, und denke dies, wenn mich der Krieg nicht stört, auch nach Wien zu thun; doch nach Berlin geht es nicht, weil dort nur Übersetzungen kleiner französischer Stücke gegeben werden; und in Cassel ist gar das deutsche Theater ganz abgeschafft und ein französisches an die Stelle gesetzt worden« (SWB 4, S. 420).

Ein Honorar für eine Bühnenaufführung wurde zur damaligen Zeit jedoch nur gezahlt, solange das Stück noch nicht veröffentlicht war. Diesen Umstand griff Kleist in seinem zweiten Brief an Cotta vom 24.7.1808 auf:

»Was das *Taschenbuch* betrifft, so übergebe ich mich damit nunmehr, so wie mit Allem, was ich schreibe, ganz und gar in Ew. Wohlgeboren Hände. Wenn ich *dichten* kann, d. h. wenn ich mich mit jedem Werke, das ich schreibe, so viel erwerben kann, als ich nothdürftig brauche, um ein zweites zu schreiben; so sind alle meine Ansprüche an dieses Leben erfüllt. Das Schauspiel, das für das Taschenbuch bestimmt ist, wird hoff' ich, in Wien aufgeführt werden. Da bisher noch von keinem Honorar die Rede war, so hindert dies die Erscheinung des Werkes nicht; inzwischen wünschte ich doch, daß es so spät erschiene, als es Ihr Interesse zuläßt. Ich bitte also, mir gefälligst [...] den äußersten Zeitpunct vor Michaeli [das katholische Michaelifest wird am 29. September gefeiert; von Kleist hier mit Blick auf die jährliche Buchmesse im Herbst erwähnt] zu bestimmen, da Sie das Manuscript zum Druck in Händen haben müssen« (ebd., S. 419).

Kleists Hoffnung, sein *Käthchen von Heilbronn* in Wien zur Aufführung zu bringen, konkretisierte sich in den nächsten Monaten. Mit Brief vom 2.10.1808 bot er von Dresden aus Collin, der mit dem Wiener Burgtheater verbunden war, eine vornehmlich für die Bühne bearbeitete Fassung des Dramas an: »Das Käthchen von Heilbronn, das ich für die Bühne bearbeitet habe, lege ich Ew. Hochwohlgeb. hiermit ergebenst, zur Durchsicht und Prüfung, ob es zu diesem Zweck tauglich sei, bei. Indem ich noch bitte, mir, wenn es Ihren Beifall haben, und die Bühne es an sich zu bringen wünschen sollte, diesen Umstand gefälligst bald anzuzeigen, damit mit dem Druck, in Tübingen bei Cotta, der das Werk in Verlag nimmt, nicht vorgegangen werde [...]« (ebd., S. 422 f.). Am 2.12.1808 hat Kleist das von der »K.K. Theaterkasse« erhaltene Honorar (300 Gulden) für das *Käthchen* quittiert; der folgende Brief vom 8.12.1808 an Collin zeigt jedoch, dass das Drama für die Aufführung noch einmal von diesem bearbeitet und gekürzt werden sollte: »Das Käthchen von Heilbronn, das, wie ich selbst einsehe, nothwendig verkürzt werden muß, konnte unter keine Hände fallen, denen ich dies Geschäfft lieber anvertraute, als den Ihrigen. Verfahren Sie ganz damit, wie es der Zweck Ihrer Bühne erheischt. Auch die Berliner Bühne, die es aufführt, verkürzt es; und ich selbst werde vielleicht noch, für andere Bühnen, ein Gleiches damit vornehmen« (ebd., S. 424).

Mit dem *Käthchen* schielte Kleist in erster Linie aufs Publikum, nachdem die kompromisslose *Penthesilea* nicht die geringste Chance im zeitgenössischen Theaterbetrieb hatte. Gleichwohl war er sich der Unzeitgemäßheit auch seines »große[n] historische[n] Ritterschauspiel[s]« durchaus bewusst, als er die in Wien geplante Aufführung des *Käthchen* zugunsten des Ende 1808 beendeten und – angesichts des von Kleist ersehnten, aber erst im Frühjahr 1809 beginnenden Befreiungskrieges der Österreicher gegen Napoleon – politisch deutlich brisanteren Dramas *Die Herrmannsschlacht* zurückstellen wollte, das ihm »seines Erfolges sicherer« zu sein schien (Kleist an Collin, 1.1.1809; ebd., S. 426), weil es »auf keinem so entfernten Standpunct gedichtet ist, als ein früheres, das jetzt daselbst [in Wien] auf die Bühne kommt«, wie Kleist in einem Brief an Karl Freiherr von Stein zum Altenstein (1757–1831) vom selben Tag konstatiert (ebd., S. 426 f.). Aber auch wenig später, als die Aktualität und politische Tendenz der *Herrmannsschlacht* von den Ereignissen in Europa eingeholt wurde, vermochte Kleist nicht an einen Erfolg des zeitfernen *Käthchen von Heilbronn* zu glauben. Daher bat er seinen ehemaligen Regimentskameraden, den mit seiner Cousine verheirateten Gouverneur der Kriegsschule in Berlin Karl von Gleißenberg (1771–1813), »ein Paar ältere Manuscripte zu verkaufen; doch das eine wird, wegen seiner Beziehung auf die Zeit, schwerlich einen Verleger, und das andere, weil es keine solche Beziehung hat, wenig Interesse finden« (Kleist an seine Schwester Ulrike, 17.7.1809; ebd., S. 437). Es verwundert deshalb nicht, dass Kleist das Manuskript seines Dramas erst am 12.1.1810 an Cotta übersendet:

»Ew. Wohlgeboren habe ich die Ehre, Ihrem Brief vom 1ᵗ Juli [180]8 gemäß, das Käthchen von Heilbronn zu überschicken. Mehrere Reisen, die ich gemacht, sind Schuld, daß ich das Versprechen, es zum Druck zu liefern, erst in diesem Jahr nachkomme. Ich erhielt einen Brief von HE. v. Collin, kurz vor dem Ausbruch des Kriegs, worin er mir schreibt: die Rollen wären ausgetheilt, und es sollte unmittelbar, auf dem Theater zu Wien, gegeben werden. Weiter weiß ich von seinem Schicksal nichts. Es steht nun in Ew. Wohlg. Willen, ob es in Taschenformat, oder auf andere Weise, erscheinen soll; obschon mir Ersteres, wie die Verabredung war, lieber wäre. Ich würde, wenn es Glück macht, jährlich Eins, von der romantischen Gattung, liefern können« (ebd., S. 439 f.).

Cotta war inzwischen jedoch von seinen Plänen, Kleists Schauspiel zu verlegen, abgerückt. Nachdem Kleist in einem Schreiben an den Verleger vom 4.3.1810 dringend um Auskunft »über das Schicksal dieses Manuscripts, das mir sehr am Herzen liegt« (ebd., S. 441) gebeten hatte, kam Cottas bereits am 22.2.1810 formulierte Antwort auf Kleists ersten Brief vom Januar des Jahres einer diplomatischen Absage gleich, auf die Kleist am 1.4. antwortete: »Aus Ew. Wohlgebohren Schreiben vom 22^t Feb. d. ersehe ich, daß Dieselben das Käthchen von Heilbronn, im Laufe dieses Jahres, nicht drucken können. Da mir eine so lange Verspätung nicht zweckmäßig scheint, so muß ich mich um einen anderen Verleger bemühen, und ich bitte Ew. Wohlgeb. ergebenst, mir das Manuskript mit der Post zuzuschicken« (ebd., S. 444). Cottas Weigerung, Kleists Drama zu drucken, steht möglicherweise in Zusammenhang mit dem erheblichen Misserfolg der zuvor verlegten *Penthesilea*. So beklagte der Verleger schon im November 1808 gegenüber Karl August Varnhagen von Ense (1785–1858) den Fehler, das Trauerspiel so unbesehen übernommen zu haben, wie in Varnhagens *Denkwürdigkeiten des eignen Lebens* (1843) nachzulesen ist: »Wir sprachen von Heinrich von Kleists Penthesilea, die er verlegt hat, er war unzufrieden mit dem Erzeugnis, und wollte das Buch gar nicht anzeigen, damit es nicht gefordert würde [...]« (*Lebensspuren*, Nr. 278).

Inzwischen war der am 9.4.1809 mit dem Einmarsch österreichischer Truppen nach Bayern beginnende Krieg Österreichs gegen Napoleon im Frieden von Schönbrunn (14.10.1809) zu einem vorläufigen Ende gekommen, so dass nun die längst geplante Aufführung des *Käthchen von Heilbronn* wieder möglich wurde. Am 17.3.1810 wurde das Drama schließlich – in einer vermutlich von Collin erstellten Bühnenfassung, die aus Zensur-

Uraufführung

Kommentar

rücksichten den im Stück erwähnten Kaiser in einen Herzog von Schwaben verwandelte – am Theater an der Wien uraufgeführt, das damals zu den bedeutendsten deutschen Musik- und Sprechtheatern zählte. Hier wurden u. a. zahlreiche bedeutende Kompositionen Ludwig van Beethovens (1770–1827) uraufgeführt: am 7.4.1805 die 3. Sinfonie, am 20.11.1805 die Oper *Fidelio*, am 23.12.1806 das Violinkonzert D-Dur und am 22.12.1808 die Sinfonien Nr. 5 und 6. Ferner hatte hier gerade in dieser Zeit, unter der Leitung des für das Schauspiel verantwortlichen Ferdinand Graf Palffy (1774–1844), das historische Ausstattungsstück Vorrang, in dessen Rahmen »das große historische Ritterschauspiel« *Käthchen von Heilbronn* bestens passte. Der Ironie der Geschichte ist es also geschuldet, dass nach Napoleons Sieg in Wien nicht mehr die *Herrmannsschlacht*, die den bevorstehenden Kampf gegen Napoleon beflügeln sollte, sondern, ausgerechnet im Anschluss an die dynastische Besiegelung des Sieges über Österreich (durch Napoleons Heirat mit der Tochter des österreichischen Kaisers Franz I., Marie Luise [1791–1847] am 11.3.1810), das *Käthchen von Heilbronn* zur Aufführung gelangte.

Bekannt ist ferner, dass Kleist, trotz seiner früheren Beteuerung (in seinem Brief an die Schwester Ulrike vom August 1808) das *Käthchen von Heilbronn* zuerst in Berlin aufführen lassen wollte. Hierfür setzte sich der mit Kleist bekannte Major Otto Friedrich Ludwig von Schack (1763–1815) im Winter 1808 bei August Wilhelm Iffland (1759–1814) ein, der seit 1796 Direktor des Berliner Nationaltheaters war. Allerdings waren die Bemühungen Schacks ebenso wenig von Erfolg gekrönt wie die späteren Vermittlungsversuche des Hofrats Wilhelm Römer. Als daraufhin Iffland das ihm zur Verfügung gestellte Manuskript sofort mit einer Absage an Kleist zurückgeben ließ, antwortete der offensichtlich gekränkte Dichter mit einem Brief vom 12.8.1810, der in der Berliner Gesellschaft rasch publik wurde, zumal sich Kleist darin durch eine Anspielung auf Ifflands allgemein bekannte Homosexualität rächen wollte: Konflikt mit A. W. Iffland

»Wohlgebohrner Herr, Hochzuverehrender Herr Director! Ew. Wohlgeboren haben mir, durch HE. Hofrath Römer, das, auf dem Wiener Theater, bei Gelegenheit der Vermählungsfeierlichkeiten, zur Aufführung gebrachte Stück, das Käthchen von Heilbronn, mit der Äußerung zurückgeben lassen: es gefiele Ihnen nicht. Es thut mir Leid, die Wahrheit zu sagen, daß es ein Mädchen ist; wenn es ein Junge gewesen wäre, so würde es Ew. Wohlgeboren wahrscheinlich besser gefallen haben« (SWB 4, S. 448).

Iffland ließ sich jedoch durch Kleists Brief nicht provozieren, rekurrierte in seiner Antwort an den Dichter vielmehr auf dessen früheres (nicht überliefertes) Urteil über die mangelnde Bühnenfähigkeit des *Käthchen von Heilbronn*:

»Hochwohlgebohrner Herr! Als Major von Schack mir Ihr Trauerspiel Käthgen von Heilbron übergab, habe ich nach meiner Ueberzeügung und den Pflichten meiner Stelle erwiedert – daß ich die bedeütenden dramatischen Anlagen ehre, welche diese Arbeit darthut, daß aber das Stück in der Weise und Zusammenfügung, wie es ist, auf der Bühne sich nicht halten könne. Nach denen aus Wien erhaltnen Nachrichten von den wen[i]gen Vorstell[un]gen des Stückes daselbst hat sich dieses auch also bestätigt« (ebd., S. 449).

Im Gegensatz zu den negativen Nachrichten, die Iffland von der Wiener Aufführung erhalten haben will, berichteten die Zeitungen übereinstimmend, das *Käthchen von Heilbronn* sei zwar »mit sehr geteiltem Beifall« gegeben worden, »aber doch mit solchem Zulaufe, daß das Stück drei Tage hintereinander gespielt wurde« (so die *Vossische Zeitung* am 12.4.1810; *Lebensspuren*, Nr. 354a). Kleists Konflikt mit Iffland wurde umgehend, wie einem Brief Friedrich de la Motte Fouqués (1777–1843) an Varnhagen von Ense vom 11.10.1810 zu entnehmen ist, zum Gegenstand des gesellschaftlichen Klatsches in Berlin (vgl. *Lebensspuren*, Nr. 365a). Kleist, der zu dieser Zeit in Berlin wohnte, ließ auch in der Folgezeit keine Gelegenheit verstreichen, gegen den häufig von Berlin abwesenden Direktor des Berliner Nationaltheaters zu polemisieren. So wurden die ab 1.10.1810 erscheinenden *Berliner Abendblätter*, die Kleist zusammen mit Adam Müller herausgab, mit der Mitteilung angezeigt, »daß ihre Tendenz dahin gerichtet ist, einige Sarkasmen gegen Individuen in Umlauf zu bringen, hauptsächlich gegen das hiesige Nationaltheater und dessen Direktor, Herrn *Iffland*«

(ebd., Nr. 414a; vgl. auch Kleists sarkastisches Gedicht »An unsern Iffland bei seiner Zurückkunft in Berlin den 30. September 1810«; SWB 3, S. 443 f.).

Am 10.8.1810 wandte sich Kleist an den Berliner Verleger und Inhaber der 1750 gegründeten Realschulbuchhandlung Georg Andreas Reimer (1776–1842), der zur selben Zeit mit der Drucklegung von Kleists erstem Band der Erzählungen beschäftigt war, mit der Frage: **Kontakt zu Reimer**

> »Wollen Sie mein Drama, das Käthchen von Heilbronn, zum Druck übernehmen? Es ist den 17^t 18^t und 19^t März, auf dem Theater an der Wien, während der Vermählungsfeierlichkeiten, zum Erstenmal gegeben, und auch seitdem häufig, wie mir Freunde sagen, wiederholt worden. Ich lege Ihnen ein Stück, das, glaube ich, aus der Nürnberger Zeitung ist, vor, worin dessen Erwähnung geschieht. Auch der Moniteur [gemeint ist die Pariser Zeitung *Le Moniteur*, in der am 2.5.1810 die Wiener Aufführung besprochen wurde] und mehrere andere Blätter, haben darüber Bericht erstattet« (SWB 4, S. 447).

In der Folgezeit korrespondierte Kleist mit Reimer wiederholt und in unverhohlenem Klageton über die Drucklegung und das zu zahlende Honorar, das sich schließlich auf insgesamt 75 Taler belief (vgl. *Lebensspuren*, Nr. 367). Kurz vor der Auslieferung der Erstausgabe des *Käthchen von Heilbronn* (gemeinsam mit den Erzählungen) zur Michaelismesse im September 1810 bot Kleist seinem Verleger in einem Brief vom 8.9.1810 gar noch die Bereitschaft zur Korrektur an: »Wenn Sie bei der Revision des Käthchens Anstoß nehmen bei ganzen Worten und Wendungen, so bitte ich mir den Revisionsbogen gefälligst noch einmal zurück« (SWB 4, S. 452). **Erstausgabe**

Nach dem Druck der Fragmente im *Phöbus* (im April/Mai-Heft, das Anfang Juni 1808 erschien, und im September/Oktober-Heft, das erst Anfang 1809 ausgeliefert wurde) lag das *Käthchen von Heilbronn* nun erstmals komplett vor. Hans Joachim Kreutzer zufolge hat sich die hypothetisch ermittelte Entstehungsgeschichte in folgenden Schritten vollzogen: »[D]as erste P-Fragment gehört der ältesten erhaltenen Fassung an, das zweite bereits der umgestaltenden Bühnenbearbeitung. Der Erstdruck zeigt eine energische Kürzung, weitgehend auf Grund

äußerer Erfordernisse des Theaters« (Kreutzer 1968, S. 173 f.).
Markante Unterschiede zwischen der *Phöbus*-Fassung und dem
Erstdruck (vgl. hierzu Seeba 1987, S. 966) haben schon früh zu
(allerdings erfolglosen) Spekulationen über die Möglichkeiten
einer Urfassung geführt, die sich gerne auf eine Aussage Kleists
in einem Brief an Marie von Kleist vom Mai 1811 stützen: »Das
Urtheil der Menschen hat mich bisher viel zu sehr beherrscht;
besonders das Kätchen von Heilbronn ist voll Spuren davon [.]
Es war von Anfang herein eine ganz treffliche Erfindung, und
nur die Absicht, es für die Bühne paßend zu machen, hat mich zu
Mißgriffen verfuhrt, die ich jetzt beweinen mogte« (SWB 4,
S. 484).

Wirkungsgeschichte

Keinem anderen Werk Heinrich von Kleists ist eine »so breite und kontinuierliche Rezeption« (Grathoff 1994, S. 101) zuteil geworden, kein anderes Werk ist das gesamte 19. Jahrhundert hindurch auf der Bühne so präsent und beliebt gewesen wie das *Käthchen von Heilbronn*, lange in der Bearbeitung von Franz Holbein, dann in der von Heinrich Laube. Dabei ist augenscheinlich, dass der unbestreitbare Erfolg des Stücks durch dessen Reduktion und Entstellung – die provokativen Seiten des Dramas, wie vor allem der Ehebruch des Kaisers, wurden gelöscht oder zumindest retuschiert (Theobald wurde mal als Pflegevater Käthchens, mal als ihr Großvater oder Onkel ausgegeben) – sowie aufgrund einer gewaltigen Fehl-Lektüre erkauft wurde, in deren Folge Kleist zum romantischen Ritterstück-Verfasser degradiert wurde, der vorgeblich mit seinem fügsamen Käthchen ein Bild der Frau schuf, das man lange goutierte. Für den Erfolg des Schauspiels war dessen Verfasser quasi nicht vonnöten, weil es dem Publikum in erster Linie darauf ankam, das Drama innerhalb des romantischen Diskurses zu verorten, und weniger, nach dessen ästhetischen Gehalt zu fragen. Es hatte deshalb großen Erfolg, »weil es von der Romantik bis zum Wilhelminismus der Mittelalter-Sehnsucht entgegenkam und das stoffliche Interesse an edlen Rittern und bösen Weibern, braven, züchtigen Bürgerstöchtern und huldvollen Märchenkaisern, unheimlicher Geheimjustiz und prophetischer Traumpsychologie, an Burgbränden und im Glanz ihrer Göttlichkeit auftretenden Schutzengeln mit allen Mitteln der Dramaturgie, Charakterisierung und Bühnentechnik befriedigen konnte« (Seeba 1987, S. 943).

Erfolg des Dramas

In Würzburg hat Kleist schließlich erfahren, was das zeitgenössische Publikum liebte. In einem Brief an Wilhelmine von Zenge vom 14.9.1800 gibt er die Antwort eines Leihbibliothekars wieder, der auf die Frage, was denn für Bücher in seinen Regalen stünden, wenn er nichts von Wieland, Goethe oder Schiller hätte, antwortete: »*Rittergeschichten, lauter Rittergeschichten, rechts die Rittergeschichten mit Gespenstern, links ohne Gespenster, nach Belieben*« (SWB 4, S. 121).

Anhand der überlieferten Quellen lässt sich die faktische Präsenz des *Käthchen von Heilbronn* in der literarischen Öffentlichkeit des frühen 19. Jahrhunderts einigermaßen gut bestimmen. Im Vergleich zu anderen Dramen weit verbreitet war die Textgrundlage als Lesestück, wobei weniger auf den Druck in den Gesamt- oder Teilausgaben der Werke Kleists zurückgegriffen wurde als in den ›Volksausgaben‹, die »im Zeichen des expandierenden literarischen Marktes mit günstigen Preisen für einfach ausgestattete Bücher neue Leserschichten erreichen wollten« (Lütteken 2004, S. 121). Von Kleists Tod (1811) bis zur Mitte der 1870er Jahre wird das Drama in der Presse, aber auch in Fachmonographien oder Lexika besprochen, meist, um Anlage und Inhalt zu loben, seltener, wie es primär im Umfeld des klassischen Idealismus geschehen ist, um es als Negativ-Beispiel romantischer Literatur zu kritisieren oder als Darstellung des Irrationalen, Mystischen und Somnambulen zu verwerfen

›Krankhaftigkeit‹ des Stücks

und damit die ›Krankhaftigkeit‹ des Stücks mit dem Gemütszustand des Dichters engzuführen. Bereits Karl August Böttigers in seiner (anonymen) Rezension des *Phöbus*-Fragments im *Freymüthigen* vom 10./11.6.1808 geäußerter Eindruck, die Anlage des Dramas sei insgesamt »romantisch [...], wenn man darunter unbegreiflich versteht« (*Lebensspuren*, Nr. 267), lässt kritische Töne anklingen und entspricht Kleists eigener Klassifizierung des Stücks in einem Brief vom 7.6.1808 an Johann Friedrich Cotta: »ein Stück, das mehr in die romantische Gattung schlägt, als die übrigen« (SWB 4, S. 417). Gerade dieser deutlich wahrnehmbare romantische Geist hat die Kritiker der Romantik zu herablassender Häme animiert. Nachdem schon Friedrich

F. W. Gubitz

Wilhelm Gubitz (1786–1870) im *Morgenblatt für gebildete Stände* vom 5.12.1810 das *Käthchen von Heilbronn* als »unterhaltend für alle, die mit der Vernunft fertig geworden sind« (*Lebensspuren*, Nr. 372) angekündigt hatte, beschäftigte sich auch der *Allgemeine Deutsche Theater-Anzeiger* (Leipzig 1811) mit der Frage, »ob es bei einem wirklich gesunden Gemütszustande verfaßt ist, so sehr treiben sich einzelne Schönheiten mit den widersinnigsten Ausgelassenheiten in einem tollen Gemische durcheinander. Die Phantasie scheint sich von der Herrschaft der Vernunft ganz befreit zu haben, und die Diktion besonders beurkundet eine solche poetische Trunkenheit, daß man sich des Lachens, nachdem das erste Erstaunen vorüber ist, durchaus nicht erwehren kann« (ebd., Nr. 371). Die offenkundig schnell erfolgte Etikettierung des Stücks als ›romantisch‹ hat etwa Friedrich Weissers (1761–1836) Verriss zur Folge, der nach Kleists Selbstmord im *Morgenblatt für gebildete Stände* vom 27.12.1811 erschien, um zu unterstreichen, dass Kleist »einer der berüchtigtsten Jünger der berüchtigten romantisch-mystischen Schule« sei: »[D]er Verfasser des Käthchens von Heilbronn war ein unheilbarer Kranker, der durch die schauder-erregende Tat, mit welcher er den Schauplatz des Lebens verließ, weniger Abscheu, als Mitleid einflößt.« Weissers Schmähartikel gipfelt in der harschen Verurteilung der Romantik:

F. Weisser

Verurteilung der Romantik

> »Unsere Literatur ist ein verpesteter Sumpf, der beinahe nichts als Basilisken ausbrütet. Eine Rotte unwissender, selbstsüchtiger und wahnsinniger Knaben, mit und ohne Bart, predigt öffentlich und in allen möglichen Formen den Aberglauben der finsteren Zeiten, und wer nicht mitrast, oder gar gegen das einreißende Verderben eine warnende Stimme erhebt, darf sich auf Pasquille, auf den Namen eines Plattisten, und wie die Modeschimpfwörter des Rabengesindels heißen, und auf alle ersinnlichen Nichtswürdigkeiten gefaßt halten, und wird sogar von Leuten angefeindet, welche die Miene annehmen, als ob die Veredlung der Menschheit ihr einziges Streben wäre« (*Nachruhm*, Nr. 24).

Aber selbst bei Vertretern der Romantik stieß Kleists Drama nicht auf einhellige Zustimmung. Während Clemens Brentano (1778–1842) und Justinus Kerner (1786–1862) »das romantische Spiel« lobten (*Lebensspuren*, Nr. 351) und es »mit ungemeinem Vergnügen« (ebd., Nr. 346) gelesen haben, ist es Friedrich de la Motte Fouqué, der Kleists Stücke stets mit großer Anteilnahme in der Öffentlichkeit verteidigte, »sehr widrig erschienen«, auch wenn es »bei seinen Freunden den rauschendsten Beifall finden sollte« (Brief an Karl August Varnhagen von Ense, 26.9.1808; *Lebensspuren*, Nr. 289b). Auch Friedrich Schlegel (1772–1829) hielt das *Käthchen* in seiner (am 28.3.1810 im *Österreichischen Beobachter* erschienenen) Besprechung der Wiener Aufführung für »ein Stück ohne innre Kraft und Einheit«:

Reaktionen der Romantiker

F. Schlegel

»Ein Held, schwankend zwischen der Magie der wahren Liebe, der Unschuld eines scheinbar geringen Mädchens, und
dem falschen Gaukelspiel einer Lasterhaften, könnte schon
ein glücklicher Stoff sein, und gern wollten wir dem Dichter
Donnerwetter und Feuersbrünste, Engel und Vehmrichter,
Zweikampf und Nacht, Gift und Hochzeit nebst allen übrigen
ritterlichen Zubehör gestatten; wenn er diese poetischen Frei-
heiten nur als *Dichter* gebrauchte, jenen dramatischen Stoff
auch *dramatisch* mit Kunst, mit Verstand im Gebiete der
Phantasie ausgeführt hätte« (ebd., Nr. 353).

W. Grimm
Zu einem wesentlich positiveren Urteil gelangte Wilhelm
Grimm (1786–1859), der die Buchausgabe anonym in der *Zeitung für die elegante Welt* vom 29.10.1810 rezensierte und dabei – als einer der Ersten – die eminente Bedeutung des Traums
als Präfiguration und Verdichtung des romantischen Textes er-
kannte:

»Wir glauben nicht zu viel zu sagen, wenn wir behaupten, daß
der Verfasser dieses großen Ritterschauspiels der erste und
einzige ist, welcher wahren Beruf zeigt, und daß er weiß,
was er will und soll, und der auch wirklich kann, was er will.
Am unzweideutigsten erhellt dieses, nach unserer Meinung,
vornehmlich daraus, daß das ganze Werk durchweg aus *einem* Gusse ist; daß alles sich leicht und natürlich auf seinen
Mittelpunkt bezieht; daß nirgends eine Spur sich findet von
gekünstelter Zusammensetzung, von fremdartigen Zusätzen,
von spielenden Ausschmückungen. Wie die erste Szene, so die
letzte – alles ist in *einem* Geist; im ersten Akte ist das Ganze
schon im Kleinen, gleichsam im Keime, enthalten, aus dem es
allmählich zu einer herrlichen Größe heranwächst. Dies alles
beweist, daß das Drama ein wahrhaftes, aus tiefster Begeisterung entsprungenes Werk ist. Und, wie sich eigentlich von
selbst versteht, der Gegenstand spricht durch sich selbst, stellt
sich selbst unmittelbar dar; in lebendiger Gegenwart wird er
vor die Phantasie hingezaubert, daß sie ihn gleichsam um-
fassen, sich in ihm verlieren *muß*. Alles ist voll Leben und
Bewegung, alles hat Leib und Seele, und charakterlosen Luft-
gestalten, solchen Schwindeleien, wie die Aftermystik erzeugt
hat, begegnet man nirgends. Und doch sind die beiden Haupt-

momente, worauf das Drama sich stützt, mystischer Art –
zwei Träume nämlich, die sich wechselseitig beglaubigen,
und auf diese mystische Beglaubigung begründet sich eine
Behauptung mit einer Zuversicht, als sei von einer unmittel-
baren gewissen Erfahrung die Rede – und diese entscheidende
Behauptung endlich bewährt sich durchaus als wahr und gegründet. Schon aus dieser allgemeinen Andeutung läßt sich
auf die Kühnheit dieser Dichtung schließen, die auch, wenn
nicht alles Vorhergehende außerordentlicher Art wäre, und
auf etwas Höheres die Erwartung spannte, in das gemein
Abenteuerliche fallen und sich keinen Glauben erwerben würde. Was dem Dichter den Glauben verbürgt, ist teils äußerer
Art, und diese inneren Motive sind es eigentlich allein, die die
Phantasie gleichsam gefangennehmen, und, indem sie dem
geheimen Wunsche in jeder menschlichen Brust entsprechen,
durch das Gefühl mitreißen« (ebd., Nr. 369).

An Grimms Überlegungen zum Wahrheitsanspruch erzählter
Träume anknüpfend, fühlte sich E. T. A. Hoffmann (1776 bis
1822), der Dekorationen für eine Bamberger Aufführung des
Dramas entwarf, vom *Käthchen von Heilbronn* »in eine Art
poetischen Somnambulismus« versetzt, »in dem ich das Wesen
der Romantik in mancherley herrlichen leuchtenden Gestaltun-
gen deutlich wahrzunehmen und zu erkennen glaubte« (E. T. A.
Hoffmann an Julius Eduard Hitzig, 28.4.1812, in: ders., *Brief-
wechsel*. Hg. von Friedrich Schnapp, Bd. 1, München 1967,
S. 335). Für Hoffmann führte Kleists Drama in die unerklärlichen Tiefen menschlicher Seelen, in die herabzusteigen auch
er sich in seinen Erzählungen und Märchen bemühte, wobei in
diesen Tiefen bei ihm eher Gespenster, Automaten und Reve-
nants als junge Mädchen ansichtig werden.

Bemerkenswert erscheint auf den ersten Blick, dass das *Käthchen von Heilbronn* Kleists größter Bühnenerfolg geworden ist.
Obwohl die Dresdener Freunde (nach einer Erinnerung Karl
August Böttigers) diesem »regellosen« Drama »die Bühnenfähigkeit« abgesprochen hatten (*Lebensspuren*, Nr. 268), Wilhelm Grimm behauptet hatte, dieses Traumspiel sei »für das
Theater nicht gemacht« (ebd., Nr. 369) und kein Geringerer
als Johann Wolfgang Goethe (1749–1832), einer von Ernst Wil-

E.T.A.
Hoffmann

J. W. Goethe

helm Weber (*Zur Geschichte des Weimarischen Theaters*, Weimar 1865, S. 268) überlieferten Anekdote zufolge, nach der Lektüre des Dramas dasselbe als »ein wunderbares Gemisch von Sinn und Unsinn« bezeichnet und anschließend »in das lodernde Feuer des Ofens mit den Worten: ›Das führe ich nicht auf, wenn es auch halb Weimar verlangt.‹« geworfen haben soll (*Lebensspuren*, Nr. 385), wurde Kleists Drama im 19. Jahrhundert jenes »Zug- und Kassenstück«, das Böttiger schon 1808 in seiner Rezension des *Phöbus*-Fragments erwartet hatte (vgl. ebd., Nr. 267). Überhaupt ist das Theater als der eigentliche Rezeptionsort dieses Stücks auszumachen. Wirft man einen Blick in die Theaterchroniken der Jahre 1810 bis 1840, so lässt sich schon aus der eindrucksvollen Zahl der Spielorte die ungeheure Popularität des *Käthchen* ableiten, das dort im gleichen Atemzug mit Grillparzer und Iffland, Schiller oder Kotzebue genannt wird (vgl. hierzu ausführlich Seeba 1987, S. 904 ff.). Die Reaktionen nicht weniger prominenter Leser und Theaterzuschauer fügen sich in dieses Bild eines weithin bekannten, erfolgreichen und auch überaus volkstümlichen, aber nicht unumstrittenen Schauspiels.

L. Börne   Ludwig Börne (1786–1837) etwa hat nach einer Frankfurter Aufführung das Drama im Oktober 1818 in seiner Zeitschrift *Die Waage* besprochen, diese Besprechung (als Nr. 25) auch in seine *Dramaturgischen Blätter* (1829) aufgenommen und damit das Urteil der Jungdeutschen entscheidend beeinflusst: »Fürwahr, es ist Mark darin und Geist und Schönheit« (Ludwig Börne, *Sämtliche Schriften*, Bd. 1. Hg. von Inge und Peter Rippmann, Düsseldorf 1964, S. 303). Gleichwohl kam Börne nicht umhin, einen der beiden »Flecke« (der andere sei die »wirkliche Erscheinung des Cherubs«) zu markieren, durch die Kleists Schauspiel verunstaltet werde, das ansonsten aber ein dramaturgischer »Edelstein« sei, »nicht unwert, an der Krone des britischen Dichterkönigs [gemeint ist: William Shakespeare] zu glänzen«. Der von Börne pointierte »Fleck« bezieht sich auf Kunigundes künstlichen Körper: »Gibt es eine tollere Erfindung als dieses Fräulein, welche durch Schönheit und Liebreiz allen Rittern des Landes den Kopf verrückt, und am Ende sich als eine garstige Hexe kundgibt, die mit falschen Zähnen, aufgelegter

Schminke und einem schlankmachenden Blechhemde die Göttin Venus vorzulügen verstand?« (*Nachruhm*, Nr. 514). Bereits diese Äußerung Börnes ist bezeichnend für das Unverständnis und die fast schon programmatische Fehl-Lektüre, der die Figur der Kunigunde unterzogen wurde. Es sei »dieses Fräulein von Thurneck im Bade«, merkt der Rezensent des *Morgenblatts für gebildete Stände* anlässlich einer Inszenierung des Dramas »auf dem Isar-Theater« zu München im April 1816 an (8.5.1816; ebd., Nr. 511), geradezu typisch für die diesem eigenen »widerwärtigen Modernitäten«, mit der pejorativen Konnotation des Begriffs auf das Bizarre, bewusst Regellose und Abscheu Provozierende abzielend. Mit dem Vorwurf der Modernität sollte in erster Linie die Dichtung der Romantik, die Friedrich Schlegel in seinen programmatischen Schriften (z. B. in seinem Aufsatz *Über das Studium der griechischen Poesie*, 1795) gerne als ›moderne Poesie‹ bezeichnete, getroffen und als pathologisch abgestempelt werden. Noch Wolfgang Menzel (1798–1873), W. Menzel der Denunziant der Jungdeutschen, gelangte in seinem Buch *Die deutsche Literatur* (Bd. 4, Stuttgart ²1836, S. 230 f.) zu dem Ergebnis, Kleist könne als romantischer Vorläufer der jungdeutschen ›Moderne‹ gewertet werden:

> »Heinrich von Kleist führte aus der katholischen Romantik herüber in die moderne Magie. Sein somnambules *Käthchen von Heilbronn* und sein mondsüchtiger *Prinz von Homburg* sind wunderbare Mittelschöpfungen zwischen der edelsten Einfalt und Treuherzigkeit der mittelalterlichen Vorzeit und dem feinsten Raffinement der Modernität. Von unnachahmlicher Lieblichkeit, so ausgemalt, so durchsichtig klar wie von Homer oder Shakespeare, verbergen diese Dichtungen doch unter ihren Blumen eine Schlange der Modernität, die uns heimlich grauen und es uns begreiflich macht, warum der so liebenswürdige Dichter ein Selbstmörder wurde. Wer die geheimnisvolle Macht der Sympathie erkennt, zerreißt zugleich ihr unsichtbares Band. Hier ist Erkenntnis schon Verzweiflung und Tod« (*Nachruhm*, Nr. 288).

Im Unterschied zu Börne haben Jungdeutsche wie Ludolf Wienbarg (1802–1872) und Heinrich Laube (1806–1884) Kleist von L. Wienbarg der Romantik zu trennen versucht. Wienbarg notierte diesbezüglich am 26.3.1843 im *Deutschen Literaturblatt der Börsenhalle*:

>»Keins seiner Dramen ist aus dem romantischen Geist geboren, der uns aus den Werken der eigentlichen Schule entgegenweht; dennoch tragen sie alle und meist nicht zu ihrem Vorteil die Spuren eines äußeren, die Richtung der Phantasie bestimmenden Einflusses von dieser Seite. Die Romantik, kann man sagen, war seine Schwäche, nicht seine Stärke [...] alles dies, seine Visionen, Träume, Wunder und was sonst auf dem Aberglauben des Volkes beruht, erscheint bei ihm in krasser und kranker Weise, während es die romantische Dichtung in ihren Duft und Schmelz einhüllt und gleichsam aus einem Stück mit dem Übrigen der Handlung mehr der Phantasie als dem Auge vorführt« (ebd., Nr. 293b).

G.W.F. Hegel — Während sich Georg Wilhelm Friedrich Hegel (1770–1831) in seinen *Vorlesungen über die Ästhetik* (Berlin, Winter 1828/29) von der »unfreien, knechtischen, hündischen Aufopferung der Würdigkeit des Menschen« im *Käthchen* abgestoßen fühlte (zit. nach: ders., *Sämtliche Werke*. Hg. von H. Glockner, Stuttgart 1949–59, Bd. 13, S. 182), fand Christian Dietrich Grabbe (1801–1836) darin »das Rätsel der Liebe, mit sicherer, harter Hand der Welt gezeigt« (Brief an Karl Immermann vom 19.2. 1835; *Nachruhm*, Nr. 530a); Friedrich Hebbel (1813–1863) sprach in den *Jahrbüchern für dramatische Kunst und Literatur* vom Juni 1848 vom *Käthchen* als der »echtgeborene[n] Tochter der Poesie« (ebd., Nr. 532). Johannes Brahms (1833–1897) stellte mit Emphase fest, Kleist sei »nun ein so großer Liebling von mir wie wenige«, und las das Stück aus diesem Grund gemeinsam mit Clara Schumann (Brahms an Clara Schumann, 26.2.1856, in: dies.: *Briefe aus den Jahren 1853–1896*. Im Auftrag von Marie Schumann hg. von Berthold Litzmann, Bd. 1, Leipzig 1927, S. 178), während Richard Wagner (1813–1883) – nach einem Tagebucheintrag Cosima Wagners vom 15.2.1870 – über derselben Lektüre »in Tränen zerflossen« war (*Nachruhm*, Nr. 536a). Angesichts der Vielzahl der lobenden Dokumente kann man mit einiger Berechtigung von einer zeitweiligen *Käthchen*-Mode sprechen, die, auf ihrem Scheitelpunkt um die Mitte des 19. Jahrhunderts, nahezu das komplette Spektrum des Bildungsbürgertums abdeckte, weil dessen Geschmack sowohl der Stoff als auch die Titelfigur besonders entgegenzukommen schienen. Gerade die – erstmals von Wilhelm Grimm positiv konnotierte – märchenhafte Nobilitierung der Menschlichkeit verlieh Kleists Drama einen nostalgisch-sentimentalen Reiz, der sich nach der gescheiterten Revolution von 1848 mit implizit deutschtümelnden Ansichten verband und als Remedium für die Sorgen der Gegenwart verwenden ließ. Für Heinrich von Treitschke (1834–1896) lag der nationalpädagogische Zweck des *Käthchen* in seiner für eigentlich deutsch erklärten Volkstümlichkeit. In seinem Kleist-Aufsatz im zweiten Band der *Preußischen Jahrbücher* (1858) heißt es:

H. v.
Treitschke

> »Wir müßten sehr niedrig denken von dem sittlichen Berufe
> der Kunst, wollten wir solche Erscheinungen über die Achsel
> ansehn; danken wir Gott, daß das pariser Hetärendrama
> noch nicht überall sein Scepter schwingt. Es ist nicht blos
> das ritterliche Spectakel, das diese braven Leute so tief er-
> greift; noch mächtiger wirkt die Kraft der volksthümlichen
> Sprache, die Innigkeit des Gemüths, die aus jeder Zeile redet,
> die Anschaulichkeit der einfach verständlichen Motive. Selbst
> der Haß, sonst der deutschen Gutmüthigkeit so schwer faß-
> lich, erklärt sich hier von selbst« (ebd., Nr. 535).

Der hohe Bekanntheitsgrad des *Käthchen von Heilbronn* hatte über die Reichsgründung und bis zum Anfang des 20. Jahrhunderts hinein Bestand. Deutlich wird dies an der weiterhin großen Zahl an Aufführungen wie auch an der Tatsache, dass das Stück im Jahre 1905 zur Eröffnung des (für einen ambitionierten und neuartigen Umgang mit den ›Klassikern‹ stehenden) ›Deutschen Theaters‹ von Max Reinhardt inszeniert wurde. Gleichwohl ist das Lieblingsstück des 19. Jahrhunderts im weiteren Verlauf des nachfolgenden Jahrhunderts wieder hinter andere Kleist-Dramen zurückgefallen – etwa hinter die avantgardistische Re-Lektüre der *Penthesilea* (vgl. SBB 72) sowie die vornehmlich über den *Prinz Friedrich von Homburg* verlaufende Entdeckung des ›patriotischen Kleist‹. Zum hundertsten Todestag des Dichters mehrten sich die kritischen Distanzierungen von den romantisch-schwärmerischen Zügen des *Käthchen*. Friedrich Lienhard (1856–1929) etwa drückte in einem am 18.11.1911 erschiene-

F. Lienhard

nen Sonderheft der Münchner Zeitschrift *Die Lese* sein Befremden aus: »Daß im *Käthchen* Somnambules wunderlich hinein-
schwingt und Kunigunde etwas ins Verzerrte hinüberschlägt,
daß überhaupt Kleist gelegentlich an die Grenzen des edlen Ge-
schmacks gerät: das hängt mit einer dumpfen Eigenart seines
Gefühles zusammen. Über diesen kritischen Gefühlspunkt, über
diese Gefühlsverwirrung, diese Hemmung seines Lebens und
Schaffens, ist viel geschrieben worden« (*Nachruhm*, Nr. 398).

F. Gundolf Allzu bereitwillig folgte auch Friedrich Gundolf (1880–1931),
der in seinem Kleist-Buch von 1922 ohnehin kaum ein gutes
Haar am Dichter und seinen Texten ließ, den frühen Verrissen,
die am *Käthchen* vor allem die ›Krankhaftigkeit‹ wahrgenommen hatten:

>»So ist ein Werk entstanden wo einige spärliche poetische
>Visionen eingelassen sind in einen Wust bombastischer, ja
>kitschiger Theater-romantik. [...] Kein Schauspiel Kleists
>kam dem rühr- und schauerseligen Publikum so nahe wie
>dieses mit seinen vielen hochtrabenden Personen, lauten Vor-
>gängen, banalen Geheimnissen und knalligen Wundern. [...]
>Ein eigentümlich krank-weiches Zwielicht, ein schwüler und
>etwas giftig süßer Duft liegt zumal über der somnambulen
>Frageszene unter dem Hollunderbaum. Die Kleistische Frage-
>und Spannungstechnik feiert auch hier wieder ihre szenischen
>Triumphe, und die dämmerige Entrücktheit von Kleists eige-
>ner Seele hat hier wie in der Penthesilea wieder schwellend
>sanfte, schmerzlich zuckende Sprachtöne gefunden. Alles an-
>dere aber ist nicht nur den Motiven, sondern auch der Be-
>handlung und oft sogar der Diktion nach undichterischer
>Durchschnittskitsch, Ritter- und Räuberromantik im übleren
>Sinne« (ders.: *Heinrich von Kleist*, Berlin 1922, S. 110 ff.).

Von dem facettenreichen Chor der negativen Stimmen sticht
G. Haupt- Gerhart Hauptmann (1862–1946) ab, der in seiner Rede zur
mann Eröffnung der Heidelberger Festspiele am 21.7.1928 das *Käthchen von Heilbronn* in einer bemerkenswerten Fehl-Lektüre
»ein wahres Wunder an Kraft, Anmut und farbiger Volkstümlichkeit« und »eines der vollkommensten Beispiele der von
Schiller so hoch gewerteten, naiven Dichtungsart« genannt
hat. Im Gegensatz zu Hauptmanns Einordnung des Dramas in

den Diskurs ›naiver Dichtung‹ hat Roger Ayrault (*Heinrich von Kleist*, Paris 1934, S. 582 f.) im *Käthchen* geradezu ein Zeugnis der psychologischen Avantgarde gesehen: »Manche Einzelheiten aus *Käthchen* tauchen auch in jener gefährlichen Psychologie auf, wo die Hilfsmittel der neuesten Medizin nicht genügen, den untrüglichen Blick zu ersetzen, den Kleist für diese extremen, von ihm selbst erfahrenen Zustände besaß« (*Nachruhm*, Nr. 473).

R. Ayrault

Je stärker man den Blick auf die psychologische Anlage des Dramas richtete, desto deutlicher wurde die von Kleist gestaltete Form der autopoetischen Sinnkonstruktion wahrgenommen, die auf Techniken der Selbstreferenz, der impliziten Kommentierung abstellt. Nicht zuletzt diese Suche nach poetologischen Ansätzen in den Texten Kleists erlaubte es, den Traum als prominentes metaliterarisches Prinzip des romantischen Diskurses zu betrachten. Vor allem die Enträtselung des Traumgeschehens ist, wie Max Kommerell (1902–1944) in seinem Kleist-Aufsatz »Die Sprache und das Unaussprechliche« 1937 hervorgehoben hat, eine »Probe auf die Welt« (in: ders.: *Geist und Buchstabe der Dichtung*, Frankfurt/Main ⁴1956, S. 248 ff.). Auch Günter Blöcker greift in seinem existenzphilosophisch orientierten Kleist-Buch die Traum-Psychologie des Unbewussten auf, um sie auf die Frage nach der Identität der *dramatis personae* zu beziehen:

M. Kommerell

G. Blöcker

> »[B]ei Kleist geht es nicht um Psychologie, sondern um Einbettung des Menschlichen in einen breiteren Zusammenhang. Wohl leuchtet auch bei ihm der Traum in die Wunschtiefe. Zugleich aber stellt er die Verbindung her zu einer Wahrheit, die außerhalb des Menschen liegt. Nicht daß Käthchen von einem glänzenden Ritter träumt, ist das Entscheidende – das könnte ein gefügiges Wunschbild sein, das sich nachträglich seine Züge von der Wirklichkeit borgt –, sondern daß zur gleichen Stunde auch Wetter vom Strahl von Käthchen träumt. [...] Der Traum mit seinen Winken und Verheißungen ist der Goldgrund, auf dem geschrieben steht, was ihnen bestimmt ist. Nicht jeder kann die Schrift entziffern, wohl aber kann er ihre Zeichen aufleuchten sehen und ihnen geschlossenen Auges zu folgen suchen. Der Cherub ist mehr als

ein romantisches Requisit: er ist das Unsichtbare, das bei Kleist sichtbar werden muß, ebenso wie das Unsagbare sagbar. So zerklüftet Kleists Universum ist, auf seinem Grunde liegt die Vorstellung einer paradiesischen Ordnung, die der Mensch nur wiederherzustellen braucht« (Blöcker 1960, S. 204 ff.).

P. Szondi Der Literaturwissenschaftler Peter Szondi (1929–1971) griff in seiner Vorlesung »Antike und Moderne in der Ästhetik der Goethezeit« (zuletzt 1970 gehalten) noch einmal Goethes Krankheitsverdikt auf und versuchte es zu revidieren:

»Krankheit, Unnatur: das sind Urteile, die übers Ästhetische weit hinausgreifen, und nicht bloß ein Kunstwerk als schlechtes verwerfen, sondern den Weg bahnen zu einem Verdikt, von dem das Lebensrecht des Künstlers selbst ereilt wird [...]. Das beginnt mit der Verdammung der französischen Klassik als naturferner Kunst, führt zu Goethes Urteil über die Kleistsche Dichtung als Zeichen von Krankheit, von Hypochondrie, und mündet in die Barbarei, in der, was der eigenen Vorstellung vom Gesunden sich nicht fügte, als entartet verfolgt wird: die Kunst ebenso wie der Künstler, die eine wird verbrannt, der andere, im besten Fall, mit Berufsverbot belegt« (Szondi 1974, S. 53).

Gewissermaßen als Brücke von den älteren Rezeptionszeugnissen zu den jüngsten Forschungsdebatten mag Gert Uedings Ansatz dienen, der am *Käthchen von Heilbronn* – in Anlehnung an Ayrault, Blöcker und Kommerell – deutlich avantgardistische Züge wahrgenommen und den Weg bereitet hat, die spezifische Ästhetik des Dramas in den Blick zu nehmen:

G. Ueding

»Produkt einer artistischen Ars combinatoria, nach den fortgeschrittensten literarischen Techniken entstanden, ist das *Käthchen von Heilbronn* eine ästhetische Konstruktion, deren Reiz sich erst erschließt, wenn man sie als sinnreiches Rätselspiel zur Erzeugung ungewöhnlicher Vorstellungen und einschneidender Gemütserregungen versteht, als Zeugnis eines Kunstverständnisses, das die Moderne, die künstlichen Paradiese Baudelaires ebenso wie die surrealistischen Montagestücke dieses Jahrhunderts vorwegnimmt« (Ueding 1981, S. 173).

Kleists hochartifizielle Schrift verstört (wie schon in der *Penthe-*
silea) nicht nur die Sinn- und Referenzillusion klassischer Figu-
ration, sondern verwandelt Gattungsschemata und intertextuelle Versatzstücke derart, dass das Drama – ganz im poetologischen Selbstverständnis der Romantik – einer ›Arabeske‹
gleicht, einem »Artefakt«, das »aus verschiedenen literarischen
Gattungen zusammengesetzt [ist]: Märchen (Motiv der falschen
und der echten Braut, der Hexe und der unerkannten Kaisertochter), Schauerroman (Motive Femegericht, Giftmischerei,
Badehaus-Spuk, Feuersbrunst), Ritterdrama (Fehdekämpfe,
Gottesgericht, allgemein das Zeitkolorit als Tribut an die herr-
schende Mittelaltermode), Legende (Engelserscheinungen),
zeitgenössische romantische Fantastik (Doppeltraum, Somnambulismus), zeitgenössisches Singspiel (Anspielung auf die Feuer-
und Wasserprobe aus der *Zauberflöte*« (Greiner 2000, S. 178).
Die Beobachtungen Uedings und Greiners legen nahe, die schier
endlose Vielfalt in der Zeichenhaftigkeit des Textes zu verorten,
der als ästhetisches Gebilde seinen Autor überlebt hat und weiterhin zu unterschiedlichen Deutungen einlädt.

Aspekte der Interpretation

Bereits in einem frühen Brief an die Schwester Ulrike vom Mai 1799 räsoniert der 21-jährige Kleist über die Fremdbestimmtheit von Menschen, um, allerdings noch ganz im Denken der Aufklärung verhaftet, daran anschließend seinen »eigenen Lebensplan« zu formulieren:

> »Tausend Menschen höre ich reden u[nd] sehe ich handeln, u[nd] es fällt mir nicht ein, nach dem Warum? zu fragen. Sie selbst wissen es nicht, dunkle Neigungen leiten sie, der Augenblick bestimmt ihre Handlungen. Sie bleiben für immer unmündig u[nd] ihr Schicksal ein Spiel des Zufalls. Sie fühlen sich wie von unsichtbaren Kräften geleitet u[nd] gezogen, sie folgen ihnen im Gefühl ihrer Schwäche wohin es sie auch führt, zum Glücke, das sie dann nur halb genießen, zum Unglücke, das sie dann doppelt fühlen. Eine solche sclavische Hingebung in die Launen des Tyrannen Schicksaal, ist nun freilich eines freien, denkenden Menschen höchst unwürdig. Ein freier denkender Mensch bleibt da nicht stehen, wo der Zufall ihn hinstößt; oder wenn er bleibt, so bleibt er aus Gründen, aus Wahl des Bessern. Er fühlt, daß man sich über das Schicksaal erheben könne, ja, daß es im richtigen Sinne selbst möglich sei, das Schicksaal zu leiten. Er bestimmt nach seiner Vernunft, welches Glück für ihn das höchste sei, er entwirft sich seinen Lebensplan, und strebt seinem Ziele nach sicher aufgestellten Grundsätzen mit allen seinen Kräften entgegen« (SWB 4, S. 38).

Knapp zwei Jahre später schränkt Kleist diese Überlegungen schon stark ein und entwickelt im Februar und März 1801 in einer Reihe von Briefen an Ulrike von Kleist und die Verlobte Wilhelmine von Zenge jene Denkfiguren existentieller Krisenerfahrung, die er in seinen späteren Texten immer wieder neu durchspielen wird. Konkret geht es (1) um die kommunikative Unmöglichkeit zur Darstellung des Innersten: »es gibt kein Mittel, sich den Andern *ganz* verständlich zu machen«, das »Innerste« der Seele adäquat darzustellen, da »es uns an einem Mittel zur Mittheilung fehlt. Selbst das einzige, das wir besitzen, die

Denkfiguren existentieller Krisenerfahrung

Sprache taugt nicht dazu, sie kann die Seele nicht mahlen u[nd] was sie uns giebt sind nur zerrissene Bruchstücke« (SWB 4, S. 196); (2) um die soziale Unmöglichkeit ungekünstelter Selbstrepräsentation und natürlicher Identität: »ich passe mich nicht unter die Menschen [...], weil ich mich selbst nicht zeige, wie ich es wünsche. Die Nothwendigkeit, eine Rolle zu spielen, und ein innerer Widerwillen dagegen machen mir jede Gesellschaft lästig [...]. Dazu kommt bei mir eine unerklärliche Verlegenheit, die unüberwindlich ist« (ebd., S. 198 f.); (3) um die im Rahmen der sogenannten ›Kant-Krise‹ problematisierte erkenntnistheoretische bzw. sprachphilosophische Unterscheidung von Schein und Wirklichkeit bzw. Zeichen und Bezeichnetem: »Wenn alle Menschen statt der Augen grüne Gläser hätten, so würden sie urtheilen müssen, die Gegenstände, welche sie dadurch erblicken, *sind* grün – und nie würden sie entscheiden können, ob ihr Auge ihnen die Dinge zeigt, wie sie sind, oder ob es nicht etwas zu ihnen hinzuthut, was nicht ihnen, sondern dem Auge gehört. So ist es mit dem Verstande. Wir können nicht entscheiden, ob das, was wir Wahrheit nennen, wahrhaft Wahrheit ist, oder ob es uns nur so scheint« (ebd., S. 205; vgl. hierzu Košenina 2005, S. 232 ff. sowie Janz 2005, S. 225 ff.). Hinrich C. Seeba hat in dieser »Ergründung der rätselhaften Welt« ein »hermeneutisches Modell ihrer Bewältigung« erblickt, das sich nach seinen »erkenntnistheoretischen, sprachphilosophischen und poetologischen Dimensionen« differenzieren lässt (Seeba 1987, S. 652). Die Diskursivierung der Wahrheit, der anti-mimetische Rekurs auf die ›Gebrechlichkeit der Welt‹ und das Spiel um Schein und Wirklichkeit als ästhetische Utopie sind die von Kleist in verschiedenen Varianten wiederholt eingesetzten Bilder für die Instabilität des Zeichens und die Labilität des Subjekts.

Hermeneutisches Modell

Gerhard Neumann hat diesbezüglich treffend bemerkt, dass Kleists Schreiben »Experimentanordnungen« gliche, »in denen das ungeschützte und gleichsam hautlose, seiner Körperlichkeit ausgelieferte Subjekt [...] sich den Redeordnungen und Zeichensystemen einer durch Bürokratie und Verwaltung, durch Wissenschaft und Mächtespiel der Politik bestimmten Gesellschaft aussetzt, in unermüdlich wiederholten Versuchen der Be-

G. Neumann

wahrheitung und Verantwortung seiner unveräußerlichen Eigentümlichkeit« (Neumann 1994, S. 9). Jenseits des strengen Logos, im Medium der Körpersprache, der gestörten Rede und jener anderen, dem normalen Bewusstsein nicht zugänglichen Sphäre, entfaltet Kleist in seinen Dramen eigene Formen zur »Mittheilung«, die eine theatralische Darstellung extremer Erfahrungen und die Erkenntnisse gespaltener Persönlichkeiten ermöglichen. Offenkundig beeindruckte ihn das endlose Spiel um Sexualität und Grausamkeit, die durch Trieb und Begehren bestimmte Naturordnung der Körper, die quer zu allen klassizistisch-somatischen Ordnungen steht, und die Frage nach der Psychologie im Angesicht der isolierten Inszenierung des Ichs vor dem Spiegel. Traum, Zerstreuung, Entrückung, Schlafwandel, Trance, Stammeln, Verstummen oder Nicht-Zuhören der Figuren sind die Zeichen von Zuständen, in denen die Kräfte des Unbewussten die vernünftige Sprache lähmen und die Vernunft blockieren. Damit sucht Kleist – als Reaktion auf den von ihm wahrgenommenen Ausfall jeglicher Ordnung sowie auf das von Immanuel Kant formulierte, von Kleist jedoch als wenig tragfähig erachtete Versprechen der Kunst, Verstand und Vernunft miteinander zu verknüpfen (vgl. hierzu Greiner 2000) – in seinen Texten wiederholt nach einer Überschreitung der markierten Grenzen der Differenz in die Richtung eines ›Dritten‹, eines kulturellen Zwischenraums, den er im *Käthchen von Heilbronn* (1810) in Form des zwischen Naturwissenschaft und Psychologie angesiedelten und um 1800 so populären Magnetismus diskutiert. Im Mittelpunkt von Kleists Texten steht – im krassen Gegensatz zu den anthropologischen Modellen der Klassik – der seiner selbst nicht-bewusste Mensch, der den heteronomen Kräften seines Inneren nahezu widerstandslos ausgesetzt ist.

Unter erkenntnistheoretischen Aspekten präsentieren die Traumerzählungen das Bild eines von unkontrollierbaren Einflüssen diktierten Individuums, das fast gewohnheitsmäßig an den Rändern der Wirklichkeit, als Grenzgänger ohne festen Wohnort existiert. Es erscheint als Tagträumer, dessen somnambule Anwandlungen, Amnesien und Hysterien die scheinbar stabilen Fundamente einer auf Vernunft basierenden Welt in

Traum-
Diskurs

Erkenntnis-
theoretische
Aspekte

Zweifel ziehen. Die Grundfrage, die Kleist und so viele seiner *dramatis personae* wiederholt quält, wurde erstmals in der *Familie Schroffenstein* (I 2) formuliert: »Wer kann das Unbegreifliche begreifen?« (v. 642). Unbegreiflich ist vor allem, was den Menschen widerfährt, was als Geschehenes sie in Verwirrung stürzt und »in dem Innersten getroffen« (*Penthesilea*, v. 649) hat. »Welch einen Traum entsetzungsvoll träumt ich«, bringt Penthesilea hervor, nachdem sie ins Tagesbewusstsein zurückgekehrt ist, noch ahnungslos darüber, dass ihre (geträumte) Gefangennahme nicht Ausbund ihrer Phantasie, sondern Wirklichkeit ist. Achill hingegen, der das gefährliche ›Spiel-im-Spiel‹ des Betrugs endlos weiterzutreiben gedenkt, erkennt angesichts von Penthesileas Selbsttäuschung: »Ein Traum, geträumt in Morgenstunden, / Scheint mir wahrhaft'ger, als der Augenblick« (v. 2018 f.).

Mit besonderer Prägnanz zeigt sich Kleists Versuch, das ebenso Unaussprechliche wie Unverständliche und Unbewusste darzustellen, im *Käthchen von Heilbronn*, in dem sich unter der Maske des »Ritterschauspiels« eine archäologische Reise ins Unbewusste versteckt hält, auf der Kleist die um 1800 mit beträchtlicher Akribie verhandelten Grenzwerte des Ästhetischen (vgl. hierzu Stockhammer 2002) weiter- und umschreibt: psychiatrische Symptome wie Devianz, Wahnsinn und Persönlichkeitsspaltung, Theorien über Somnambulismus, Magnetismus und Mesmerismus, aber auch Geschlechter-Konstruktionen, semantische Besetzungen von Erotik bzw. Sexualität, das Verhältnis von Panpsychologie und Literatur sowie die vielfältigen Traum-Diskurse der Romantik. Stringent markiert Kleist bereits zu Beginn des Dramas, dass »kein Mensch [...] das Geheimnis« zu erforschen mag, warum Käthchen marionettengleich den Grafen Wetter vom Strahl »gleich einer Metze, in blinder Ergebung, von Ort zu Ort; geführt am Strahl seines Angesichts, fünfdrähtig, wie einen Tau, um ihre Seele gelegt; [...] wie ein Hund, der von seines Herren Schweiß gekostet« (v. 232 ff.), verfolgt. Bereits in der ersten Szene vor dem Femgericht spricht der Graf Käthchen als Träumende an; deren Träume, zu denen Bleigießen, die Prophezeiung des Zukünftigen und der Auftritt eines Cherubs gehören und die damit ein gestörtes

Archäologische Reise ins Unbewusste

Verhältnis zur Verstandeswelt verraten, sind nicht weniger notorisch als ihre diversen Stürze und Ohnmachten. Doch auch der Graf selbst handelt unter dem Gesetz unbewusster Vorstellungsinhalte; ganz in seinen erotischen Neigungen verhaftet, zitiert er sich als ›klagender Schäfer‹ zu Beginn des zweiten Akts in das anakreontisch-elegische System der griechisch-römischen Antike hinein. In seiner Klage vor verschlossener Tür (griech. paraklausíthyron; im Drama ist es der »*Wald vor der Höhle*«: »*Er wirft sich auf den Boden nieder und weint* [...] Nun will ich hier wie ein Schäfer liegen und klagen«, v. 698 f.) wird der Abschied der Liebenden am Morgen beschworen, wobei das *servitium amoris* des Grafen als bedingungslose Ergebenheit des vornehmen Liebhabers in die Instabilität von Wahrheit erscheint: »Alles, was die Wehmut Rührendes hat, will ich aufbieten, Lust und in den Tod gehende Betrübnis sollen sich abwechseln, und meine Stimme, wie einen schönen Tänzer, durch alle Beugungen hindurch führen, die die Seele bezaubern; und wenn die Bäume nicht in der Tat bewegt werden, und ihren milden Tau, als ob es geregnet hätte, herabträufeln lassen, so sind sie von Holz, und Alles, was uns die Dichter von ihnen sagen, ein bloßes liebliches Märchen. O du – – – wie nenn ich dich? Käthchen! Warum kann ich dich nicht mein nennen? Käthchen, Mädchen, Käthchen! Warum kann ich dich nicht mein nennen« (v. 718 ff.). Damit glaubt der verliebte Reimschmied »sich sein Mädchen als Kunstprodukt seines Weinens, wie Orpheus durch sein Singen, schaffen, es weinend erfinden zu können. In dieser komischen Verkehrung der orphischen Macht des Wortes wird die Unzulänglichkeit konventioneller, in der Willkür rhetorischer Formelsprache erstarrter Idyllendichtung zur Kontrastfolie des utopischen Programms, das Kleist mit seiner Märchendichtung vom Käthchen von Heilbronn zu erfüllen versuchte: als wirklichkeitsmächtige ›Wahrmachung‹ poetischer Verkündigung« (Seeba 1987, S. 962).

Gesteuert werden solche Wünsche durch einen fiebrigen Sylvestertraum, in dem Käthchen und Graf Wetter vom Strahl in deren Schlafgemach einander begegnet sind, präziser: in dem ihn ein Engel zu einer Kaisertochter verrückt und sein heftiges Begehren nach ihr geweckt hat; zur selben Zeit, aber an unterschiedlichen

Orten haben sie von dieser Begegnung geträumt, die ihnen beiden jedoch unerklärlich bleibt. Käthchen kann die Frage ihres ›automatischen‹ Handelns nicht anders als mit der Formel »ich weiß es nicht« beantworten – ein bedrohliches Symptom des Kontrollverlusts, an dem sich Inkommensurabilität und Ambiguität des Subjekts ausweisen. Erst in der von den meisten Interpreten als zentral erachteten Holunderbusch-Szene (IV 2), in der der Graf in einer verhörartigen Befragung die Rolle des magnetisierenden Arztes übernehmen muss, um die bisher *ver*deckte Ursache für die magnetische Anziehungskraft, die er auf die Tochter des Waffenschmieds ausübt, zu *ent*decken, wird die ›Wahrheit‹ entfaltet. Peter-André Alt hat auf die Differenz der P.-A. Alt Traumwirkungen aufmerksam gemacht, die das Drama bis zu diesem Punkt entfaltet. Während Graf Wetter vom Strahls Position jener der aufklärerischen Traumtheorien entspreche, die ihren Gegenstand vom Feld der Bedeutungen ausschließen, erfasst Käthchen ihren Traum »als Ausdruck einer Anwesenheit des Unbewußten und folgt unter dessen Gesetz der Spur des Begehrens, die der Graf mit allen Kräften zu ignorieren suchte; ihre Haltung nimmt eine moderne Auffassung des Traums als Widerschein des menschlichen Trieblebens vorweg. Die Opposition dieser Auslegungen bezeichnet damit unterschiedliche Formen der Traumdeutung, deren Konkurrenz im wissenschaftlichen Denken der Zeit um 1800 allerdings nicht offen diskutiert wird. Kleists Theater des Unbewußten ist hier auch ein Theater der Deutungen. Was sich auf ihm zuträgt, spiegelt einander widerstreitende Möglichkeiten des Wissens wider, die das theoretische System der Traumlehren kaum zureichend zu verarbeiten vermag« (Alt 2002, S. 259). Die entdeckte ›Traumwahrheit‹ stürzt den Grafen vom Strahl jedoch in die tiefste Identitätskrise und kündet von der Polysemie des romantischen Traums: »Nun steht mir bei, ihr Götter: ich bin doppelt! / Ein Geist bin ich und wandele zur Nacht! [...] / Was mir im Traum schien, nackte Wahrheit ist's« (v. 2247 ff.). Damit bringt der Schwindel des Grafen, dessen »Geist, von Wunderlicht geblendet, / Schwankt an des Wahnsinns grausem Hang umher« (v. 2262), bilderreich den um 1800 zu beobachtenden Prozess fortschreitender Desorientierung zum Ausdruck, indem primär die der Aufklärung noch selbstverständliche Unterscheidung von Traum und Realität als fragwürdig gestaltet wird.

Dementsprechend hat Alt darauf verwiesen, dass der Traum »keine Sphäre jenseits der Vernunft« bezeichne, »sondern jene imaginäre Realität, die das romantische – potenzierende und logarithmierende – Erzählen als eigentliche Wirklichkeit des von ihm gesetzten Subjekts und Produkt seiner phantasmatischen Weltkonstruktionen behauptet«. Der literarische Traum bilde »ein Sujet, das einzig durch den Akt der poetischen Darstellung generiert wird und jenseits seiner Repräsentation in der Ordnung des Logos nur als ein amorphes Objekt existieren kann, dem die Form kultureller Verfügbarkeit, wie sie durch die Sinnzuschreibungen der sprachlichen Kommunikation entsteht, notwendig fehlt« (Alt 2005, S. 5 f.). Da es Kleist im *Käthchen* – wie in nahezu allen seinen Texten – um den Bruch mit der mimetischen Ästhetik geht, in dem das semiotische Problem des Auseinanderstrebens von Zeichen und Bezeichnetem zum Problem einer von der Wirklichkeit abgelösten Sprache und als Signum des Leidens an der ›Gebrechlichkeit der Welt‹ verdichtet wird, bedient er sich des Traumes, der ein nicht-teleologisches und nicht-mimetisches, nur auf die Repräsentation eines Imaginären setzendes Erzählverfahren anstößt.

> »Der Traum bildet jetzt das Medium, mit dessen Hilfe die Literatur die leiblich-seelischen Tiefenstrukturen des Subjekts auszuloten, zugleich aber ein Natur, Kunst und Gesellschaft synthetisierendes Allgemeines jenseits des Raums der individuellen Erfahrung zu erschließen sucht. Als sprachliches System regelt der literarische Traum damit die komplexen Zeichenwelten des Imaginären, welche die von der Aufklärung betriebene Inklusion des Individuums aufheben, indem sie den Träumer in entgrenzten Realitäten fern von Rationalität und logischer Ordnung handeln lassen. Das Traumverständnis zahlreicher romantischer Texte umreißt so ein Feld, das Freud später ›das Unbewußte‹ nennen wird. In dieses Feld sind Erfahrungen der Sehnsucht und Lust ebenso wie Momente der Angst und des Schreckens, der Wahrnehmungserweiterung und der Dezentrierung des Ich eingeschlossen« (ebd., S. 9 f.).

[Marginalie:] Bruch mit der mimetischen Ästhetik

In manchen Reflexionen über die romantische Traum-Poetik ist Traum-Poetik die Dekonstruktion einer nur in sich ruhenden Letztbegründungsinstanz, eines Absoluten jenseits aller Differenz – und damit auch: jenseits aller Darstellung und Reflexion – direktes Thema. Der Traum wird als Medium der Entdifferenzierung und Aufhebung der Identität verstanden, als Schauplatz von unendlicher Verdoppelung, Dissemination, Ich-Auflösung und Selbstentfremdung, von Besessenheit und Triebdetermination. Für Kleist wird er zum Ort einer gleichermaßen Lust wie Furcht erzeugenden Grenzüberschreitung; wer träumt, hat die Grenzen seiner empirischen Individualität immer schon überschritten, indem er Körper und Seele verdoppelt. Mit dem Motiv der telepathischen Suggestion bezieht sich Kleist auf zeitgenössische medizinisch-physikalische Theorien des Magnetismus und des Somnambulismus; seine Faszination von den naturwissen- Magnetismus u. Somnambulismus bei G. H. Schubert schaftlich unzureichend erklärbaren Phänomenen des Unbewussten verdankt sich mit hoher Wahrscheinlichkeit der Kenntnis von Gotthilf Heinrich Schuberts (1780–1860) Dresdner Vorlesungen über die »Nachtseiten der Naturwissenschaft« vom Winter 1807/08 (also während der intensiven Arbeit am *Käthchen*), die im Herbst 1808 (also erst nach der Beendigung des Dramas) als Buch unter dem Titel *Ansichten von der Nachtseite der Naturwissenschaft* erschienen sind und in denen ein breites Spektrum obskurer Themen behandelt wurde: neben Fragen einer zahlenmystisch begründeten Astronomie, des animalischen Magnetismus und der Wiedergeburtslehre spielte auch das damals beliebte Sujet des Hellsehens ein wichtige Rolle. Kleist hatte gemeinsam mit Adam Müller, Christian Gottfried Körner und Ludwig Tieck Schuberts Vorlesungen besucht, der in seiner *Selbstbiographie* (1855) dieses Interesse bezeugt hat: »Denn namentlich für Kleist hatten Mitteilungen dieser Art so viel Anziehendes, daß er gar nicht satt davon werden konnte und immer mehr und mehr derselben aus mir hervorlockte« (*Lebensspuren*, Nr. 196).

Besonders angetan war Schubert von der Dokumentation eines authentischen Falls von Übertragungsreaktionen nach der Anregung für das *Käthchen* magnetischen Therapie einer zwölfjährigen Heilbronner Ratsherrentochter namens Lisette Kornacher, den der Heilbronner

Arzt und Magnetiseur Eberhard Gmelin (1753–1809) 1793 im zweiten Band seiner *Materialien für die Anthropologie* auf mehr als 300 Seiten ausführlich beschrieben hatte und den Schubert in seinen *Ahndungen einer allgemeinen Geschichte des Lebens* (Erster Theil, Leipzig 1806), einer Publikation, die Kleist bereits vor der Beschäftigung mit dem *Käthchen von Heilbronn* gelesen haben kann, aufgenommen hat. Der hier geschilderte klinische Fall lässt sich durchaus als Anregung für die Konzeption des *Käthchens* lesen; ein poetischer Entwurf oder gar das von vielen Forschern begehrlich gesuchte ›Ur-Käthchen‹ ist er, wie Seeba nachhaltig unterstreicht, jedoch nicht (Seeba 1987, S. 874):

»Die Nachtwandler wissen mit zugedrückten Augen Alles was um sie ist, so deutlich, als ob sie es am hellen Tage sähen, sie schreiben, wandeln mit einer ungemeinen Geschicklich-keit, verrichten die künstlerischsten Handlungen ohne sich der Sinnen zu bedienen. Die Hand, der Fuss, zu so geschick-lichen Handlungen fähig, sind ihnen zugleich Auge und Sinn geworden. Die Somnambüle vernimmt das leiseste, dem Ohr völlig unhörbare Wort, das der Magnetisirende in ihrer Ma-gengegend ausspricht, und hat ein wunderbar deutliches Ge-fühl von allen dem was in dem Innern ihres Körpers, den Sinnen völlig entzogen ist. Sie beschreibt, gleich den geschick-testen Anatomen, Theile in der Brust- und Bauchhöhle, die sie sonst nie gesehen. Sie weiss, was andre Personen, mit denen sie in leitende Verbindung gesetzt worden, in ihrer Nähe vor-nehmen, hat ein eignes Mitgefühl bey fremden Handlungen, (das Mädchen bey Gmelin glaubt den Säugling an ihrer eig-nen Brust zu fühlen, den ihre Schwester nahe bey ihr stehend, tränkt), und dieses Wissen, von dem was um sie vorgeht, ist so wenig an die gewöhnlichen Gesetze des Sehens u.s.w. gebun-den, dass es ihr nicht minder deutlich ist, wenn die Personen, deren Handlungen sie so sehr afficiren, hinter ihren Rücken stehen, oder durch eine sehr schwache Wand (Vorhang) von ihr getrennt sind« (Schubert 1806, S. 326).

Die somnambul veranlagten Patientinnen wurden während der magnetischen Therapie, üblicherweise durch ein Sich-Vorbeu-gen des Arztes über ein bestimmtes, regelhaftes Bestreichen der Haut mit den Fingerspitzen bis zum Zurücksinken der Patien-

tinnen, in einen künstlichen Heilschlaf versetzt, während dessen
sie der Arzt ausführlich über ihre Leiden befragte. Dadurch
sollten das Anschauungsmaterial des ›seelischen Sinns‹ aufgear-
beitet und plastische Vorstellungen von unsichtbaren Phänomenen erschlossen werden, wobei vor allem im animalischen Magnetismus des Theologen und späteren Arztes Franz Anton
Mesmer (1734–1815) die Sexualisierung des Traums zu den   F. A. Mesmer
entscheidenden Auswirkungen gehörte; der magnetische Arzt
und seine Patientinnen geraten nicht selten in ein erotisch ge-
färbtes Verhältnis mit leicht dämonischem Einschlag zueinander, wie zeitgenössische Illustrationen belegen (vgl. Alt 2002,
S. 265 ff.). In diesem Sinne scheint die Rolle des Grafen Wetter
vom Strahl vergleichbar mit der des Magnetiseurs, der Käthchens tiefe Geheimnisse, die dem Bewusstsein des Individuums
selbst entzogen sind, hervorzulocken versteht. Luzide verbindet
Kleist in der Holunderbusch-Inquisition Wahrnehmungsmuster
des juridischen und psychiatrischen Diskurses, um zu einer In-
spektionsreise unter die Oberfläche des menschlichen Körpers
in die Abgründe der Seele zu schreiten. Daher geht es in dieser
Szene (ähnlich wie bei der Sitzung des Femgerichts im ersten
Akt) nicht primär um die Eruierung eines juristisch relevanten
(verborgenen) Tatbestands, d. h. der Verführung Käthchens
durch den Grafen auf seiner Burg oder in dessen Stallungen,
sondern um die erstmalige sprachliche Produktion von Käthchens Sexualität als traumatisches Ereignis.
Entsprechend haben Chris Cullens und Dorothea von Mücke in   C. Cullens/
ihrer Lektüre von Kleists *Käthchen von Heilbronn* die Proble-   D. v. Mücke
matik der diskursiven Codierung von Sexualität herausgear-
beitet. In Anlehnung an Michel Foucaults Ausführungen zu
»Sexualität und Wahrheit« (Foucault 1983) gehen sie davon
aus, dass das 19. Jahrhundert Sexualität nicht primär verdrängt,
sondern »als Indiz einer rätselhaften oder perversen Subjektivität zunächst einmal untersucht, verhört, kategorisiert und im
Dienst der Wissenschaft, der Medizin und staatlichen Institutio-
nen recht eifrig zum Sprechen gebracht« habe. Folgenreich für
die Geschichte moderner Subjektivität sei die permanente Beschäftigung mit einer mysteriösen Sexualität gewesen, »die ei-
gens produziert wurde, um durch sie den dunklen Kern oder die

letzte traumatische Wahrheit eines Individuums zu eruieren«
(Cullens/von Mücke 1997, S. 117). Käthchen erscheine »als privilegiertes Objekt der Männerphantasien vor allem Strahls, aber
auch Theobalds und des Kaisers«, so dass der Text insgesamt als
»Inszenierung moderner Sexualität« gelesen werden könne,
»zum einen als der diskursiven Produktion eines Geheimnisses,

Trauma   zum andern als der Ausgestaltung eines Traumas im Sinne einer
dem Subjekt nicht verfügbaren Wissens- oder Erinnerungslücke«. Gefragt wird jedoch auch nach der »Rolle der Phantasie«
in ihren öffentlichen und für das 19. Jahrhundert belangreichen
ideologischen Funktionen. Schließlich zeigen die beiden Autorinnen an der Figur des Kaisers als dem Repräsentanten und
Garanten der symbolischen Ordnung »die Umcodierung der
Macht« (ebd., S. 119). Hauptthese ist, »daß dieses Lieblingsdrama des 19. Jahrhunderts die Einpflanzung von Sexualität als ein
zentrales neues Machtdispositiv der Moderne inszeniert« (ebd.,
S. 125), da sich nach Meinung Cullens' und von Mückes weder
Liebe noch Sexualität in Kleists Drama jenseits von Macht- und
Gewaltausübung denken lasse. Im Gegenteil könne »die Verletzung der Integrität oder der Autonomie des geliebten Gegenübers sowie des Selbst [...] durchaus lustvoll erlebt werden«
(ebd., S. 131).

Aber so auffallend die Übereinstimmung der von Schubert,
Gmelin und Mesmer beschriebenen Symptome mit Käthchens
Wachtraum und dessen magnetischer Inquisition durch den
Grafen Wetter vom Strahl auch sein mag, sie berechtigt nicht,
die Interpretation des Dramas primär als ein Zeugnis der psychologischen Avantgarde oder als frühe Ausbildung psychoanalytischen Wissens zu lesen, zumal zwischen den Traumtheorien
der romantischen Naturphilosophie und Kleists Drama ein gewichtiger Unterschied besteht, auf den Alt aufmerksam gemacht
hat: »Von Schubert bzw. Gmelin übernimmt Kleists Text die
Darstellung einer zunächst unerklärlichen Sympathie, nicht aber
deren Ableitung aus einer nervenphysiologischen Reaktion, wie
sie durch magnetische Behandlungspraktiken freigesetzt werden
kann. Das Drama vollzieht, was der zeitgenössischen Medizin
zu tun verwehrt bleibt: es siedelt die Ursachen der erotisch besetzten Übertragung in einer psychischen Ordnung an, die sich

dem Zugriff der Vernunft zu verschließen scheint« (Alt 2002, S. 261). Daher steht im eigentlichen Zentrum des Dramas das Wissen um die unheimliche Macht des Triebs und den zyklischen Charakter der unendlichen Wiederholung, die das Begehren stets neu reproduziert und dafür sorgt, dass das Dramengeschehen nicht abgeschlossen, sondern abgebrochen wird, und in der sich »die Ökonomie des Nicht-Bewußten abbildet« (Alt 2005, S. 98) – verklammert durch die Ohn-Macht, die Käthchen sowohl am Ende des Verhörs im ersten Akt als auch zum Schluss des Dramas vor der Kirche erleiden muss. Macht des Triebs

Während das Begehren in der älteren psychologischen Tradition als ein triebhafter Impuls bestimmt wird, der im Unbewussten angesiedelt ist, nach Erfüllung drängt, allerdings der psychischen Zensur unterliegt und sich insofern nur in verschlüsselter Form manifestieren kann, werden in der ›klassischen‹ psychoanalytischen Literaturwissenschaft immer wiederkehrende literarische Bilder als Verkörperungen des unbewussten, vor allem des sexuellen Begehrens dekodiert. Erst der französische Psychoanalytiker Jacques Lacan hat das Begehren im Rahmen menschlicher Subjektwerdung grundsätzlich neu bestimmt. In seiner strukturalen Psychoanalyse entsteht das Subjekt erst beim Eintritt in die symbolische, d. h. sprachlich-kulturelle Ordnung, indem es das Begehren nach ursprünglicher Einheit verdrängt. Die durch das ›Gesetz des Vaters‹ bestimmte symbolische Ordnung führt dazu, dass sich das Subjekt als von anderen getrenntes Ich wahrnehmen und sich sprachlich äußern muss. Das Sprechen des Subjekts ist demnach immer die Repräsentation von unterdrücktem Begehren. Die damit verbundene Differenz führt zu einer Spaltung in Bewusstsein und Unbewusstes, wobei eine Spur des ursprünglich imaginaren Zustandes der Identität mit dem Anderen im Unbewussten erhalten bleibt. Dabei kann Sprache das Reale zu keiner Zeit einholen und vergegenwärtigen; vielmehr verdrängt und ersetzt sie es. In der Kluft zwischen Zeichen und Bezeichnetem wird die Präsenz des Realen im doppelten Sinne aufgehoben. Genauso wie das Begehren keine endgültige erkenntnistheoretische Befriedigung finden kann, kann auch sprachliche Bedeutung nicht fixiert werden (vgl. hierzu Gallas 2005 und Runte 2003). Begehren J. Lacan

Folgerichtig widersetzt sich Kleist auch im *Käthchen von Heilbronn* den Regeln der klassischen Theaterästhetik mit ihrer strengen Abfolge von Verknüpfung und Lösung des Problems und dekonstruiert, worauf Alt aufmerksam gemacht hat, in seiner Gestaltung der niemals stillstehenden Macht des Begehrens

jene triadischen Denkfiguren, die eine kulturtheoretisch argumentierende Geschichtsphilosophie um 1800 heranzog, um die Versöhnung sozialer und anthropologischer Gegensätze zu begründen:

> »Hölderlins Idee der exzentrischen Bahn (aus dem Vorwort zum *Thalia*-Fragment des *Hyperion*-Romans), Schillers Konstruktion des Naiven und Sentimentalischen, Schlegels Konzeption der Universalpoesie als Medium der Vereinigung von Kunst und Wissenschaft, Novalis' Vision vom goldenen Zeitalter im Sinne einer Utopie der gesellschaftlichen Entgrenzung, Schellings Theorie der zur Synthese von Subjekt und Objekt führenden, als höchstes Prinzip des Wissens auftretenden intellektuellen Anschauung, Hegels Metaphysik des absoluten, auf die Versöhnung der geschichtlichen Entzweiung zutreibenden Geistes« (Alt 2005, S. 98).

Das bei Kleist fehlende ›Dritte‹ ist »keine Idee, kein Gott, kein moralisches Urteil, keine äußere Pflicht und kein inneres Gebot« (Földényi 1999, S. 106), sondern Ausdruck der Gewalt des Unbewussten, in das sich ein Subjekt verstrickt sieht, das von der Macht des Begehrens getrieben wird und sich selbst bereits fremd geworden ist. Sowohl Käthchens Somnambulismus, Strahls Vergessen wichtiger Teile seines Traums als auch des Kaisers Erinnerungslücke hinsichtlich der »Unterhaltung« mit Gertrud, die eine offenkundig erfolgte Vergewaltigung kaschiert, betont die Macht des Begehrens, der lustbesetzten Phantasie und Sexualität, individuelle Selbstkontrolle zu untergraben und bereits geformte Identität neu zu konstituieren. Unter diesem Aspekt betrachtet, liefert Kleists *Käthchen von Heilbronn* »geradezu ein prototypisches Beispiel dafür, wie Literatur nicht nur die diskursiven Effekte einer außerliterarischen Wirklichkeit widerspiegelt, sondern auch selbst daran beteiligt ist, zu regeln, wie Wissen und Begehren zur Sprache gebracht und ins soziale Feld entlassen werden« (Cullens/von Mücke 1997, S. 134).

Unter sprachphilosophischem Aspekt geht es in Kleists Drama um den Realitätsverlust des Sprachbildes, dem keine Wirklichkeit mehr entspricht. Ähnlich wie bei seiner Um-Schrift der romantisch-naturphilosophischen Vorstellungen von jener anderen, dem normalen Bewusstsein nicht zugänglichen ›Nachtseite‹ erarbeitet der Dichter auch hinsichtlich der Zeichenhaftigkeit seines Textes eine Art literarische ›Experimentanordnung‹, die erstarrte Begrifflichkeiten und eindeutige Sinnfixierungen aufzubrechen versucht. Er wählt eine Schreibweise, die mit Roland Barthes als ›subtile Subversion‹ bezeichnet werden kann. Dieses Verfahren markiert nicht die Auflösung der symbolischen Ordnung und auch nicht die direkte Destruktion der unser Denken strukturierenden Gegensatzpaare wie ›Täter/Opfer‹, ›männlich/weiblich‹ oder ›wahr/falsch‹, die Kleist in seinem Drama wiederholt aufeinanderprallen lässt, sondern zielt auf die generelle Frage nach dem Darstellbaren, nach dem durch Sprache Repräsentierbaren. Kleists Texte entfalten die semiotische Kraft der Literatur als ein Zerbrechen von eingefahrenen Bedeutungen, als anarchische Dimension, indem sie ein lustvolles Spiel mit Zeichen entfalten und das Begehren der agierenden Figuren über ihre versehrten, ›aus der Ordnung‹ geratenen Körper zum Ausdruck bringen. Ähnlich wie Kleist rekurriert auch Barthes auf den Zusammenhang von Körperlichkeit (Sexualität) und Textualität, wozu ihm primär Begriffe wie ›Lust‹ (*plaisir*) und ›Wollust‹ (*jouissance*) dienen (Barthes 1974). Bei Barthes wird schließlich der Text selbst als ein sensueller Körper vorgestellt, der seine Leser zu irritieren, zu fesseln oder auch abzustoßen vermag. Dementsprechend erscheint auch der Akt des Schreibens (*écriture*) als ein Ausdruck des erotischen, lustvollen Körpers. Die »Wahrheit der Schrift« lässt sich somit weder in ihrem Zeichensystem noch in ihrer psychologischen Ausdruckskraft erkennen, sondern nur über die schreibende Hand, »die aufdrückt, die Linie zieht und sich verhält, das heißt im *pulsierenden* (Lust empfindenden) *Körper*« (Barthes 1990, S. 161).

Geht man mit Gert Ueding davon aus, den Text als »Produkt einer artistischen Ars combinatoria« zu lesen (Ueding 1981, S. 173), so wird man an vielen Stellen gewahr, dass es sich bei Kleists Drama um eine ästhetische Konstruktion handelt, deren

Sprachphilosophische Aspekte

R. Barthes

Zeichen-Spiel

Reiz sich erst erschließt, wenn man das Drama als sinnreiches Zeichen-Spiel zur Erzeugung ungewöhnlicher Vorstellungen und einschneidender Gemütserregungen versteht, als Zeugnis eines Kunstverständnisses, das die unter der mittelalterlichen Patina der Text-Oberfläche lauernde Modernität vorwegnimmt. Ähnlich wie anderen Texten Kleists geht es auch im *Käthchen von Heilbronn* um »die Problematisierung von Form und Inhalt in den Bildern von Inhalten und Behältnissen, von Dingen und Hüllen, von Körpern und Bekleidung, deren Relationen zueinander mehrfach in Frage gestellt werden« (Eybl 2007, S. 179). Rehabilitiert wird dadurch nicht nur die Materialität der Schrift, sondern auch die Schriftlichkeit der Bilder. Wiederholt betont der Text die wichtige Rolle des Behältnisses; die »Urkunden, Briefe, Zeugnisse« – »Hier sind sie. In diesem Einschlag liegen sie beisammen«. Als Steigerung beginnen die Behältnisse selbst zeichenhafte Bedeutung zu erlangen. Das »Dokument« der Schenkung des gräflichen Stauffen an Kunigunde war, »versteht mich, in ein Briefchen des verliebten Grafen eingewickelt« (v. 1665 f.). Auch der dramatische Mittelpunkt der Gegenüberstellung von Käthchen und Kunigunde (während des Burgbrands) führt die Instabilität von Zeichen und Bezeichnetem vor, indem es zu einem Disput über das ›Bild‹ des Grafen, präziser: über die unterschiedlich bewertete Korrespondenz zwischen Original und Abbild, kommt. Während der Graf das Abbild, das er leicht durch »zehn andre Bilder« (v. 1920) ersetzen könnte, auch nicht scheinbar über das Original gesetzt sehen möchte (»Habt ihr mich selbst nicht, Teuerste?«, v. 1914) und Kunigunde umgekehrt, in auffallender Umkehrung von Hülle und Inhalt, scheinbar auf dem Abbild beharrt (v. 1915: »Das Bild mit dem Futtral!« anstelle von: ›Das Futteral mit dem Bild‹), kommt Käthchen unter wunderbarsten Umständen mit dem unversehrten Bild aus den brennenden Trümmern zurück, »weil allein für sie die Zuordnung von Bild und Person, Abbild und Original weder willkürlich noch vorgeblich, sondern so verbindlich ist, daß sie im Bild den Abgebildeten selbst aus den Trümmern von Kunigundes Schloß retten konnte« (Seeba 1987, S. 951). Kunigundes Illusionskünste und ihre skrupellose Instrumentalisierung des Bildes (mit dem

Bilder von Schrift-Behältnissen

Futteral) verweisen auf den Realitätsverlust des Sprachbildes, dem keine Wirklichkeit mehr entspricht. Gleichwohl bleibt das Märchen-Spiel vom Bewahrheiten des Zeichens bis zum Ende des Dramas aktiv, wie Bernhard Greiner unterstreicht: B. Greiner

>»Das Zeichen, um das es geht, ist das – sehr klischeehafte – Traumbild von der Hochzeit eines strahlenden Ritters [...] mit einem ebenso schönen wie reinen Mädchen aus dem Volke. Bewahrheitet wird dieses Zeichen auf dem Feld der Parapsychologie in einem sehr wörtlichen Sinne *symbolisch*, indem der Traum Käthchens sein genau passendes Gegenstück – Pendant – im Traum des Grafen hat, sodann *ontologisch*, indem das Zeichen aus der unwirklichen Welt des Traums in die Wirklichkeit des intersubjektiven Handelns eingebracht und dort erfüllt wird und zuletzt *mythisch* resp. *magisch*, wenn der Kaiser durch Gottesurteil genötigt wird, das Wort des Grafen über die wahre Abkunft Käthchens wahrzumachen. Dieses Bewahrheiten des Zeichens geschieht aber in einer Welt ›blendender‹, d. h. ebenso berückender wie verblendender Zeichen, deren ›verkehrtes Wesen‹ aufgedeckt werden muß« (Greiner 2000, S. 174).

Das Märchen-Spiel der ›verblendenden Zeichen‹ lässt Rückschlüsse auf die poetologische Struktur des Dramas zu, die Roland Reuß in den Blick genommen hat, indem er sein Augenmerk auf die autoreflexiven Passagen des Dramas richtet, in denen das Problem der Kunst verhandelt wird. Reuß nimmt seinen Ausgangspunkt bei der Streichung der – im *Phöbus*-Druck vom September/Oktober 1808 noch gebotenen – zentralen Spiegelszene am Putztisch (II 10) für den Erstdruck der Buchausgabe, die am direktesten die poetologische Dimension des Textes zur Sprache bringt, gerade deshalb aber vermutlich mit der Ausarbeitung des ganzen Stücks obsolet wurde. Für Reuß reflektiert die Spiegelszene am Putztisch »als Szene *vor dem Spiegel* die Reflexion auf die Künstlichkeit der Kunst« (Reuß 2004, S. 5). Das Spiegelstadium, das Kunigundes Zustand treffend charakterisiert und sie im Folgenden »*gedankenlos*« agieren lässt, ist nach Lacan »ein Drama, dessen innere Spannung von der Unzulänglichkeit auf die Antizipation überspringt und für das an der lockenden Täuschung der räumlichen Poetologische Aspekte Spiegelstadium

Identifikation festgehaltene Subjekt die Phantasmen ausheckt, die, ausgehend von einem zerstückelten Bild des Körpers, in einer Form enden, die wir in ihrer Ganzheit eine orthopädische nennen könnten, und in einem Panzer, der aufgenommen wird von einer wahnhaften Identität, deren starre Strukturen die ganze mentale Entwicklung des Subjekts bestimmen werden« (Lacan 1973, S. 67). Die (wahnhafte) Identität (bzw. Ununterscheidbarkeit) von Spiegel und Gespiegeltem führt zur ungeheuren Spaltung der Persönlichkeit. Diese Szene antizipiert bereits Kleists Aufsatz *Über das Marionettentheater* (1810), wo sich das Gleichnis vom Jüngling findet, der, als er nach dem Schwimmen vor einem großen Spiegel steht und sich abtrocknet, plötzlich seiner eigenen Schönheit bewusst wird und erkennt, wie sehr er einem Kunstwerk gleicht. Der Junge erblickt, indem er sich selbst betrachtet, das, was nicht mit ihm identisch ist; statt eines Kunstwerks erblickt er im Spiegel einen Fremden, der einem Kunstwerk gleicht, mit dem er sich jedoch aus dem Innersten heraus identifizieren kann. Mit Hilfe dieses Fremden gelangt er erst in das »innerste Innere« seines Selbst. Das (Spiegel-) Bild als Kunstwerk tritt an die Stelle der ›Realität‹.

R. Reuß Nach Kunigundes doppelsinniger Reflexion – »Nichts schätz ich so gering an mir, daß es / Entblößt von jeglicher Bedeutung wäre« (*Phöbus*-Fragment; SWB 2, S. 311) mit den Lesarten: ›Was *an ihr* ist, ist immer mit Bedeutung versehen‹ und ›Wenn, was an ihr, ›entblößt‹, d. h. von jeglicher Äußerlichkeit entkleidet ist, hat es keine Bedeutung‹ (vgl. Reuß 2004, S. 7) – tritt sie ans Fenster, *dem* romantischen Schwellen-Ort zwischen Innen und Außen, und betrachtet die »Leimruthen, die ich weiß / Nicht, wer? an diesem Fenster aufgestellt«. Obwohl sie nicht den Vogel findet, auf den sie es abgesehen hat: »Ein Finkenhähnchen war's, das ich vergebens / Den ganzen Morgen schon herangelockt«, wird sie zumindest eines Zeichens, einer »Spur« gewahr: ein »Federchen. Das ließ er stecken« (*Phöbus*-Fragment; SWB 2, S. 313). Reuß weist darauf hin, dass die Unterhaltung über die »Leimruthen« einen Aspekt der künstlerischen Produktion unterstreicht, »von dem Kleist wußte, daß er unvermeidlich mit jeder Verfertigung eines Textes verknüpft ist: die Notwendigkeit, daß der Leser/Zuschauer von der Außenseite

des poetischen Produkts gebunden, ja gefesselt werden muß«
(Reuß 2004, S. 9). Gleichzeitig liegt darin aber auch *das* wir-
kungsästhetische Problem, das der Text selbst zur Sprache
bringt· In dem Maße, in dem die notwendige ›Bindung‹ und
›Fesselung‹ durch die Kunst gelingt, wird die Freiheit der Deutung immer weiter zurückgedrängt. Schließlich bliebe ein von
den Bildern vollständig gefangener Leser/Zuschauer übrig:
»Man weiß, an der ›Leimruthe‹ des vermeintlichen Inhalts kle-
bend, zwangsläufig nicht so recht, ob ›Hirse‹ oder die ›Papiere‹
[v. 1308 f.], *Schenkungsurkunden*, gegeben werden« (ebd.,
S. 10).

Was Reuß allerdings entgeht, ist, dass das »Federchen« als
Schrift-Allegorie zu lesen ist. Am Anfang von II 10 spricht Kunigunde im Zusammenhang von den »Züg’ an mir, die reden, die
versammelt / Das Bild von einem innern Zustand geben« bereits
von einer »Feder«, »die du [gemeint ist Rosalie] mir stolz / Hast
aufgepflanzt, die andern überragend: / Du wirst nicht leugnen,
daß sie etwas sagt. / Zu meinem Zweck heut beug’ ich sie danieder: / Sie sagt nun, dünkt mich, ganz was Anderes« (*Phöbus*-
Fragment; SWB 2, S. 311). Die hier reflektierte ›Anders-Rede‹
der »Feder« ist nichts anderes als die wörtliche Übersetzung des
griechischen Verbs *allē-goreō* (anders, d. h. bildlich reden). Die
Selbstreflexion des Textes als allegorischer Schreib-Prozess (»Federchen«) ist einmal mehr Hinweis auf die von Kleist gestaltete
Krise der Repräsentation, die nicht wie ein Fixierbad für sprachlichen Sinn funktioniert. Vielmehr kennzeichnet die allegorische
Struktur die in ihr vollzogene semantische Synthesis als ein pre-
käres, weil niemals zum Stillstand kommendes Unternehmen.
Das bedeutet jedoch nicht, dass Kleists Text im Rahmen einer
trivialmodernen, um entscheidende Reflexionen Jacques Derri-
das oder Paul de Mans verkürzten Aktualisierung des Allegorie-
Begriffs gelesen werden soll, derzufolge dieser einst auf Totali-
sierung festgelegte Tropus nunmehr die bloße Zersetzung von
Sinn anzeigen soll. Bei Kleist lässt sich vielmehr – und das nicht
nur im *Käthchen von Heilbronn*, sondern auch in vielen anderen
Texten – eine durchgängige Janusköpfigkeit herausarbeiten: den
prinzipiellen Widerstreit von Synthese und Differenz zwischen
dem materiellen Sprachzeichen, seiner wörtlichen und seiner

Schrift-
Allegorie

übertragenen Bedeutung im rhetorischen Tropus, und damit den Konflikt von Sinnstiftung und -auflösung. In dieser Hinsicht impliziert Kleists Schrift-Allegorie des »Federchens« jene sprachtheoretische Reflexion, die der dekonstruktive Allegoriebegriff später nachdrücklich hervorheben wird: Alle Ansätze, wie auch immer gesicherte Sinnbezüge zu etablieren, können nicht über den Umstand hinwegtäuschen, dass die Sprache eine dynamische Zeichensynthesis ist, die Bedeutungssetzungen, kaum dass sie erfolgt sind, umgehend wieder suspendiert.

J. Derrida Nach Derrida leugnet die Dekonstruktion die Existenz eines »transzendentale[n] Signifikat[s]« (Derrida 1986, S. 56), in dem die Relationen der Zeichen ihren Haltepunkt fänden. Wo kein Wort mehr ausreicht, um letzte Wahrheiten zu bezeichnen, scheint der oberste Sinngarant schlichtweg zu fehlen und keine Sprache oder Schrift diesen Ausfall kompensieren zu können. Gleichwohl funktioniert das Allegorische bei Kleist niemals losgelöst von einem metaphysischen, ja theologischen Hintergrund, der den Wunsch nach einer sprachlichen Erfassung letzter, göttlicher Wahrheiten stiftet. Im *Käthchen* begegnet dieser Wunsch in Form eines Märchentraums von der verlorenen bruchlosen Entsprechung von Zeichen und Bezeichnetem; es ist die letztlich bloß imaginäre Wunderwirkung des kaiserlichen *deus ex machina*, der in einem performativen, Wirklichkeit schaffenden Sprachakt Käthchen als seine Tochter legitimiert und damit die »Verkündigung wahrmachen« soll. Dennoch steht das ›offene‹ Ende des Dramas für eine den gesamten Text charakterisierende Allegorisierung des Religiösen: dem religiösen Bild entspricht keine wirklich religiöse, etwa theologisch zu interpretierende Realität mehr. Die an die Erlösung der Welt durch Christus erinnernde Epiphanie des Göttlichen in der Geschichte (etwa durch das messianische Züge tragende Käthchen von Heilbronn) ist in Kleists Texten nur das poetische *Bild* für die Erlösung von der Krise der Bezeichnung, dem keine Realität entspricht.

Künstlicher Körper Kunigundes Die allegorische Textur von Kleists Drama lässt sich auch an der Enthüllung des künstlichen Körpers Kunigundes in V 3 belegen, eines »Mischwesens«, »das aus lauter unverbundenen Einzelteilen ›zusammengesetzt‹ ist« (Reuß 2004, S. 10). Im Drama wird sie als Patchwork-Produkt aus zwei ›Natur‹-Produkten und zwei aus Kunst hervorgegangenen präsentiert: »Sie ist eine mosaische Arbeit, aus allen drei Reichen der Natur zusammengesetzt. Ihre Zähne gehören einem Mädchen aus München, ihre Haare sind aus Frankreich verschrieben, ihrer Wangen Gesundheit kommt aus den Bergwerken in Ungarn, und den Wuchs, den ihr an ihr bewundert, hat sie einem Hemde zu danken, das ihr der Schmidt, aus schwedischem Eisen, verfertigt hat« (v. 2556 ff.). An dem über weite Teile des Dramas minutiös aufgebauten erotischen Wunschbild werden nun dessen dämonische Züge ansichtig. Graf Wetter vom Strahl muss für Kunigundes ›Anders-Sein‹ verschiedene Bilder bemühen: er nennt sie eine »rasende Megäre«, vergleicht sie mit Kleopatra, der das ganze Reich »aus der Hand frißt«, und bezeichnet sie als Verkörperung der zu Sünde und Gottlosigkeit verführenden Eva, der alles diene, »was eine Ribbe weniger hat als sie«, und die schließlich die sie begehrenden Männer zu willenlosen Automaten macht (v. 813 ff.). Nach Ueding zeigt die Kunigunde-Handlung »Aufbau, Verfertigung und Demontage eines Idols, seine Enthüllung als bloße illusionäre Gestalt, ein Blendwerk mit ganz wesenlosen, auf unrechtmäßigen Besitz und betrügerischen Erwerb gerichteten Beweggründen. Kunigunde erscheint mit allen Zügen einer wahnhaften Zeit ausgestattet, und sie hinterlässt eine breite Spur betrogener Liebe, Begeisterung und Hingebung« (Ueding 1981, S. 180).

Damit erscheint Kunigunde – unter Rückgriff auf Lacan – als dezentriertes Subjekt, das den Verschiebungen innerhalb seiner Signifikantenkette unterliegt. Es ist als bruchstückhafte, »mosaische Arbeit« durch einen Seinsmangel definiert, der das Begehren, die Suche nach einer nie erreichbaren Einheit, produziert. Das Begehren der Männer nach dem Körper Kunigundes läuft ins Leere, da es diesen Körper überhaupt nicht gibt bzw. er lediglich als blendendes Zeichen existiert. »Er ist das Fremde, das Mechanische, das Zusammengesetzte, das zerfällt, will man es ergreifen« (Zimmermann 2001, S. 203). Der nackte Körper, von dem Lust erwartet wird, bringt das nackte Grauen. Insofern sie dabei »die männlichen Projektionen durch kalkulierten Einsatz von Zeichen« steuert, kann Greiner bei seiner semiologischen Lektüre des Stücks Kunigunde als eine »Meisterin der Zeichen« bezeichnen, die sich jedoch als ›leer‹ erweisen, da sie ihnen keine eigenen Signifikate zuordnen kann. Aufgrund ihres proteischen ›Anders-Seins‹ ist sie darüber hinaus als Allegorie zu verstehen, die sich auf das Drama selbst bezieht, da dieses wie sie »aus Materialien, die aus verschiedenen Bereichen ›verschrieben‹ sind, zusammengesetzt« ist (Greiner 2000, S. 177).

R. Drux Rudolf Drux ergänzt die Diskussionen um Kunigundes künstlichen Körper um weiterführende Überlegungen zu Vorstellungen von der mechanischen Konstruktion des weiblichen Körpers gegen Ende des 18. Jahrhunderts. In ihrer Anlage als »eine mosaische Arbeit« gleiche Kunigunde »jenem weiblichen Golem, den Achim von Arnim den fantastischen Figuren seiner Novelle *Isabella von Ägypten* (1812) zugesellt; als lasterhafte Doppelgängerin der reinen Titelheldin von einem alten Juden geschaffen, verfügt sie über ›nichts Eignes [...], als was in des jüdischen Schöpfers Gedanken gelegen, nämlich Hochmut, Wollust und Geiz‹ [Achim von Arnim, *Erzählungen*. Aufgrund der Erstdrucke hg. von Walther Migge, München 1979, S. 64]. Seelenlos betreibt Kunigunde, da sie (in der physischen Welt) ihren organischen Körper mit toten Materialien anreichert und Lebendiges zu Totem verwandelt sowie (im psychischen Bereich) Liebe in Hass, Ablehnung in Begeisterung verkehrt und eigene Gefühle simuliert, in wörtlichem und übertragenem Sinn das Gewerbe, das die abschließende Invektive, das letzte Wort des ganzen Stücks benennt: ›Giftmischerin‹« (Drux 2005, S. 109). Die von Drux berechtigterweise mit Kleist und der romantischen Poesie in Verbindung gebrachte Überlieferung der Legende von der Erschaffung eines künstlichen Menschen aus Lehm und mit Hilfe verschiedener Arten von Wortmagie (›Go-
›Golem‹ lem‹) haben ihre Wurzeln im Talmud, finden jedoch breite Verwendung erst in der Kabbala des Mittelalters, in den Schriften des deutschen Chassidismus im 12. und 13. Jahrhundert. Den Weg in die Literatur des 19. Jahrhunderts findet er durch Sagen von zwei berühmten rabbinischen Mystikern aus dem 16. Jahrhundert, Rabbi Elijahu von Chelm, bekannt als *Ba'al Schem*, und Rabbi Juda Löw aus Prag. Die Rezeption der Kabbala im ästhetischen Diskurs der Romantik funktioniert, wie Andreas

Kilcher zeigen konnte, als eine metafigurative Theorie des ästhetischen und rhetorischen Prozesses der Signifikation (vgl. Kilcher 1998). Auch wenn sich bei Kleist – anders als im frühromantischen Diskurs – kaum Hinweise auf eine Verwendung der Kabbala als rhetorische Trope finden lassen, so muss der aus diversen Einzelstücken synthetisierte, »mosaische« Körper Kunigundes vor diesem Hintergrund metapoetisch gelesen werden: als Allegorie, die nicht nur Elemente des literarischen, naturkundlichen und anthropologischen Diskurses anklingen lässt, sondern auch Aspekte des ästhetisch-kabbalistischen Diskurses, denn das von ›Mose‹ abgeleitete Adjektiv ›mosaisch‹ bezeichnete um 1800 nicht nur »die Zusammensetzung nach Art eines Mosaiks«, sondern auch den »mosaischen Glauben« (vgl. Drux 2005, S. 108).

Ähnlich wie Kunigunde ein ›Kunst-Produkt‹ ist, die, wie Reuß treffend bemerkt, »den unumgänglichen Umweg über die Künstlichkeit der Apparaturen« (Reuß 2004, S. 12) nimmt, wird auch Käthchen von Anfang an als poetische Kunstfigur gestaltet: Eilt ihr zu Beginn der (vom vermeintlichen Vater verkündete) Ruf voraus, man könne ihr wie einem Engel nur »auf Flügeln der Einbildung« begegnen, und erscheint Käthchens Bild im Laufe des Dramas als exemplarische Verkörperung der natürlichen Grazie des Menschen vor dem Sündenfall der Reflexion (vgl. Greiner 2000, S. 195 f.), so verweist die gegen Ende entfaltete märchenhafte Nobilitierung von der reinen (griech. *kathaŕe*) »Jungfrau von Heilbronn« (V 10) zur »Katharina von Schwaben« – Tochter des »Himmels« und der Stadt »Heilbronn« – auf den Akt der poetischen Phantasie, wenn der Kaiser als *deus ex machina* dem staunenden Publikum mitteilt, wie er vor sechzehn Jahren im nächtlichen Schlosspark von Heilbronn Käthchens »Empfängnis« dadurch ermöglichte, dass er sich mit ihrer Mutter »unterhielt« (v. 2522 ff.). Das »Käthchen von Heilbronn«, wie Theobald seine Adoptivtochter vorstellt, »ist also nur der Zeugungskraft des Wortes zu verdanken, mithin ein sprachliches Phantasiegeschöpf. Die Parthenogenese der ›Jungfrau von Heilbronn‹ verrät sich als poetischer Schöpfungsakt, dem in der Figur des Märchenkaisers nachträglich auch die weltliche Macht des Wortes geliehen wird« (Seeba 1987, S. 961). Auch

Käthchen als poetische Kunstfigur

Parthenogenese

Franz M. Eybl verweist auf die Komplementarität der beiden Frauenfiguren: »die eine als Inbild natürlicher Grazie vor jedem Bewusstsein (wie das der *Marionetten*-Aufsatz thematisiert), die andere, und das in den verworfenen *Phöbus*-Passagen noch stärker, als Inbild berechnender Sozialtechniken im Sprach- und Zeichensystem begehrlicher Weiblichkeit gezeichnet – die Nicht-Bewusste und die Nur-Bewusste« (Eybl 2007, S. 162). Indem sich Kleists Schauspiel so »in einer paradoxen Verbindung zweier Strategien« vollzieht, nämlich einerseits »im Ausschließen des Anderen, der Zeichenwelt Kunigundes« und »im Hinübergehen zum Anderen«, dem Weg Käthchens andererseits, und da es zudem »selbstreflexiv« auf Bestandteile aus anderen Stücken seines Autors zurückgreift, entfaltet sich *Das Käthchen von Heilbronn* nach Greiner als ›Arabeske‹ im Sinne von Friedrich Schlegels Konzept der Universalpoesie, »Produkt einer frei gelassenen Fantasie, ein ›buntes Allerlei‹, das sich dem Witz als ars combinatoria verdankt« (Greiner 2000, S. 179 f.).

Mit Reuß kann man in Kleists Texten »die Drähte [sehen], an denen die Marionetten hängen. Die scheinbaren Defekte in der Textur seiner Stücke und Erzählungen, die befremdlichen Inkohärenzen, die die frühere Forschung nicht müde geworden ist, abträglich gegen Kleist ins Feld zu führen, sind vor allem Momente dieser destruktiven, verzweifelten Bewegung« (Reuß 2004, S. 12). Damit kommt Reuß der allegorischen Anlage der Texte Kleists recht nahe: Texte, die sich, um mit Walter Benjamin zu sprechen, auf der Schwelle zwischen Rekonstruktion und Destruktion, zwischen Sinnstiftung und -auflösung bewegen, in ihrer Auflösung des mimetischen Denkens die anarchische Struktur des sprachlich Unbewussten freisetzen und damit die sprachskeptischen Positionen der literarischen Moderne um 1900 antizipieren. Wie kaum einem anderen Zeitgenossen um 1800 ging es Kleist um eine in die Paradoxie getriebene Form der Semiotik der Weltordnung, um die sprachliche Ausdruckskraft des Körpers »auf der Grenze zwischen Automate und Allomate, zwischen selbstverantworteter und fremdverantworteter Bewegung« (Neumann 1994, S. 23), und nicht zuletzt um eine stets prekäre Kommunikation, die allzu beredt eingesteht, dass sie das Besagte notwendigerweise immer verfehlt. Damit destruiert Kleist seinen noch 1799 verfolgten Gedanken, »sich über das Schicksaal erheben« zu können, »ja, daß es im richtigen Sinne selbst möglich sei, das Schicksaal zu leiten«, wobei der selbst denkende Mensch »nach seiner Vernunft [bestimmt], welches Gluck für ihn das höchste sei, er entwirft nach seinem Lebensplan, und strebt seinem Ziele nach sicher aufgestellten Grundsätzen mit allen seinen Kräften entgegen« (SWB 4, S. 38).

Literaturhinweise

Ausgaben

Fragment aus dem Schauspiel: / Das Käthchen von Heilbronn, oder / die Feuerprobe, in: Phöbus. Ein Journal für die Kunst. Herausgegeben von Heinrich v. Kleist und Adam H. Müller. Erster Jahrgang. Mit Kupfern. Viertes und fünftes Stück. April und Mai 1808. Dresden, gedruckt bei Carl Gottlob Gärtner. [Seiten 75 bis 104; sowie in:] Neuntes und Zehntes Stück. Septbr. u. Octbr. 1808. Dresden, im Verlage der Waltherschen Hofbuchhandlung. [Seiten 15–54] (Photomechanischer Nachdruck mit Nachwort und Kommentar von Helmut Sembdner. Stuttgart 1961)

Das Käthchen von Heilbronn / oder / die Feuerprobe / ein großes historisches Ritterschauspiel / von / Heinrich von Kleist. / Aufgeführt auf dem Theater an der Wien / den 17. 18. und 19. März 1810. / Berlin, / in der Realschulbuchhandlung, / 1810

Heinrich von Kleists hinterlassene Schriften, hg. von L.[udwig] Tieck. Berlin 1821

Heinrich von Kleists gesammelte Schriften, hg. von Ludwig Tieck, T. 1–3. Berlin: Reimer, 1826 [*Das Käthchen von Heilbronn* in T. 2]

Heinrich von Kleist: *Sämtliche Werke und Briefe*, hg. von Helmut Sembdner. 2 Bde. 9., vermehrte und revidierte Auflage. München: Hanser, 1993 [*Das Käthchen von Heilbronn* in Bd. 1]

Heinrich von Kleist: *Sämtliche Werke und Briefe in vier Bänden*, hg. von Ilse-Marie Barth, Klaus Müller-Salget, Stefan Ormanns und Hinrich C. Seeba. Frankfurt/M.: Deutscher Klassiker Verlag, 1987–1997 [*Das Käthchen von Heilbronn* in Bd. 2: *Dramen 1808–1811*, unter Mitwirkung von Hans Rudolf Barth hg. von Ilse-Marie Barth und Hinrich C. Seeba, S. 257–434, abgedruckt sind die *Phöbus*-Fragmente und der Erstdruck] (zit.: SWB [mit Band- und Seitenangaben])

Heinrich von Kleist: *Sämtliche Werke. Brandenburger [1988–1991: Berliner] Ausgabe*, hg. von Roland Reuß und Peter Staengle. Basel/Frankfurt/M.: Stroemfeld/Roter Stern 1988 ff. [*Das Käthchen von Heilbronn* in Bd. I/6, Basel/Frankfurt/M. 2004]

Materialien und Dokumentationen

Grathoff, Dirk: *Heinrich von Kleist. Das Käthchen von Heilbronn. Erläuterungen und Dokumente.* Bibliographisch ergänzte Ausgabe. Stuttgart 1994

Sembdner, Helmut: *Das Detmolder »Käthchen von Heilbronn«. Eine unbekannte Bühnenfassung Heinrich von Kleists.* Heidelberg 1981

– (Hg.): *Heinrich von Kleists Nachruhm. Eine Wirkungsgeschichte in Dokumenten.* Frankfurt/M. 1984 (zit.: *Nachruhm* [mit Dokumentennummer])

– (Hg.): *Heinrich von Kleists Lebensspuren. Dokumente und Berichte der Zeitgenossen.* Erweiterte Neuausgabe. Frankfurt/M./ Leipzig 1992 (zit.: *Lebensspuren* [mit Dokumentennummer])

Einzelwerke

Schubert, Gotthilf Heinrich: *Ahndungen einer allgemeinen Geschichte des Lebens.* Erster Theil. Leipzig 1806; Zweiter Theil. Leipzig 1807

–: *Ansichten von der Nachtseite der Naturwissenschaft.* Dresden 1808 (Reprographischer Nachdruck Darmstadt 1967)

Interpretationen

Alt, Peter-André: *Der Schlaf der Vernunft. Literatur und Traum in der Kulturgeschichte der Neuzeit.* München 2002

–: »Das ›pathologische Interesse‹. Kleists dramatisches Konzept«, in: *Kleist – ein moderner Aufklärer?* Hg. von Marie Haller-Nevermann und Dieter Rehwinkel. Göttingen 2005, S. 77–100

–: »Romantische Traumtexte und das Wissen der Literatur«, in: *Traum-Diskurse der Romantik.* Hg. von Peter-André Alt und Christiane Leiteritz. Berlin 2005, S. 3–29 (zit.: Alt 2005)

Barthes, Roland: *Die Lust am Text.* Aus dem Französischen von Traugott König. Frankfurt/M. 1974

–: *Der entgegenkommende und der stumpfe Sinn.* Aus dem Französischen von Dieter Hornig. Frankfurt/M. 1990

Blöcker, Günter: *Heinrich von Kleist oder Das absolute Ich.* Berlin 1960

Cullens, Chris/Mücke, Dorothea von: »Das Käthchen von Heilbronn.
›Ein Kind recht nach der Lust Gottes‹«, in: *Interpretationen. Kleists
Dramen*. Hg. von Walter Hinderer. Stuttgart 1997, S. 116–143

Daiber, Jürgen: »Nichts Drittes... in der Natur?‹ Kleists Dichtung
im Spiegel romantischer Selbstexperimentation«, in: *Kleist-Jahrbuch* 2005, S. 45–66

Derrida, Jacques: *Positionen. Gespräche mit Henri Ronse, Julia Kri-
steva, Jean-Louis Houdebine, Guy Scarpetta*. Aus dem Französischen von Peter Engelmann. Graz 1986

Eybl, Franz M.: *Kleist-Lektüren*. Wien 2007

Földényi, László F.: *Heinrich von Kleist. Im Netz der Wörter*. Aus
dem Ungarischen von Akos Doma. Berlin 1999

Foucault, Michel: *Die Ordnung des Diskurses. Eine Archäologie der
Humanwissenschaften*. Aus dem Französischen von Ulrich Köp-
pen. Frankfurt/M. 1974

–: *Sexualität und Wahrheit. Der Wille zum Wissen*. Aus dem Französischen von Ulrich Raulff und Walter Seitter. Frankfurt/M. 1983

Gallas, Helga: *Kleist. Gesetz, Begehren, Sexualität. Zwischen symbolischer und imaginärer Identifizierung*. Frankfurt/M./Basel 2005

Greiner, Bernhard: *Kleists Dramen und Erzählungen. Experimente
zum ›Fall‹ der Kunst*. Tübingen 2000

Janz, Rolf-Peter: »Schwindel und Traum. Zwei Ausnahmezustände
des Subjekts bei Kleist«, in: *Traum-Diskurse der Romantik*. Hg.
von Peter-André Alt und Christiane Leiteritz. Berlin 2005, S. 217
bis 231

Kilcher, Andreas: *Die Sprachtheorie der Kabbala als ästhetisches
Paradigma. Die Konstruktion einer ästhetischen Kabbala seit
der Frühen Neuzeit*. Stuttgart/Weimar 1998

Kluge, Gerhard: »›Das Käthchen von Heilbronn‹ oder die verding-
lichte Schönheit. Zum Schluß von Kleists Drama«, in: *Euphorion*
89 (1995), S. 23–36

Klüger, Ruth: »Die andere Hündin: Käthchen«, in: *Kleist-Jahrbuch*
(1993), S. 103–115

Košenina, Alexander: »Vorbewußtsein und Traum in Kleists Anthropologie«, in: *Traum-Diskurse der Romantik*. Hg. von Peter-
André Alt und Christiane Leiteritz. Berlin 2005, S. 232–255

Kreutzer, Hans Joachim: *Die dichterische Entwicklung Heinrichs
von Kleist. Untersuchungen zu seinen Briefen und zu Chronologie
und Aufbau seiner Werke*. Berlin 1968

Lacan, Jacques: »Das Spiegelstadium als Bildner der Ichfunktion«,
in: ders.: *Schriften I*. Aus dem Französischen von Norbert Haas.
Olten 1973, S. 61–70

Kommentar

Lütteken, Anett: *Heinrich von Kleist – Eine Dichterrenaissance.* Tübingen 2004

Neumann, Gerhard: »Das Stocken der Sprache und das Straucheln des Körpers. Umrisse von Kleists kultureller Anthropologie«, in: ders. (Hg.): *Heinrich von Kleist. Kriegsfall – Rechtsfall – Sündenfall.* Freiburg i. Br. 1994, S. 13–29

Oesterle, Günter: »Vision und Verhör. Kleists ›Käthchen von Heilbronn‹ als Drama der Unterbrechung und Scham«, in: *Gewagte Experimente und kühne Konstellationen. Kleists Werk zwischen Klassizismus und Romantik.* Hg. von Christine Lubkoll und Günter Oesterle. Würzburg 2001, S. 303–328

Reuß, Roland: »›Leimruthen‹. Zum Problem der Kunst in Kleists ›Das Käthchen von Heilbronn‹«, in: *Brandenburger Kleist-Blätter* 16 (2004), S. 3–20

Runte, Annette: »Traum – Bild – Schrift. Zur Rhetorik der Geschlechter in Kleists ›Käthchen von Heilbronn‹«, in: *Kleist lesen.* Hg. von Nikolaus Müller-Schöll und Marianne Schuller. Bielefeld 2003, S. 117–142

Schmidt, Herminio: *Heinrich von Kleist. Naturwissenschaft als Dichtungsprinzip.* Bern 1978

Schmidt, Jochen: *Heinrich von Kleist. Die Dramen und Erzählungen in ihrer Epoche.* Darmstadt 2003

Seeba, Hinrich C.: [Kommentar zu:] Heinrich von Kleist: *Das Käthchen von Heilbronn.* Frankfurt/M. 1987 (*Sämtliche Werke und Briefe in vier Bänden,* hg. v. Ilse-Marie Barth, Klaus Müller-Salget, Stefan Ormanns und Hinrich C. Seeba. Frankfurt/M. 1987–1997, Bd. 2: *Dramen 1808–1811,* S. 853–1057)

Staengle, Peter: *Heinrich von Kleist.* München 1998

Stockhammer, Robert (Hg.): *Grenzwerte des Ästhetischen.* Frankfurt/M. 2002

Szondi, Peter: *Poetik und Geschichtsphilosophie I.* Hg. von Senta Metz und Hans-Hagen Hildebrandt. Frankfurt/M. 1974

Ueding, Gert: »Zweideutige Bilderwelt: ›Das Käthchen von Heilbronn‹«, in: *Kleists Dramen. Neue Interpretationen.* Hg. von Walter Hinderer. Stuttgart 1981, S. 172–187

Zimmermann, Hans-Dieter: *Kleist, die Liebe und der Tod.* Frankfurt/M. 1989

–: »Der Sinn im Wahn: der Wahnsinn. Das ›große historische Ritterschauspiel *Das Käthchen von Heilbronn*‹«, in: *Kleists Erzählungen und Dramen. Neue Studien.* Hg. von Paul Michael Lützeler und David Pan. Würzburg 2001, S. 203–213

Wort- und Sacherläuterungen

7 **Das Käthchen [...] Ritterschauspiel:** Der vollständige Doppeltitel mitsamt Untertitel findet sich erst auf dem Titelblatt des
Erstdrucks von 1810; im fragmentarischen Vorabdruck im *Phöbus* (1808) sowie auf dem Theaterzettel der Wiener Uraufführung fehlt der Untertitel, dort ferner auch der Doppeltitel »oder
die Feuerprobe«. Die Gattungsbezeichnung (»Ritterschauspiel«) kann – zusammen mit dem im Drama entfalteten Kalei-
doskop der Trivialromantik – einerseits als ironische Reverenz
an den um 1800 herrschenden Bühnengeschmack verstanden
werden; andererseits wird bereits hier deutlich, dass es sich bei
dem Text um eine äst. Konstruktion handelt, eine »mosaische
Arbeit«, die aus verschiedenen, disparaten Teilen zusammengesetzt ist.
Heilbronn: Bekannte mittelalterliche Stadt in einer Weitung des
württemberg. Neckartals; auf röm. Siedlungsgebiet entstanden,
741 als Königshof erwähnt, soll von Karl d. Großen gegründet
worden sein (Reichsdomäne mit Kaiserpfalz), von etwa 1371
bis 1803 freie Reichsstadt.
Feuerprobe: Die Feuerprobe gilt als Gottesurteil, d. h. als ein
Urteil in Rechtsstreitigkeiten bzw. über Schuld und Unschuld
durch ein angenommenes Zeichen Gottes. Die Gottesurteile be-
ruhen auf dem Glauben, dass der Unschuldige in einer Probe,
die er zu bestehen hat, von der Gottheit geschützt wird; sie
wurden als prozessuale Beweismittel benutzt, wenn der Beweis
durch Zeugen versagte; dem Beschuldigten stand die Reinigung
von dem Schuldvorwurf durch Gott offen. Feuerproben wurden
auf verschiedene Weise vollzogen: Entweder musste der Angeklagte mit bloßen Füßen über glühende Kohlen oder Pflugscha-
ren laufen, ein glühendes Stück Eisen in Händen halten, oder es
wurde ihm ein in heißem Wachs getränktes Hemd angezogen.
Ein weiteres Gottesurteil, das Kleist berücksichtigt, ist die Wasserprobe, bei der ein Angeklagter mit zusammengebundenen
Händen und Füßen ins Wasser geworfen wurde; ging er nicht
unter, galt er als schuldig und wurde hingerichtet. Ferner findet
auch der gerichtliche Zweikampf (Gottesgericht) Erwähnung,

bei dem der Unterlegene als schuldig galt. Kleist, der mit den verschiedenen Arten von Gottesurteilen durch seine jurist. Studien an der Viadrina in Frankfurt/Oder vertraut gewesen sein dürfte und diese wiederholt in seinen Texten behandelt hat, rekurriert mit der »Feuerprobe« jedoch nicht auf ein echtes Gottesurteil, sondern auf die ›Probe‹, die Käthchen in der brennenden Burg Thurneck bis zur Rettung durch den Cherub besteht (III 12–14). Aber auch das Drama selbst hatte eine ›Feuerprobe‹ zu bestehen, wie Ernst Wilhelm Weber in seiner *Geschichte des Weimarischen Theaters* (1865) überliefert: Als der Sekretär Friedrich Wilhelm Riemer Goethe ein Exemplar von Kleists Drama überreichte und dabei erwähnte, wie viele in Weimar davon entzückt seien und es auch gern auf der Bühne sähen, erwiderte Goethe ungehalten: »Ein wunderbares Gemisch von Sinn und Unsinn! Die verfluchte Unnatur!« Mit diesen Worten warf er das Stück, zum Entsetzen Riemers, der das Exemplar nur geborgt hatte, in das lodernde Feuer des Ofens und fügte hinzu: »Das führe ich nicht auf, wenn es auch halb Weimar verlangt« (*Lebensspuren*, Nr. 385).

Personen: Die Personen sind frei gewählt; ihnen liegen keine 8
hist. Figuren zugrunde.

Der Kaiser: Nach Seeba (1987, S. 967 f.) lediglich als »Typ des mittelalterlichen Kaisers gedacht, wie er vor allem nach dem 1806 von Napoleon herbeigezwungenen Ende des Heiligen Römischen Reiches deutscher Nation, als Kaiser Franz II. die deutsche Kaiserkrone niederlegen mußte, zunehmend mit mythischen Zügen verklärt wurde. Die mit dem Barbarossa-Mythos verbundene Kaiser-Sehnsucht jener Deutschen, die sich von der Wiederkunft des Kaisers die Erneuerung des mittelalterlichen Reiches und die Erlösung zunächst von der Fremdherrschaft und dann auch von der Fürstenwillkür erhofften, ist in Kleists kaiserlichem *deus ex machina* vorbereitet.«

Gebhardt, Erzbischof von Worms: Unter diesem Namen figurierten eine Reihe bekannter Bischöfe und Erzbischöfe, allerdings gibt es keinen Bischof von Worms dieses Namens. Worms, das im Laufe der Geschichte niemals Erzbistum gewesen ist, spielte kirchengeschichtlich primär in der Reformation eine bedeutende Rolle, als sich Martin Luther am 18.4.1521 auf dem von Kaiser Karl V. einberufenen Reichstag zu Worms weigerte, seine Lehren zu widerrufen.

8 **Friedrich Wetter, Graf vom Strahl:** Der Namensbildung liegt das bei Kleist häufig begegnende Wort »Wetterstrahl« für ›Blitz‹ zugrunde, das auf mhd. strâle »Pfeil, Blitz« zurückgeht. Beim ersten Anblick des Grafen stürzt Käthchen nieder, »als ob sie ein Blitz nieder geschmettert hätte« (v. 180 f.); später folgt sie ihm, »geführt am Strahl seines Angesichts« (v. 233 f.). Földényi (1999, S. 68) vermutet, Kleist könne bei seiner häufigen Verwendung des Blitzes (als Wetterstrahl, Donnerkeil, Blitzstrahl, Blitzgott oder Blitz-Element) durch Pierre-Jean-Georges Cabanis' Buch *Rapports du physique et du moral de l'homme* (1802; dt.: *Über die Verbindung des Physischen und Moralischen in dem Menschen*, Halle 1804) angeregt worden sein. Cabanis widmet seine Aufmerksamkeit in erster Linie der bei der Kontraktion von Muskeln erfahrbaren Elektrizität bzw. der auf elektrischem Weg vor sich gehenden Verbreitung der Impulse in den Nerven. Nach Földényi kann es »keineswegs als Zufall gewertet werden, daß Kleist in seinem Aufsatz über die allmähliche Verfertigung der Gedanken gerade mit Hilfe der Analogie der Elektrizität jenen Energiestrom erklärt, der zwischen zwei Menschen fließen kann: einerseits beweist er damit die Übereinstimmung zwischen der physischen und der moralischen Welt, andererseits die Geburt des Gedankens als *Blitz*«.

Käthchen: Koseform von ›Katharina‹; sprechender Name: ›die Reine, Unschuldige‹ (von griech. katharós »rein«); hist. oder literarische Vorbilder liegen nicht vor; vermutlich ging es Kleist in erster Linie um die volkstümliche Koseform. Im Verlauf des Dramas wird »Käthchen« wiederholt auf »Mädchen« gereimt, was das Klischee vom weiblichen Wesen als Neutrum aufnimmt, das erst durch die Liebe eines Mannes zur Frau wird. Klüger (1993, S. 106 f.) deutet Kleists anagrammatisches Spiel, dem zufolge sich sein Namenskürzel (›H.v.K.‹) in dem seiner Protagonistin (›K.v.H.‹) spiegelsymmetrisch verkehrt, als eine Form von imaginärem Geschlechtswechsel zwischen Dramatiker und Figur: »Ist Käthchen nicht ganz weiblich, dann ist ihr Autor nicht ganz männlich.«

Die Handlung spielt in Schwaben.: Ort und Zeit der Handlung sind unbestimmt gehalten und geraten oftmals durcheinander. So wird ein Zeithorizont evoziert, der vom hohen MA (Zeit der Kreuzzüge, in der es fahrende Ritter gibt, die von sich sagen können, sie würden aus Jerusalem zurückkehren) über das späte MA (als die Zeit der Femgerichte) bis zum 17. Jh. als *terminus post quem* reicht, da es erst seit dieser Zeit möglich war, ungeklärte Herrscheransprüche vor dem Reichskammergericht in Wetzlar klären zu lassen. Der einzig lokalisierbare Handlungsort ist Worms, wobei die mit diesem Namen verbundene legendäre Bedeutung – als Hauptstadt der Burgunder (in dem 1807 erstmals von Friedrich von der Hagen herausgegebenen *Nibelungenlied*) und als mittelalterliche Kaiserstadt – wichtiger ist als die genaue Topographie. Auch Heilbronn – als ›Brunnen oder Quelle des Heils‹, aus dem Katharina, ›die Reine‹, stammt (vgl. v. 2472 f.: »Wissenschaft / Entschöpft dem Himmelsbronnen«) – darf primär als symbolischer Ort verstanden werden.

Femgerichts: Von mhd. vême »heimliches Gericht«; im späte- vor 9.1 ren MA die Gerichte Westfalens zur Aburteilung schwerer Rechtsbrüche, die aus den fränk. Grafengerichten hervorgegangen waren. Vorsitzender war der Freigraf (bei Kleist Graf Otto von der Flühe), Urteilsfinder waren jeweils mindestens 7 Freischöffen (Adlige und frei Bauern), die Dingstätte wurde Freistuhl genannt. Die Femgerichte tagten öffentlich als ›offenes Gericht‹ (echtes Ding) für die gewöhnlichen Rechtssachen ihres Sprengels oder unter Ausschluss der Öffentlichkeit als ›heimliches‹ oder ›stilles‹ Gericht (gebotenes Ding), besetzt mit dem Freigrafen und 7 Freischöffen, zur Aburteilung auswärtiger Rechtssachen. Wer der Ladung vor die Femgerichte nicht Folge leistete, wurde ›verfemt‹, d. h., ihm drohte die Hinrichtung. Die Insignien des Femgerichts waren, als Zeichen der von ihm verhängten Todesstrafe, Schwert und Strick. Seit dem 14. Jh. griff die Wirksamkeit der Femgerichte über Westfalen hinaus auf ganz Deutschland über. Durch Abwehrbündnisse der Landesherren und Städte, die das Eingreifen dieser fremden Gerichtsgewalten in ihre Herrschaftsgebiete als Übergriffe empfanden, wurde ihr Einfluss im 15. Jh. gebrochen. Die Femgerichte sanken zu Bauerngerichten herab; um 1810 wurden sie durch die franz. Machthaber in Westfalen beseitigt. Angeregt durch Justus Mösers Schrift *Von dem Faustrechte* (1770), wurde das mittelalterliche Femgericht durch Goethes *Götz von Berlichingen* (1773) popularisiert, wo die »in einem finstern engen Gewölbe« tagenden Richter des ›heimlichen Gerichts‹ Adelheid von Weislingen wegen Ehebruchs und Mordes zum Tod verurteilen.

vor 9.1 **Schranken:** Gerichtsschranken zur Aufteilung des Raums zwischen Richtern und Angeklagten bzw. Zeugen.

9.1–2 **Wir, Richter [...] heimlichen Gerichts:** Die hier gebotene Eröffnungsformel ist frei erfunden und lehnt sich an das formelhafte Ritual in Goethes *Götz von Berlichingen* an, wo es im V. Akt heißt: »Richter des heimlichen Gerichts, schwurt auf Strang und Schwert, unsträflich zu sein, zu richten im Verborgenen, zu strafen im Verborgenen Gott gleich!«

9.3 **Vorläufer der geflügelten Heere:** Vorboten der himmlischen Racheengel des Jüngsten Gerichts.

9.10–11 **heiligen Feme:** Die Heiligsprechung des Femgerichts und ihrer »hohen, heiligen und geheimnisvollen Herren« korrespondiert mit ihrer Bedeutung als Vorboten des Jüngsten Gerichts.

10.23 **mit der Zunge der Schlangen:** Doppelzüngig, verleumderisch. Damit ist auch der für viele Texte Kleists zentr. Aspekt des dem Jüngsten Gerichts entsprechenden Sündenfalls angedeutet.

10.37 **schändlicher Zauberei:** Theobalds Anklage geht auf Shakespeares *Othello* (I, 2–3) zurück, wo Brabantio Othello anklagt, seine Tochter Desdemona sei »bezaubert« worden, »ein magisch Band« halte sie gefangen, Othello habe »Höllenkunst«, »Gift und Trank«, »Hexenkünste und Quacksalbertränke«, also »Zauberkraft« angewandt, um sie zu verführen. Die Sprache Theobalds, der von einem der Femrichter als »aberwitziger Träumer, unbekannt / Mit einem gemeinen Zauber der Natur!« bezeichnet wird, spiegelt sein Bewusstsein wider; er ist ein Meister des metaphorischen Sprechens und bewegt sich in einer von jedem Einspruch unberührt bleibenden Bilderwelt. Seine Invektiven kulminieren darin, den Grafen Wetter vom Strahl der »schändliche[n] Zauberei, aller Künste der schwarzen Nacht und der Verbrüderung mit dem Satan« anzuklagen, wobei es ihm nicht gelingt, diesen mit schlüssigen Argumenten eines Verbrechens zu überführen. Stattdessen verstärkt seine umständliche emphatische Rede, die sich ausgiebiger Gleichnisse und Metaphern bedient, das Dilemma der Wahrheitsfindung zusehends: Käthchen ist dem Vater entfremdet, zu einem ferngesteuerten Automaten geworden, ohne dass dem ›schändlichen Zauberer‹ irgendeine Lenkung nachzuweisen wäre.

Künste der schwarzen Nacht: Die Bezeichnung ›schwarze Kunst‹ für Zauberei oder Magie, die sich um 1500 entwickelte, ist die falsche Übersetzung der irrtümlich mit lat. niger »schwarz« verbundenen Nekromantie, der Weissagung durch Beschwörung der Toten (von griech. nekros »tot«). Im Ggs. dazu steht die »Kunst des hellen Mittags« (v. 49 f.), die einen alltäglichen Zaubertrick bezeichnet, »ausgeübt auf jedem Jahrmarkt«. Verbindet man die Schilderung des Grafen Wetter vom Strahl als ›Schwarzkünstler‹ mit dem späteren Hinweis auf seine Herrschaft über Stauffen, so darf man davon ausgehen, dass Kleist den Kontext des hist. Johann Georg Faust (ca. 1480 bis 1540) evoziert, ein offenbar hoch begabter und seine Fähigkeit zu spektakulärer Selbstdarstellung publikumswirksam einsetzender Autodidakt, der sich mit Astrologie, Wahrsagerei, Heilkunde sowie mit Alchemie und Magie beschäftigte und in Staufen – wohl infolge einer Explosion bei alchemistischen Experimenten – zu Tode kam. Der Faust-Stoff ist v. a. durch Goethes Tragödie in 2 Teilen, die sich auf insgesamt 4 ›Bauperioden‹ (1768–1831) erstreckte, zu (über-)nationaler Bedeutung gelangt. 10.37–38

Frage, wer sie sei: In vielen Texten Kleists gehört die Identitätsfrage, die im bibl. Wortsinn zum ›Erkennen‹ führen kann, zum Aufbau des Vertrauens unter Liebenden. Gleichzeitig verweist sie auf die Instabilität der Zeichen, auch in der späteren Wiederaufnahme »Lieb Mädel, wer bist du? [...] Lieb Mädel, wo wohnst du? [...] Lieb Mädel, wo ruhst du?« 10.46

Irrlichtern: Unstete Lichterscheinung über Mooren oder Sümpfen, die zumeist auf Sumpfgas (Methan) beruht; im Volksglauben gelten Irrlichter als Zeugen von Geistern oder unerlöste Seelen. 10.54

Ich fand ihn nicht: Der Satan und seine Teufel mit »Hörnern, Schwänzen und Klauen, wie sie zu Heilbronn, über dem Altar abgebildet sind«, existieren für den aufgeklärten Theobald nur 10.54–11.55

als Altarbild der Gläubigen oder als Sprachbild seiner Phantasie, der »eine schlichte Erzählung dessen, was sich zugetragen« nicht gelingt, weil die metaphernreiche Sprache gerade nicht die Realität nur einfach ›abbildet‹, womit schon hier deutlich wird, dass das Verhältnis zwischen Zeichen und Bezeichnetem nachhaltig gestört ist (vgl. Seeba 1987, S. 972).

11.73–74 **wie die ersten Menschen:** Durch die Anspielung auf Adam und Eva erneute Rekurrenz auf das Motiv des Sündenfalls. In allen seinen Texten gestaltet Kleist den Sündenfall als Metapher für die Paradoxie der menschlichen Existenz, ohne sich dabei jedoch in theologische Fragen zu verstricken oder das Verhältnis von Schöpfung und Geschöpf zu analysieren. Der Sündenfall ist bei ihm ein Fall (v. a. in der Ambiguität mit dem jurist. *casus* [vgl. *Der zerbrochne Krug*; SBB 66]), der den stets nach unten gerichteten Sturz (so auch Käthchens ›Fall‹ aus dem Fenster) mit einem Aufstieg (hier in dem später ausführlicher thematisierten Bild von der ›Hochzeit von Himmel und Erde‹) verbindet.

11.75–76 **das heraufging aus der Wüsten:** Zitat aus dem Hohelied Salomos 3,6: »Wer ist sie, die da heraufkommt aus der Wüste, Rauchsäulen gleich, umduftet von Myrrhe und Weihrauch, von allerlei Gewürzpulver des Händlers.« Myrrhen, ein bitter duftendes Baumharz, wurden ebenso wie Wacholderzweige für relig. Räucherungen benutzt. Am bekanntesten sind »Weihrauch und Myrrhe«, die die Könige aus dem Morgenland in der bei Matthäus überlieferten bibl. Weihnachtsgeschichte als Geschenk mit sich führen (Matth. 2,11).

11.79–80 **Flügeln der Einbildung:** Anspielung auf das bei Hesiod (*Theogonie*, 280 ff.) bezeugte geflügelte Zauberross Pegasos. Die Vorstellung vom Dichterross ist erst in der Neuzeit im Zusammenhang mit der Quelle Hippukrene auf dem Musenberg Helikon entstanden. Vgl. Schillers *Die Huldigung der Künste* (1804): »Und mein geflügelt Wort ist die Tat.« Das bei Homer wiederholt begegnende Epitheton der »geflügelten Worte«, die »wie gefiederte Pfeile« sind, hat nichts damit zu tun, dass sie wie Pfeile schnell ihr Ziel erreichen, sondern dass sie ›treffend, verletzend, spitz und hart sind‹.

11.82–83 **bürgerlichen Schmuck:** Gemeint i. S. v. ›Zierrat, Schmuckstück‹; das vorangestellte Attribut und die im Folgenden gegebene Beschreibung verweisen darauf, dass Schmuck hier als Kollektivum für schöne, kostbare Kleidung inkl. Schmuckstücken aufzufassen ist.

als ob der Himmel von Schwaben sie erzeugt: Im Bild der kosmische Züge tragenden Jungfrauengeburt führt Theobald Käthchen als Produkt eines mythologischen Synkretismus von christlichen und griech. Vorstellungen (›Hieros Gamos‹), als Kind des Himmels und der Stadt ein; eine ›Idee‹, die von Anfang an aus dem bürgerlichen Diskursrahmen enthoben ist und messianische Züge trägt: Käthchen begegnet als Gotteskind und Welterlöserin. Vgl. auch Kleists Brief an Adolphine von Werdeck vom 28./29.7.1801, wo der Mythos von der Vereinigung des Himmels mit der Erde bereits begegnet (SWB 4, S. 251). Später gibt ihm Eichendorff bildkräftigen Ausdruck in den Versen seiner »Mondnacht«, in der die Erde vom Himmel »still geküßt« wird, und Joseph Görres beschreibt ihn ausführlich in seiner zeitgleich mit Kleists Drama veröffentlichten *Mythengeschichte der asiatischen Welt* (1810). 11.88–89

Fräulein: Im Ggs. zur bürgerlichen ›Jungfrau‹ unverheiratete adlige Frau. 12.107

das Morgenland wäre aufgebrochen: Ähnlich wie mit der Anspielung auf »Weihrauch und Myrrhe« werden Bilder der Geburt Christi verwendet, um in Käthchen eine Erlöserfigur anklingen zu lassen. 12.108

so begriffen es diese fünf Sinne: Der Waffenschmied verklagt in der Person des Grafen Wetter vom Strahl das ›Unbegreifliche‹ an sich, das dabei in einem Raum verortet wird, der jenseits des menschlichen Bewusstseins liegt und daher nur Teufelswerk sein kann: »alle, mir unbegreiflichen, Greuel der Hölle«. Die ›Unbegreiflichkeit‹, die Kleist später verstärkt auf sich selbst bezieht, steht für das Geheimnis der Identität. So schreibt er in einem frühen Aufsatz (um 1799), der sich mit dem ›Glück‹ beschäftigt: »Es erscheint mir nur wie ein Hohes, Erhabenes, Unnennbares, für das ich vergebens ein Wort suche, um es durch die Sprache, vergebens eine Gestalt, um es durch ein Bild auszudrücken. Und dennoch strebe ich ihm mit der innigsten Innigkeit entgegen, als stünde es klar und deutlich vor meiner Seele« (SWB 3, S. 518). Die Unbegreiflichkeit der Welt zieht die Herr- 12.123

schaft des Scheins nach sich, die für Kleists Figuren deshalb so qualvoll ist, weil sie durchschauen, dass der Schein nur Schein ist und nicht der gesuchten Wahrheit entspricht.

13.134 **Judaskuß:** Durch den Kuss des Jüngers Judas Ischariot wurde Jesus von Nazareth identifiziert und verraten (vgl. Matth. 26,48).

13.137 **das Mal:** Fleck, Makel, Merkmal, das als Erkennungszeichen in der *Poetik* des Aristoteles (1454b-1455a) eine wichtige Rolle spielt. Als ›Anagnorisis‹ definiert Aristoteles die Wiedererkennung, die sich durch Zeichen, durch vom Dichter Erdachtes, aufgrund von Erinnerung oder aufgrund einer Schlussfolgerung vollzieht: »Die beste unter allen Wiedererkennungen ist diejenige, die sich aus den Geschehnissen selbst ergibt, indem die Überraschung aus Wahrscheinlichem hervorgeht« (1455a; Aristoteles: Poetik, griech.-dt., übers. und hg. von Manfred Fuhrmann, Stuttgart 1982, S. 53). Kleist, der dieses literarische Muster wiederholt in seinen Texten gestaltet, führt hier das Muttermal in Käthchens Nacken (vgl. II 9 u. IV 2) für die spätere Identifizierung des Doppeltraums und damit Käthchens selbst als Kaisertochter ein. Anders als in Sophokles' Tragödie *Oidipus Tyrannos* (vor 425 v. Chr.), in der für Oidipus (»Schwellfuß«), dem sein Vater Laios bei der Aussetzung die Knöchel durchbohren ließ (v. 718 f.), um ihn an der Erfüllung des vorherbestimmten Schicksals zu hindern, der körperliche Makel sogar Namen gebend und damit zum sprachlichen Zeichen des bereits erfüllten, nur noch aufzudeckenden tragischen Schicksals geworden ist, dient Käthchens »Mal« deren späterer Nobilitierung, so dass ihre ›Reinheit‹ unberührt bleibt.

13.142 **Heiligen Abend vor Pfingsten:** Mit seiner Nennung der symb. Zeit des Pfingstfestes, in den abendländischen Kirchen das Fest der Sendung des Hl. Geistes und der Begründung der Kirche, rückt Theobald die Begegnung zwischen Käthchen und dem Grafen Wetter vom Strahl – trotz gegenteiliger Intentionen – erneut in den Bereich eines Erlösungswunders.

13.152–153 **Troß Reisiger:** Schar berittener Soldaten. Während der »Troß« (von mlat. trossa) zunächst die Personen bezeichnet, die das Heeresgepäck begleiten und erst später zu einer Gruppe von Untergebenen wird, ist der »Reisige« (von mhd. reisec »zu Pferd gerüstet«) der Reiter, der sich auf einen Kriegszug (mhd. reise) begibt.

der Erzgepanzerte: Mit einer Rüstung aus Erz bekleidet; assoziiert werden dürfte hier aber der Auftritt eines Erzengels: »als wär' ein Cherub vom Himmel niedergefahren«. 13.153–154

als wär [...] niedergefahren: Mit dem »Cherub« wird nach 1. Mose 3,24 ein »Lichtengel« bzw. ein »Vertreibungsengel des Paradieses« und damit der Eindruck einer Epiphanie assoziiert. Im *Käthchen* wird der »Cherub« insgesamt 12 Mal erwähnt, sonst eher selten bei Kleist; allerdings spielt er eine prominente Rolle in dessen poetologischem Essay *Über das Marionettentheater* (1810), in dem auf den endgültigen Verlust des Paradieses angespielt wird: »Doch das Paradies ist verriegelt und der Cherub hinter uns; wir müssen die Reise um die Welt machen, und sehen, ob es vielleicht von hinten irgendwo wieder offen ist« (SWB 3, S. 559). 14.170–171

als ob sie eine Erscheinung hätte: Die hier – im Irrealis – Käthchen zugeschriebene Epiphanie (»Erscheinung«) sorgt für einen Perspektivenwechsel, da es eben noch Theobald war, der dieser Erscheinung erlegen war. 14.184–185

der Herr [...] Amen!: Die kirchliche Segensformel mit der aus dem Judentum in die christl. Liturgie übernommenen Zustimmungsformel der Gemeinde zu Rede, Gebet und Segen (»Amen«), mit der normalerweise ein Gottesdienst beendet wird, unterstreicht noch einmal den hl. Charakter der Begegnung Käthchens mit dem Grafen, in der »Gott der Herr« als selbst anwesend gedacht wird und Käthchen »mit Händen wie zur Anbetung verschränkt« vor ihm im Staub lag. 15.197–199

was vorgefallen sei!: Zentr. Denkfigur nahezu aller Texte Kleists, in der – als Wort- und Gedankenspiel – Sündenfall und Gerichtsfall koinzidieren. Die innerhalb des jurist. Diskurses gestellte analytische Frage nach dem Vorfall, die zunächst nur dem Fenstersturz Käthchens gilt, umgreift aber die das ganze Drama beherrschende Analyse eines Sündenfalls als Vor-Fall: in der christlichen Tradition Bezeichnung für den in 1. Mose 3 geschilderten Ungehorsam des ersten Menschenpaares gegen Gott, in dessen Folge die unmittelbare Gottesgemeinschaft verloren ging. 15.211

15.214 **der Wahnsinn, dieser Dietrich aller Herzen:** Weiterer zentr. Terminus der Poetik Kleists, die sich immer wieder, in stets riskanter Weise den ›pathologischen‹ Bereichen der Kultur: dem Chaos, dem Ekel, dem Trauma und dem Wahnsinn, annähert. Mit der ›Befreiung‹ des Wahnsinns (durch den »Dietrich«, Sperrhaken, der als Nachschlüssel dient) geht eine Verunsicherung der Grenzen zwischen Vernunft und Unvernunft einher, so dass der Wahnsinn weder im Außen noch im Innen der Kultur zu territorialisieren ist. Das affiziert das literarische Sprechen, das weder einfach den Wahnsinn als sein Thema behandeln noch einfach ihn artikulieren kann, weder einfach über ihn sprechen noch einfach ihn aussprechen kann. Der Wahnsinn wird zu einem fundamentalen Grenzwert des Poetischen, dem sich viele Texte Kleists als Schrift-Bewegungen annähern.

16.234–235 **am Strahl [...] wie einen Tau:** Wortspiel mit dem sprechenden Namen des Grafen Wetter vom Strahl; nach Seeba (1987, S. 979) ist »die Bannkraft seiner Augen [...] die Stärke eines aus fünf gedrehten Stricken (Drähten) gewundenen Taus«, wobei »fünf« wohl in der Bedeutung »alle fünf Sinne gefangen nehmend« (Grathoff 1994, S. 17) zu verstehen ist. In Bezug auf Kleists späteren Aufsatz *Über das Marionettentheater* (1810) ist Käthchen wiederholt als vollendete Marionette gedeutet worden, die ihren Schwerpunkt im untrüglichen Gefühl besäße. Mit der damit verbundenen ›Vermenschlichung‹ beider Kunst-Figuren (Mädchen wie Puppe) wird jedoch jene fundamentale Spaltung des Subjekts durch die Sprache überlesen, die sich in ihr selbst vollzieht. Die Erschütterung der Mimesis, die nicht nur Kleists poetologischen *Marionetten*-Aufsatz, sondern auch die dramatischen und erzählerischen Texte durchzieht, korrespondiert hier jedoch der Unentscheidbarkeit zwischen dramatischer und rhet. Konfiguration, Bildlichkeit und Wörtlichkeit, die bereits im Zentrum der *Penthesilea* (vgl. SBB 72) stand. Nur vor diesem Hintergrund wird verständlich, dass die hypnotisierende Gewalt jenes Anblicks (»Angesichts«) nachträglich in der performativen Selbstbezüglichkeit eines Signifikanten (»Strahl«) verankert wird, der den Namen des Grafen in eine Metapher verwandelt und ihn in den Deutungsrahmen des *Marionetten*-Diskurses stellt.

wie ein Hund: Im Ggs. zu Kunigunde, der »rasende[n] Megäre«, der das »ganze Reich« »aus der Hand [...] frißt« (v. 813 ff.), mutiert Käthchen zu einem dressierten Tier, das verwechselte Briefe, Bilder und Dokumente apportiert und notfalls mit der Peitsche abgewehrt wird (vgl. I 2 u. III 6). Die hündische Unterwürfigkeit Käthchens paart sich im Laufe des Dramas mit ihrer dreimaligen Ohn-Macht und signalisiert das ganz Andere, mit dem sie Macht über den Grafen gewinnt. Die Bildlichkeit des Hundes verweist ferner in einem weiteren intratextuellen Bezug auf die amazonische Gegenfigur in *Penthesilea*. Allerdings steht Käthchen nicht für die wölfische Natur des rasenden und (am Ende) zerfleischenden Jagdhunds, sondern für den »hündischen« Gehorsam des Haustiers (vgl. Klüger 1993).   16.242

Knötlein spürte, in des Bettuchs Faden: Anspielung auf das Märchen von der Prinzessin auf der Erbse, die den Kontrast zwischen der gleichsam aristokratischen Sensibilität der verwöhnten Bürgerstochter und ihrer hündischen Rolle verdeutlicht, die Käthchen immer stärker verinnerlicht.   16.245–246

der Affe die Pfoten der Katze: Anspielung auf eine zuerst von Guillaume Bouchet (1584) und Simon Majoli (1588) erwähnte Tierfabel, in der ein am Hof gehaltener Affe anstelle eines Werkzeugs die Pfoten einer Katze nimmt, um sich Kastanien aus dem Feuer zu holen. Die bekannteste Fassung stammt von Jean de La Fontaine (1621–1695) unter dem Titel *Le Singe et le Chat* (IX 17).   16.260

ein Schelm will ich sein: In der negativen Bedeutung von: durchtriebener Kerl, Lügner; bei Kleist häufig als Beteuerungsformel gebraucht, die auf das Missverhältnis von Zeichen und Bezeichnetem verweist, so im *Zerbrochnen Krug* (vgl. SBB 66): »Ich bin ein Schelm, wenns nicht der Lebrecht war« (v. 1205; vgl. v. 1108, 1400, 1794).   16.260–261

ja, ja, nein, nein: Anspielung auf Jesu Worte zur Erfüllung des Gesetzes in der Bergpredigt (Matth. 5,37): »Es sei aber eure Rede: Ja, ja! Nein, nein! Was aber mehr ist als dieses, ist vom Bösen.«   17.263

ordiniere: In den Ritterstand erheben, damit Theobald sich zum Zweikampf (als Gottesgericht) mit dem Grafen Wetter vom Strahl stellen kann.   17.265

17.266 **Handschuh:** Zum Zeichen der Herausforderung zum Gottesgericht haben sich Ritter den Fehdehandschuh hingeworfen, der
vom Aufgeforderten aufgenommen werden musste. Graf Wetter
vom Strahl will sich der kaiserliche Rechtsgewalt unterstellen
und lehnt damit die Rechtsbefugnisse des Femgerichts ab.

17.274 **nicht im Traum:** Doppelsinnige Anspielung, zumal dieser Gedanke in den Schlaf des Grafen Wetter vom Strahl eingebettet ist
(»eingeschlafen« – »erwache«).

17.277–278 **als ob sie [...] herabgeschneit wäre:** Diese Darstellung korrespondiert mit Theobalds Erinnerung an Käthchens Reaktion
(»als wär ein Cherub vom Himmel niedergefahren«) und verbindet damit Käthchen mit dem Grafen Wetter vom Strahl – wie
später durch die Decodierung und Verklammerung der beiden
Traumhälften – bereits hier auf der den I. Akt durchziehenden
bildlichen Ebene der Epiphanie.

18.323 **ihr wißts ja!:** Anspielung Käthchens auf den Doppeltraum, die
bei Graf Wetter vom Strahl ein unbewusst wissendes Einverneh-
men voraussetzt, das erst später (vgl. die Wiederholung zum
Auftakt der Holunderstrauchszene) als Gewissheit begründet
und realisiert werden muss.

19.347 **Salzsäule:** Vgl. die Schilderung des Gerichts über Sodom und
Gomorra und Lots Rettung (1. Mose 19,24–26): »Da ließ der
HERR auf Sodom und auf Gomorra Schwefel und Feuer regnen
von dem HERRN aus dem Himmel und kehrte diese Städte um
und die ganze Ebene [des Jordan] und alle Bewohner der Städte
und das Gewächs des Erdbodens. Aber seine Frau sah sich hinter
ihm um; da wurde sie zu einer Salzsäule.« Vgl. auch *Käthchen*
III 15: »Seid ihr Säulen Salz geworden?«

19.360–361 **Mensch, entsetzlicher, als Worte fassen:** Die Anspielung auf das
bekannte 1. Standlied des Chors der *Antigone* (442 v. Chr.) des
Sophokles (v. 332 f., in Hölderlins 1804 veröffentlichter Übersetzung: »Ungeheuer ist viel. Doch nichts / Ungeheurer, als der
Mensch«) verweist auf die Kleist interessierende Frage nach der
›modernen‹ Kategorie der Schuld (griech. hamartía). Innerhalb
des griech. Denkens des 5. Jh.s v. Chr. war das Schicksal (griech.
moîra) ein Verhängnis, das den Menschen von außen trifft –
unverschuldet, wenn es sich auch für den Ablauf der von der
Moira verhängten Ereignisse der Schwächen der Menschen und

ihrer Anfälligkeit für Irrtum, Verfehlung und Selbstüberschätzung bedient. Für das moderne Denken ist dagegen Schicksal immer mit den in der Subjektivität angelegten individuellen Charaktereigenschaften, die dem Handelnden mehr oder weniger bewusst sind, verbunden bzw. ergeben sich fast zwangsläufig aus ihnen und führen zu einem eigenen Beitrag zum schicksalhaften Geschehen, der vom Handelnden als persönliche Schuld erlebt wird. Im Zusammenhang des *Käthchen* kann die gegen Graf Wetter vom Strahl vorgebrachte Anklage als Frage nach der ›Unsagbarkeit‹, der ›Unbegreiflichkeit‹ der menschlichen Schuld im sprachlichen Diskurs gelesen werden.

Hekate: Urspr. kleinasiat. Muttergottheit, von den Griechen 20.370 übernommen; als Herrin der Zauberei mit Fackel und Geißel erschien sie umgeben von heulenden Hunden, Torhüterin und Schutzgöttin der »Dreiwege« (Schnittpunkt von drei Wegen), daher meist dreigestaltig oder dreiköpfig dargestellt, die wie die Erinnyen eine Fackel und Schlangen im Haar trägt.

moorduftige: Nach dem Moor duftend, das in der Romantik 20.370 zum unheimlichen, von Zauberern und Hexen bevorzugten Ort stilisiert wird.

Sündflut: Sintflut (von mhd. sinvluot »allgemeine Flut«); in der 20.380 mythologischen Überlieferung vieler Völker eine von Gott bzw. den Göttern ausgelöste urzeitliche Flut, die alles Leben auf der Erde vernichtet habe, mit einem Sintflut-Helden (z. B. Noah, Deukalion), der auf wunderbare Weise überlebte. Trotz Luthers Beibehaltung von »Sindflut« setzte sich im 16. Jh. die volksetymologische Bezeichnung »Sündflut« durch. In Theobalds Evokation der apokalyptischen Bilder von der Verkehrung der Naturordnung wird die Sintflut explizit an den Sündenfall herangerückt. Vgl. 1. Mose 6,17. »Denn ich, siehe, ich bringe die Wasserflut über die Erde, um alles Fleisch unter dem Himmel, in dem Lebensodem ist, zu vernichten; alles, was auf der Erde ist, soll umkommen.«

Mein hoher Herr!: Diese von Käthchen häufig gebrauchte An- 21.401 rede hat nahezu leitmotivischen Charakter.

ich, ein Verklagter, so wie du: Die In-Eins-Setzung von Verklag- 21.405 tem und Richter wäre als Umkehrung der im *Zerbrochnen Krug* aufgenommenen *Oidipus*-Struktur (der Richter als Angeklagter, der – ohne es zu wissen – über sich selbst zu Gericht sitzt) zu lesen. Eigentlich ist Käthchen nur als Zeugin, nicht als Angeklagte gerufen worden.

21.407 **in Staub:** Von Kleist häufig gebrauchte Wendung, um tiefste Erniedrigung von Personen anzuzeigen. In der *Penthesilea* (SBB 72) wird der Gedanke akzentuiert, dass Liebe gleichbedeutend sei mit der Unterwerfung (»Staub«) und der Zerstörung des begehrten Körpers, mit seiner Schleifung – wie Achilles dies am toten Hektor vorexerziert hat.

22.419 **Wie das Gericht, am jüngsten Tage:** Sowohl Theobald als auch Käthchen evozieren die Vorstellung des Jüngsten Gerichts, zu dem das Femgericht überhöht wird.

22.420 **Du wunderliche Maid [...] treibst du?:** Graf Wetter vom Strahls Verteidigung fußt darauf, Käthchen den Richtern als somnambule Träumerin vorzuführen; mit Zügen solcher tagträumerischen Weltvergessenheit hat Kleist viele seiner Dramenfiguren ausgestattet.

23.442 **Apostel:** Griech. »Bote«; die 12 von Jesus von Nazareth zur Verkündigung seiner Lehre ausgewählten Jünger.

23.463 **Wie man vor Gott tut:** Graf Wetter vom Strahl wird von Käthchen zu Gott umfunktioniert, vor dem sie zum Jüngsten Gericht antritt: »Vor meinen Richter hat man mich gerufen.«

24.486 **so frag ich sie:** Strahl – als Angeklagter – wechselt im Folgenden, wie Käthchen bereits vorher annahm, in die Rolle des verhörenden Richters. Damit kann die von ihr erwartete Probe (»Ihr versucht mich!«) beginnen: »als raffiniertes Fragespiel, in dem der angeklagte Graf in der Rolle des vernehmenden Richters falsch spielt, als wäre er schuldig, um von Käthchen als Falschspieler entlarvt, d. h. entlastet zu werden« (Seeba 1987, S. 988).

25.503 **Flammenrüstungen:** In diesem Bild klingt die Vorstellung von Engeln in flammenden Rüstungen an, die neben Gottes Richterstuhl stehen.

25.505 **ich weiß es nicht:** Diese – auf das Unbewusste der Vorgänge anspielende – Aussage unterscheidet sich deutlich von Käthchens früherer Antwort (»Ihr wißts ja!«). Das Unbewusste verleiht Käthchen das wahre Wissen – doch dabei hat sie keine Ahnung, wie sie dieses neue Wissen mit ihrem früheren Wissen vereinbaren soll. Die sich im Traum konstituierende Welt bildet bei Kleist keine Ergänzung zur ›realen‹ Welt; sie ist nicht deren ›negativer‹ Abdruck, sondern fristet eine eigenständige Existenz.

Was ist geschehn: Erneut nur als Scheinfrage (vgl. auch v. 521) 28.560 gebrauchte analytische Formel, die, obwohl sie sonst im Zentrum der Dramen Kleists steht, hier lediglich die Nichtigkeit des Geschehens erweisen soll, wie der Vorsitzende des Femgerichts sogleich zu Recht vermutet: »Zuletzt ist nichts im Stall zu Strahl geschehen.« Erst auf einer zweiten Ebene wird, wie Seeba (1987, S. 990) unterstreicht, »der analytische Blick immer wieder auf die Ungeheuerlichkeit eines Vorfalls gelenkt, der, verborgen hinter dem aufgebauschten Nicht-Ereignis, nur insofern vor das Femgericht gehört, als dieses (wie ausdrücklich für Käthchen) das Jüngste Gericht symbolisiert. So treibt die Insistenz, mit der das Femgericht auch im folgenden wissen will, ›Was in dem Stall damals zu Strahl geschehn‹ [...] immer mehr in die zentrale Problemstellung des Dramas hinein.«

noch –: An dieser Stelle ist zu ergänzen: hören. Im Folgenden 29.587 werden mehrfach Ellipsen bis auf wenige Ausnahmen nicht ergänzt, weil der Sinngehalt ohnehin aus dem Text hervorgeht oder zumindest vermutet werden kann.

Wo in [...] Nest gebaut.: Das in diesen Versen präsentierte Bild 31.633–634 vom Holunderbusch zieht sich wie ein Leitmotiv durch das gesamte Drama und wurde im 19. Jh. zum beliebtesten mit dem *Käthchen* identifizierten Topos: ein duftender und anmutig tönender *locus amoenus*, der die romantische Sehnsucht nach dem verlorenen Paradies zu stillen schien. Vgl. ein von Friedrich de la Motte Fouqué erfundenes Gespräch, das schon den – die spätere Rezeption vorweg nehmenden – Ton sentimentaler Trivialisierung trifft: »und wer das arme Kind nicht in eine Burg aufnehmen will, mag es doch draußen wohnen lassen, wo der zwitschernde Zeisig in den süßduftenden Holunderbüschen sich sein Nest gebaut hat« (*Nachruhm*, Nr. 261a).

sammelt die Kugeln: Das hier skizzierte Verfahren der Abstim- vor 32.57 mung mit weißen und schwarzen Kugeln, das Ballotieren (von franz. ballotte »Bällchen«) erscheint nicht im Zusammenhang mit der Femgerichtsbarkeit, wird gleichwohl aber in Geheimgesellschaften des 18. Jh.s praktiziert, um über die Aufnahme eines neuen Mitglieds abzustimmen. Das mag Kleist vor Augen gestanden haben, da die Publikumswirksamkeit des von ihm geschilderten Motivs vom Femgericht ohne Zweifel mit der zeitgenössische Vorliebe für die zahlreichen Geheimgesellschaften zusammenhängt.

33.665 **die Welt aus nichts gemacht:** Anspielung auf eine der möglichen Vorstellungen über den Anfang der Welt: die »Schöpfung aus dem Nichts« (lat. *creatio ex nihilo*) durch das göttliche Wort.

33.666 **nichts und wieder nichts:** Gemeint ist hier: Das versinnbildlichte Nichts, das der Geschichte zwischen Schöpfung und Jüngstem Gericht zugrunde liegt, gilt für Theobald als satanisches Instrument der Vernichtung, d. h. als Aufhebung der Schöpfung aus dem Nichts.

33.667 **das erste Chaos:** Anspielung auf eine zweite mögliche Schöpfungsvorstellung: die Ordnung eines ungeordneten (chaotischen) Urstoffes durch göttlichen Willen bzw. unpersönlich wirkende Ur-Kräfte, wobei hier eher das Durcheinander vor jeder Welt- und Naturordnung gemeint ist.

vor 34.685 *Sie fällt in Ohnmacht.*: Nach Seeba (1987, S. 993) ist die Ohnmacht »ein Zeichen dafür, daß ein Widerspruch nicht ausgehalten werden kann. Weil die Verbindlichkeit der Sprache, als Versprechen, Käthchen auf eine Haltung festlegt, der sie nicht entsprechen kann, verliert sie über dem Widerspruch von Wort und Wirklichkeit das Bewußtsein.« Die Ohnmacht bedeutet das Scheitern des Bewusstseins und der Berechenbarkeit der Welt. Doch gerade deshalb hört bei Kleist das Bewusstsein aufgrund dieses Scheiterns nicht auf zu sein, sondern erweitert sich noch.

34.687 **Mordschaunder Basiliskengeist!:** Nach Plinius (23/24–79 n. Chr.), der ihn in seiner *Historia naturalis* (77 n. Chr.) erwähnt, ist der Basilisk (von griech. basiliskos »asiatische Königseidechse«) ein Fabeltier, eine geflügelte Schlange, deren unfehlbares und schnell wirkendes Gift gefürchtet war und die Menschen mit ihrem Blick töten kann.

34.689 **Was ist geschehn:** Hier kehrt die zentr. analytische Frage zu dem eigentlichen Vorfall zurück, dem in Käthchens Ohnmacht (wie früher in ihrem Fenstersturz) symb. Auseinandertreten von Bewusstsein und Wirklichkeit.

34.692 **schlangenhaar'gen Pförtner:** Offenkundig hat Kleist das Bild von den schlangenhaarigen Furien und anderen Gestalten der griech. Mythologie auf Teufel und weitere satanische Gestalten der christlichen Mythologie übertragen, die am Eingang der Hölle auf die Sünder warten.

Ach!: Der Aufschrei mit dem Ausrufezeichen, eine der treffend-sten sprachlichen Figuren Kleists (vgl. etwa das berühmteste »Ach!« der Weltliteratur, Alkmenes Seufzer, die letzte Äußerung in *Amphitryon*), deuten an, was nicht mehr gesagt werden kann und lassen das Unaussprechliche (in Verbindung mit der zuvor geschilderten Ohnmacht Käthchens) als Bild spürbar werden. Beides zusammen (»Ach!« und Ohnmacht) sind ein Ausdruck der Selbstentfremdung und Selbstzerstörung der Seele, die es Käthchen nicht erlauben, ihr eigenes Begehren zu artikulieren. 34.697

wie ein Schäfer: Der Monolog ist sprachlich und motivisch an die v. a. von Salomon Geßner (1730–1788) repräsentierte Tradi-tion der Schäferdichtung angelehnt, die stilprägend für die Idyl-len-Topik um 1800 war. Grathoff (1994, S. 25) verweist auf die »distanziert-parodistische Verwendung der idyllischen Motivik bzw. den subtil ironischen Charakter des gesamten Monologs« bei Kleist. Mehr noch: Kleist re-inszeniert den empfindsamen Liebesdiskurs über eine zwar sattsam bekannte, im 18. Jh. aber auch ebenso veraltete idyllische Gestaltungsmöglichkeit von Liebe, die er gleichsam denunziert: Der Abschnitt ist nicht nur durchsetzt mit Um-Schriften (die Pferde an der Quelle werden imaginär zu Schafen und Ziegen umgestaltet), sondern auch mit ironischen Signalen, die die Anstrengung des Grafen Wetter vom Strahl als hilfloses Suchen nach einer adäquaten Sprache der Gefühle parodieren. In ihrer Ironisierung der empfindsamen Überschreibung anakreontischer Dichtung stellt II 1 gleichsam einen Brückenschlag zu der im Folgenden entfalteten orphi-schen Emphase einer Genie-Ästhetik dar, wie sie sich in Goethes *Werther* (1774) beobachten lässt. 35.699

Ich will mir einbilden: Graf Wetter vom Strahl webt sich qua Einbildung in das literarische Zitat hinein, als wäre er selbst ein Teil der geschilderten Idyllen-Fiktion und könnte mit seinem Monolog und dessen Fülle an direkten Anreden, Ausrufen, rhet. Fragen und Auslassungen die Anwesenheit eines Abwesenden beschwören. 35.706

35.707–709 **Ziegen, die an [...] Gesträuchen rissen:** Anspielung auf Salomon Geßners Idylle *Idas, Mycon*: »Indeß können meine Ziegen an der jähen Wand klettern, und vom Gestraeuch reissen« (Salomon Geßner, Sämtliche Schriften in drei Bänden, hg. von Martin Bircher, Bd. 3, Zürich 1972, S. 8).

35.717 **Reimschmidt:** Gemeint ist der Dichter, hier ohne den häufig abwertenden Unterton.

36.722 **Beugungen:** Gedacht ist wohl an die Verbeugungen und Biegungen beim Tanz.

36.726–727 **ein bloßes liebliches Märchen:** Anspielung auf den griech. Mythos vom thrak. Sänger und Leierspieler Orpheus, Sohn der Muse Kalliope und des Apollon, der durch seine liebliche Musik selbst Bäume und Felsen in Bewegung versetzt haben soll. Als seine Gemahlin Eurydike durch einen Schlangenbiss umkommt, steigt er in die Unterwelt und rührt deren Götter durch sein Lied so sehr, dass sie Eurydike die Rückkehr erlauben. Doch übertritt er das Verbot, sich umzuschauen, ehe sie die Oberwelt erreicht haben; deshalb muss Eurydike im Totenreich bleiben. Der ›Orpheus‹ der Romantik – etwa bei Novalis (Friedrich von Hardenberg, 1772–1801) in einem Gedicht der ausgehenden 1780er Jahre – ist anfangs noch nicht mit jenem allmächtigen Magier identisch, der alle Geschöpfe anspricht, die Gesetze von Raum und Zeit außer Kraft setzt und den ›gefallenen Menschen‹ erlöst. Orpheus entpuppt sich zunächst vielmehr als ein ›poeta doctus‹, der allerdings Verschiebungen im Gefüge der Poetik vornimmt. Als ›poeta magus‹ erscheint er dann in Novalis' *Heinrich von Ofterdingen* (1802): »In alten Zeiten muß die ganze Natur lebendiger und sinnvoller gewesen sein als heutzutage. [...] So sollen vor uralten Zeiten [...] Dichter gewesen sein, die durch den seltsamen Klang wunderbarer Werkzeuge das geheime Leben der Wälder, die in den Stämmen verborgenen Geister aufgeweckt [...] und selbst die totesten Steine in regelmäßige tanzende Bewegungen hingerissen haben.«

36.727–730 **wie nenn ich dich [...] nicht mein nennen?:** Mit dem hier ansichtig werdenden Riss zwischen Repräsentation und Expression bricht der vom Grafen Wetter vom Strahl imaginierte Rahmen bukolischer Schäferpoesie zusammen, um sich im infantilen Dreiklang eines Stammelns eine Antwort auf die Frage nach der Krise von Identität und Begehren zu machen; die erkenntnistheoretische Problematisierung der Benennung, die bei Kleist häufig begegnet, setzt ein poetisches Potential frei: Käthchen erhält mit dem über das Possessivum (»mein«) vermittelten neuen Namen zugleich eine neue, poetische Identität, die dem Begehren des Grafen Ausdruck verleiht. In dieser Serie von rhet. Fragen werden das Du und das Ich chiastisch verschränkt: »Du Schönere, als ich singen kann, ich will eine eigene Kunst erfinden, und dich weinen« [Unterstreichungen A.S.]. Das Körperzeichen soll das leisten, wozu die literarische Sprache nicht fähig ist, und es soll so deutlich denotieren, dass auf den ersten Blick zu erkennen ist, wer oder was gemeint ist: »daß jeder Mensch gleich [...] sagen soll«. Gleichwohl bleibt die Instabilität auch der somatisch-poetischen Zeichengebung bestehen; vgl. Kleists Brief vom 22.3.1801 an Wilhelmine von Zenge: »Wir können nicht entscheiden, ob das, was wir Wahrheit nennen, wahrhaftig Wahrheit ist, oder ob es uns nur so scheint« (SWB 4, S. 205).

die mit Ölen [...] Braut eines Perserkönigs: Wie die »Perserbraut« im *Prinzen von Homburg* (v. 121) Anspielung auf Ester 2,12 f.: »Wenn nun die Reihe an ein jedes Mädchen kam, zum König Ahasveros hineinzugehen, nachdem es gemäß der Vorschrift für Frauen zwölf Monate lang behandelt worden war – denn so wurden die Tage ihrer Schönheitspflege voll, [nämlich] sechs Monate mit Myrrhenöl und sechs Monate mit Balsamölen und mit [anderen] Schönheitsmitteln für Frauen –, dann ging das Mädchen unter folgenden Umständen zum König hinein [...].« **36.735–736**

dich weinen: Fortsetzung der Orpheus-Rolle; weinend, nicht singend, erfindet sich Graf Wetter vom Strahl – mit Hilfe der von Geßner zitierten Idyllen-Metaphern – ein poetisches Käthchen. **36.740**

Phiolen: Von Alchemisten gebrauchte birnen- und kugelförmige Glasgefäße mit langem Hals; hier mit der Zaubermacht der poetischen Sprache verbunden. Vgl. Goethes *Faust I*: »Ich grüße dich, du einzige Phiole, / Die ich mit Andacht nun herunterhole! / In dir verehr' ich Menschenwitz und Kunst. / Du Inbegriff der holden Schlummersäfte, / Du Auszug aller tödlich feinen Kräfte, / Erweise deinem Meister deine Gunst!« (v. 690 ff.). **36.740**

36.748 **Rüstsaal:** Kleist denkt wohl an dieselbe Ahnengalerie (vgl. I 1 »meiner Väter Saal«), in der Graf Wetter vom Strahl Theobald empfangen hat und in dem Rüstungen und Bilder der Vorfahren zur Schau gestellt wurden.

36.752 **Reigen:** Normalerweise Bezeichnung für einen Tanz; hier übertragen auf die ehrwürdige Reihe der Vorfahren, die Graf Wetter vom Strahl vorschreibt, kein bürgerliches Mädchen zu heiraten, auch wenn unmittelbar vorher ein erstes Eingeständnis seiner Liebe erfolgt.

37.768 **Zunge:** In der bibl. Bedeutung von ›Sprache‹; vgl. Apostelgeschichte 2,3 f.: »Und es erschienen ihnen zerteilte Zungen wie von Feuer, und sie setzten sich auf jeden einzelnen von ihnen. Und sie wurden alle mit Heiligem Geist erfüllt und fingen an, in anderen Sprachen zu reden, wie der Geist ihnen gab auszusprechen.«

38.788 **Fehde:** Ahd. *(gi)fehida* »Feindseligkeit«; durch Goethes *Götz von Berlichingen* popularisiertes Wort für den Privatkrieg zwischen zwei Freien oder ihren Sippen in germ. Zeit und im MA; zunächst außerrechtlich, später von der Rechtsordnung anerkannt. Die Fehde diente der Wiederherstellung der verletzten Sippenehre. Von der auch im Bauernstand verbreiteten Blutrache unterschied sich später die Fehde durch die gebotene, aber häufig missachtete Wahrung ritterlicher Formen. Im Ewigen Landfrieden (1495) wurde sie schließlich verboten.

38.792 **Junkers:** Ahd. »junger Herr«; urspr. Sohn eines adligen Grundherrn, im späten MA adliger Grundherr ohne Ritterschlag.

38.799 **griechischen Feuerfunken:** Das von Kalliniko aus Heliopolis 668 n. Chr. erfundene griech. Feuer war eine Pulvermischung, die nur schwer löschbar war und noch im frühen MA, bes. in Seekriegen, benutzt wurde, weil sie auch auf dem Wasser brannte. Bis ins 19. Jh. fand griech. Feuer für Beleuchtungseffekte auch bei der Aufführung von Theaterstücken Verwendung. Eybl (2007, S. 167) vermutet eine metaphorische Bedeutung, indem er mit dem »griechischen Feuerfunken« Helena als Ursache des Trojanischen Krieges assoziiert (vgl. hierzu auch Kleists *Penthesilea*; SBB 72) und mit Kunigunde gleichsetzt, über die Graf Wetter vom Strahl bemerkt: »Ihr kleines verwünschtes Gesicht ist der letzte Grund aller dieser Kriege wider mich« (v. 840 f.).

besagten Klausel: Über den Inhalt der hier als bekannt voraus-　38.809
gesetzten Klausel werden an keiner Stelle detaillierte Angaben
gemacht.

Die rasende Megäre!: Megaira ist neben Allekto und Teisiphone　39.813
eine der drei Erinnyen, der Rachegöttinnen der griech. Mythologie, die mit verzerrten Gesichtszügen, von Schlangen bedeck-
ten Häuptern und drohend geschwungenen Fackeln jeden Frev-
ler durch die ganze Welt verfolgen. Das Schreckensbild der
Rachegöttinnen (in der röm. Mythologie: Furien) ist um 1800
durch Schillers Ballade *Die Kraniche des Ibykus* (1797) bekannt
geworden: »Ein schwarzer Mantel schlägt die Lenden, / Sie
schwingen in entfleischten Händen / Der Fackel düsterrote Glut,
/ In ihren Wangen fließt kein Blut. / Und wo die Haare lieblich
flattern, / Um Menschenstirnen freundlich wehn, / Da sieht man
Schlangen hier und Nattern / Die giftgeschwollnen Bäuche
blähn« (v. 105 ff.).

das ganze Reich: Gemeint ist das 1806 von Napoleon aufgelöste　39.816
Heilige Römische Reich deutscher Nation.

Kleopatra: Ägypt. Königin (69–30 v. Chr.), die zunächst mit　39.817
ihrem Bruder Ptolemaios XIII. regierte; von ihm vertrieben,
wandte sie sich Hilfe suchend an Caesar, der ihr nach schweren
Kämpfen (Alexandrinischer Krieg) die Herrschaft zurückgab.
46–44 lebte sie in Rom, kehrte nach Caesars Tod nach Ägypten
zurück, wo sie ihren von Caesar stammenden Sohn Kaisarion
zum Mitregenten erhob. Im Bürgerkrieg von 43/42 neutral, gewann sie 41 Antonius für sich, mit dem sie seit 37 (Eheschlie-
ßung) verbunden blieb. Ihr Ziel, ihrem Land und ihrer Dynastie
neuen Glanz zu geben, wurde von Antonius gefördert. Von Oc-
tavianus wurde Kleopatra als Feindin Roms hingestellt und der
Kampf gegen Antonius offiziell gegen sie geführt. Nach der verlorenen Schlacht bei Actium (31) floh Kleopatra nach Ägypten
und tötete sich durch Schlangenbiss.

Ribbe: Nach der Schöpfungsgeschichte in 1. Mose 2,22 haben　39.819
die Männer eine Rippe weniger, weil Gott Eva aus einer Rippe
von Adam geschaffen hat: »Und Gott, der HERR, baute die
Rippe, die er von dem Menschen genommen hatte, zu einer
Frau, und er brachte sie zum Menschen.« Aus des Grafen Be-
merkung leitet Klüger (1993, S. 110) ab, dass hier »die Frau, mit

ihrer zusätzlichen Rippe, zur Überlegenen, daher Gefürchteten, Zwietrachtstiftenden [werde]. Die zusätzliche Rippe übernimmt somit die Rolle des Phallus als Machtsymbol«. Demgegenüber hebt Ueding (1981, S. 178) auf die Herkunft des Bildes aus der bibl. Vorlage ab, wenn er Kunigunde aus Graf Wetter vom Strahls Perspektive als »die erneute Verkörperung der ewig lockenden, zu Sünde und Gottlosigkeit verführenden Eva« betrachtet; diese Deutung ist durchaus mit dem männermordenden Charakter der anderen (hier zitierten) sagenhaften Frauengestalten kompatibel, an denen der Graf das Reichsfräulein misst.

39.838   **Daß sie die Pocken kriegte!:** Verwünschungsformel. Pocken sind eine hoch ansteckende Infektionskrankheit, die als endemische Krankheit schon seit etwa 1000 v. Chr. in China, Asien und Arabien bekannt sind; in Europa kam es im 6. Jh. zur ersten sicher belegten Epidemie, ihr folgten weitere im 13. Jh. in England und Ende des 15. Jh.s in Deutschland.

39.839   **Nachttau:** Hatte offenkundig eine schädliche Wirkung für die Schönheit der Haut.

39.842   **Märzschnee:** Galt als Schönheitsmittel für die Hautpflege.

40.847–848   **Feste des Himmels:** Himmelsgewölbe. Vgl. 1. Mose 1,14: »Und Gott sprach: Es sollen Lichter an der Wölbung des Himmels werden, um zu scheiden zwischen Tag und Nacht und sie sollen dienen als Zeichen und zur Bestimmung von Zeiten und Tagen und Jahren; und sie sollen als Lichter an der Wölbung des Himmels dienen, um auf die Erde zu leuchten.« Das hebr. Wort (raqi'a) ist von einem Verb »feststampfen, breithämmern« abgeleitet und meint eine gehämmerte Platte oder Schale, eine nach allen Seiten ausgeweitete Fläche oder Wölbung.

41.873–874   **falschen Zähne:** Erster Hinweis auf Kunigundes synthetischen Charakter.

41.885   **den Szepter:** Zepter (von griech. skeptron »Stütze«), zu den Krönungsinsignien gehörender Herrscherstab; im MA zunächst Symbol der kaiserlichen bzw. königlichen, später auch der fürstlichen Gewalt sowie Belehnungssymbol. Das vom Ast abgebrochene Zepter ist eine Rute, mit der hier Prügel angedroht werden.

41.888   **Dame:** Im 17. Jh. aus dem Franz. (dame, von lat. domina) eingebürgertes Lehnwort als Ehrentitel für Frauen aus Hof- und Adelskreisen, ab 1800 auch auf bürgerliche Frauen übertragen.

Kriegsmänner, die von Jerusalem kommen: Kreuzfahrer, die in der Zeit der Kreuzzüge um Jerusalem gekämpft haben. Kreuzzüge waren die im MA von der Kirche propagierten oder unterstützten Kriege gegen Ungläubige und Ketzer zur Ausbreitung oder Wiederherstellung des kath. Glaubens; i. e. S. handelt es sich dabei um die sieben von 1096 bis 1270 geführten Kriegszüge der abendländischen Christenheit zur Rückeroberung der hl. Stätten von islamischer Herrschaft. Anlass für den Beginn der Kreuzzüge war die Eroberung Jerusalems 1070 durch die türk. Seldschuken, die daraus resultierende Erschwerung der Pilgerfahrten ins ›Heilige Land‹ und die Bedrohung Ostroms (Hilferuf des byz. Kaisers). 42.902–903

gleich einer Sonne, unter ihren Planeten: Vgl. die *Penthesilea*, wo Achill die »Sonne« (zuerst v. 368) und entsprechend Penthesilea den »Mond« (zuerst v. 2032) darstellt. 44.955–956

als ob sie zu den Kieseln sagte: Wiederaufnahme des bereits in II 1 (»ein bloßes liebliches Märchen«) angedeuteten, dort allerdings dem Grafen Wetter vom Strahl zugeschriebenen Orpheus-Motivs: Kunigunde will wie Orpheus die Steine zum Weinen (»schmelzen«) bringen. Bekannt war Kleist sicherlich Euripides' *Iphigenie in Aulis* (aufgeführt 405 v. Chr.), wo Iphigenie einen ähnlichen Wunsch wie Kunigunde hegt: »Besäß' ich solche Zauberkraft der Rede / Wie Orpheus, daß die Steine mir gehorchten / Und ich bestricken könnte, wen ich wollte, / Griff ich zu ihr. Doch meine ganze Kunst / Besteht im Weinen – weinen kann auch ich – / Und flehend schmiegt sich, Vater, an dein Knie / Mein Leib, den die dir einst geboren hat« (v. 1211 ff.; übers. von Hans v. Arnim). 44.956

Thalestris: Nach Benjamin Hederichs *Gründliche[m] mythologische[m] Lexicon* (²1770), Kleists wichtigster Quelle für die *Penthesilea*, war Thalestris eine sagenhafte Königin der Amazonen. Hederich erwähnt unter dem Stichwort »Amazonen« zwar ihren Besuch bei Alexander dem Großen, nicht aber die Bitte um den Kuss, also Kinder zu zeugen. Demgegenüber beschreibt der griech. Historiker Diodor (1. Jh. v. Chr.) die Beziehung zwischen Thalestris und Alexander dem Großen, der ein 44.958

Kind entstammen soll, das alle anderen Menschen übertrifft. Zu diesem Zweck soll sie 330 v. Chr. mit 300 Amazonen zu dem Heer Alexanders gekommen sein.

44.962 **Wo fingst du sie?:** Das Motiv des sog. ›Weiberraubs‹ findet sich häufig in zeitgenössischen Ritterromanen und -dramen.

44.973–974 **Honig von Hybla:** Von Ovid (43 v. Chr.–17/18 n. Chr.) in seinen *Tristia* (V 13,22) erwähnter sizilischer Honig (nach einer Stadt am Südwesthang des Ätna).

44.975 **wesenlose Bild:** Hier i. S. v.: heidnisches Götzenbild, das als gottlos (»daß kein Gott in ihm wohnt«) entlarvt werden kann.

44.989 **Erfindung:** Einfall, Idee. Mitunter wird der Terminus von Kleist auch für ›Konzeption, Plan, Anlage eines Kunstwerks‹ verwendet; so in einem Brief an Marie von Kleist vom Mai 1811: »Das Urtheil der Menschen hat mich bisher viel zu sehr beherrscht; besonders das Kätchen von Heilbronn ist voll Spuren davon [.] Es war von Anfang herein eine ganz treffliche Erfindung, und nur die Absicht, es für die Bühne paßend zu machen, hat mich zu Mißgriffen verfuhrt, die ich jetzt beweinen mogte« (SWB 4, S. 484).

45.1004–1006 **wie Platon [...] lustige Diogenes:** Von dem durch seinen Witz und seine Anekdoten bekannten Wanderlehrer und Kyniker Diogenes von Sinope (um 412–323 v. Chr.) berichtet Diogenes von Laertios in seiner um 200–250 n. Chr. entstandenen Philosophengeschichte, die zu Kleists Zeit auch in dt. Übersetzung (*Philosophische Geschichte, oder von dem Leben, den Meinungen und merkwürdigen Reden der berühmtesten Philosophen Griechenlands*, Leipzig 1806) vorlag, er habe »einen metaphysischen Satz« Platons auf »lustige« Weise widerlegt: »Als Platon die Definition aufstellte, der Mensch ist ein federloses zweifüßiges Tier, und damit Beifall fand, rupfte er einem Hahn die Federn aus und brachte ihn in dessen Schule mit den Worten: ›Das ist Platons Mensch‹« (6. Buch, 2. Kapitel).

48.1089 **Jungfrau:** Im Ggs. zum adligen »Fräulein«, das Anfang des 19. Jh.s bürgerlich und deshalb durch den Ausdruck »gnädiges Fräulein« ersetzt wird, wird »Jungfrau« nur für das Mädchen aus dem Bürgertum verwendet. Daher spielt »Fräulein Kunigunde von Thurneck«, wie sie in der Szenenanmerkung vorgestellt wird, eine falsche soziale Rolle, wenn sie sich selbst mit diesem bürgerlichen Attribut belegt. Auch Graf Wetter vom Strahl glaubt zunächst, in Kunigunde ein Bürgermädchen vor sich zu haben, wenn er den Burggrafen von Freiburg einen »geile[n] Mädchenräuber« nennt.

Rasender: Die Bezeichnung von Personen, die ohne jede Vernunft, wie von Sinnen handeln, begegnet häufig bei Kleist. 49.1114

Afterbräutigam: Das Präfix ›after-‹ bedeutet hier: »falsch«. Gemeint ist ein unechter Bräutigam. 50.1123

Gesindel: Der Diminutiv zu ›Gesinde‹ (eigentlich: Reise- oder Kriegsgefolgschaft, später auf die niedere Dienerschaft übertragen) wurde vom 17. Jh. an pejorativ gebraucht. 50.1128

Sie wankt.: Mit dieser vorgetäuschten Ohnmacht, die sonst bei Kleist eine wichtige Funktion des Dramengeschehens einnimmt, wird auf Kunigundes Falschheit und Heuchelei verwiesen, die im Folgenden auch sprachlich (durch ihren barockisierenden Stil) untermauert wird, etwa wenn sie Graf Wetter vom Strahl pathetisch als »mein[en] großmüt'ge[n] Retter und Befreier« (v. 1147) bezeichnet. vor 51.1144

romantischen Anzuge: Hier nicht auf den seit Ludwig Tiecks *Romantischen Dichtungen* (1799) literarisch, Friedrich Schlegels Athenäums-Fragment 116 (»Die romantische Poesie ist eine progressive Universalpoesie«) theoretisch und Heines *Romantischer Schule* (1835) historiographisch eingebürgerten Begriff ›romantisch‹ bezogen, der eine zum Gefühlvollen, zum Idealisieren, zum Wunderbaren, Märchenhaften und Phantastischen neigende Weltauffassung und -darstellung meint, sondern im urspr. Sinn verwendet: ›romanhaft‹ und damit auch ›phantasievoll‹. vor 54.1198

die wunderlichste Geschichte von der Welt: Seeba (1987, S. 1010) bezieht diese Stelle auf das »Traumversprechen, dessen Erfüllung den dramatischen Gang des *Käthchen von Heilbronn* ausmacht« und versteht sie gleichsam als poetologische Selbstdeutung: »Was hier als dramatisches Geschehen vorgeführt wird, ist insgesamt ein wunderliches Märchen, wobei ›wunderlich‹ hier noch eher ›wunderbar‹ (das erst in der Neuzeit an seine Stelle getreten ist) als ›sonderlich‹ oder ›merkwürdig‹ bedeutet.« 54.1216–1217

Drei hintereinander folgende Nächte: Hier könnte sich Kleist auf die ausführliche Darstellung des Scheintods in Schuberts 55.1231–1232

Ahndungen einer allgemeinen Geschichte des Lebens (2. Theil, Leipzig 1807, Bd. 1, S. 52 ff.) bezogen haben.

55.1241 **Sylvesternacht:** Letzte Nacht des Jahres, benannt nach dem Tagesheiligen des 31.12., Papst Silvester I. (314–335), der nach einer in die Konstantinische Schenkung eingegangenen Legende Kaiser Konstantin den Großen taufte und ihn vom Aussatz heilte, worauf er zum Dank weitgehende Rechte erhalten haben soll. Im Aberglauben galt die Silvesternacht als bes. günstiger Zeitpunkt für verschiedene Formen der Wahrsagung, v. a. über den zukünftigen Geliebten oder Ehepartner.

55.1255– **streckt alle Glieder [...] wie tot:** Med. Berichte über »die Er-
1256 starrung und die tiefe Ohnmacht« von »Scheintodten« gibt Schubert in seinen *Ahndungen*; ferner berichtet er über »Fieberkranke, denen man hernach nicht ausreden konnte, daß sie todt und in einer andern Welt gewesen wären« (ebd., 2. Teil, Bd. 1, S. 17).

56.1279– **Braut [...] bestimmt hat:** Damit geht der irrealen Vermutung,
1280 mit der Graf Wetter vom Strahl zu Beginn (I 1) Käthchens plötzliches Erscheinen darstellte (»als ob sie vom Himmel herabgeschneit wäre«), ein durch den Traumengel beglaubigtes Verständnis voraus, das nun im Indikativ einer Tatsachenaussage steht.

56.1284 **Wunder:** Das Wunder der Heilung einer Krankheit durch die Liebe ist ein Legendenmotiv, das v. a. mit Hartmann von Aues (um 1160/65–um 1210) höfischer Erzählung *Der arme Heinrich* (um 1195) verknüpft ist. Der vom Aussatz befallene junge »herre« Heinrich, der Idealtypus eines ritterlich-höfischen Menschen, erfährt von einem Arzt in Salerno, dass die einzig rettende Arznei der Welt das »herzebluot« einer frei geborenen, reinen Jungfrau (ein Attribut, das auch Käthchen zukommt) sei, die sich freiwillig für ihn opfere. Erst im letzten Augenblick, als Heinrich das opferbereite Mädchen (eine Pächterstochter) nackt vor dem Arzt liegen sieht, vollzieht sich ein Wandel in ihm. Er verzichtet auf das Opfer und ist bereit, seine Krankheit als von Gott gewollt zu bejahen und sein weiteres Leben als Buße auf sich zu nehmen. Erst in diesem Moment, da sich Heinrich vorbehaltlos dem Willen Gottes überlässt, wird dessen Gnade wirksam. Dem Wunder der Bekehrung folgt das der

Genesung. In die göttliche Erlösung wird die zunächst von religiös-mythischem Wahnsinn ergriffene Pächterstochter ebenso einbezogen wie Heinrich selbst. In der Folge heiratet Heinrich die in der gesellschaftlichen Hierarchie weit unter ihm angesiedelte junge Frau, und beide leben, gottbezogen, zwar wieder in der Welt, die aber – aufgrund der standesmindernden Heirat – nicht mehr die höfische ist. Kleist psychologisiert – in seiner Um-Schrift des Legendenmotivs bei Hartmann – die Krankheit, indem er den Aussatz in eine Gemütskrankheit verwandelt, deren Heilung der Ausgangspunkt für »die wunderlichste Geschichte von der Welt« ist.

Balsam: Dickflüssige Säfte aus den Rinden bestimmter Bäume, die als lindernde Heilmittel Verwendung in der Medizin finden. 56.1287

erzählte, und [...] Ende zu erzählen: Brigittes Erzählung dieser »wunderlichsten Geschichte« ist nach Stil und Motiven ein Märchen, d. h. eine Prosaerzählung von meist geringem Umfang, die wunderbare Begebenheiten schildert. Gemeinsame Merkmale sind: Zeit und Ort sind nicht fixiert, die Naturgesetze haben keine Geltung, Pflanzen, Tiere und Gestirne können sprechen und sind dem Menschen gleichgestellt, Verwandlungen aller Art dienen als Belohnung oder Strafe; am Ende steht immer der Sieg des Guten, Fleißigen, bestraft werden Faulheit, Bosheit, Hochmut. Im Dt. ist der Begriff v. a. bestimmt durch die Sammlung der Brüder Jacob Grimm (1785–1863) und Wilhelm Grimm (1786–1859), die seit 1806 die *Kinder- und Hausmärchen* (Berlin 1812/15) zusammengetragen und schriftlich fixiert haben. Für die Romantiker war das Volksmärchen die vollkommene Verkörperung einer urspr. Dichtung. Daher sammelten und edierten sie Märchen und führten das Kunstmärchen zur Blüte, das die individuelle Erfindung eines namentlich bekannten Autors war (Tieck, Brentano, E.T.A. Hoffmann u. a.) und bestimmte Elemente des Volksmärchens (etwa die Zauberei) mit philosophischen Botschaften und den Mitteln der Satire und Ironie verknüpfte. 56.1290–1291

auf Knien vor ihm niedergelassen: Bis in die hier geschilderte Geste wird der Traum als Modell für die von Theobald in I 1 berichtete Begegnung in seiner Schmiede verwendet. 57.1301–1302

Mal: Wiederaufnahme des von Theobald schon in I 1 erwähnten 57.1304

Mals, »das sie von ihrer seligen Mutter erbte«. Die über den Indizienbeweis eindeutig belegte Identität Käthchens mit dem geträumten Mädchen hält den Grafen Wetter vom Strahl jedoch nicht davon ab, sich von Kunigunde überreden zu lassen, sie als die prophezeite »Kaisertochter« anzusehen.

58.1329–1335 **Leimruten [...] ließ er stecken.**: Mit Leim bestrichene Rute zum Vogelfang. Die »Urkunden, Briefe, Zeugnisse«, die Kunigunde »dem Grafen zugedacht« hat, erweisen sich für die muntere Vogelfängerin als Lockmittel. Nach Reuß (2004, S. 9) bringt diese Stelle »auf der Ebene des Textes subliminal und zugleich ungemein präzise die Intentionen des Autors zum Ausdruck [...], der in und an der Gestalt der Kunigunde die planende Rationalität der Kunst vorführt«. Mit den »Leimruten« wird auf einen Aspekt der künstlerischen Produktion verwiesen: »die Notwendigkeit, daß der Leser/Zuschauer von der Außenseite des poetischen Produkts gebunden, ja gefesselt werden muß«.

59.1337 **Schelmin!:** Hier als ironische Zurechtweisung zu verstehen, weil Rosalie die Symbolik der »Leimrute« aufgehoben und damit erst auf den Doppelsinn der Szene aufmerksam gemacht hat.

61.1399 **Zweideutig:** Über die auf Deutung angewiesene Ambivalenz von Rechtstiteln ist bei Kleist oft, wie Seeba (1987, S. 1017) hervorhebt, »ein hermeneutisches Zeichen für die Zweideutigkeit der Welt, die in menschlicher Verblendung auf den oft verhängnisvollen Schein der Eindeutigkeit reduziert wird«.

62.1421 **Wetzlar:** Das hier gemeinte, 1495 eingerichtete Reichskammergericht, das bis 1806 das höchste Gericht im Heiligen Römischen Reich Deutscher Nation war, aber erst 1693 nach Wetzlar verlegt wurde, verdeutlicht die widersprüchliche Verwendung der Zeit im *Käthchen*, da die Handlung einerseits in der Zeit der 1270 endenden Kreuzzüge, andererseits aber auch z. Z. der Femgerichte (14.–16. Jh.) stattfinden soll.

63.1453 **sächs'schen Kaiser:** Nach Aussterben der dt. Karolinger waren von 919 bis 1024 Heinrich I., die drei Ottonen sowie Heinrich II. aus der sächs. Dynastie dt. Kaiser. Deren Herrschaft folgte die der fränk. oder salischen Kaiser (1024–1125).

64.1464 **Kreuzweg:** Kreuzungsstelle von Wegen, die im Aberglauben vieler Völker als Versammlungsort der Hexen und Geister gilt, gleichzeitig auch ein symb. Ort moralischer Entscheidung zwischen dem Weg der Tugend und dem der Lust ist. In der antiken Allegorie von Herakles am Scheideweg (vgl. Xenophons [um 430–um 355 v. Chr.] *Memorabilien* [II 1,21]) stehen an der Gabelung der beiden Lebenswege, zwischen denen Herakles wählen muss, eine hehre und eine laszive Frau. Im 1. Jh. n. Chr. kam als Symbol des Kreuzwegs und der an ihm zu treffenden Entscheidung der Buchstabe Y auf. Vgl. Kleists Brief an Wilhelmine von Zenge, vermutlich vom April/Mai 1800: »So stehe ich jetzt, wie Herkules, am fünffachen Scheideweg u[nd] sinne, welchen Weg ich wählen soll« (SWB 4, S. 56). Auch Gottfried scheint sich die symb. (hier zusätzlich christlich unterfütterte) Bedeutung des Ortes klargemacht zu haben, wenn er »zwei Engel« erwartet, die Käthchen »auf seinem Wege zu Gott« führen werden, und bei ihrem Ausbleiben schließlich enttäuscht bemerkt: »Doch es war nichts.«

Eichen: Erneuter Verweis auf den Orpheus-Mythos, wo es dem 64.1472
Dichter gelingt, die Natur durch Gesang zu bewegen; vgl. II 1 zu Käthchens Wirkung (»wenn die Bäume nicht in der Tat bewegt werden«). ›Eichen‹ begegnen häufig in Kleists Texten; so werden sie in der *Herrmannsschlacht* zum germ. Symbol schlechthin erhoben (v. 922) und sind in der *Penthesilea* vor den Toren Trojas zu finden. Auch der Tempel der Artemis, der später zum symb. Ort für Penthesileas Sturz wird, liegt in einem »Eichenhain« (v. 984).

Psalter: Von griech. psalmós »Saitenspiel, Gesang, Loblied«; 64.1479
Sammlung der zum Saitenspiel gesungenen 150 relig. Lieder Israels, die spätestens im 2. Jh. v. Chr. aus älteren Teilsammlungen entstanden ist; diese waren nach verschiedenen Geschichtspunkten angelegt und enthielten Lieder aus der Zeit von etwa 1000 bis 165 v. Chr. Einer der berühmtesten Psalmendichter war der israelitische König David (um 1004–964 v. Chr.)

Augustinermönche: Unter ›Augustinern‹ fasst man die zahlrei- 65.1486
chen kath. Ordensgemeinschaften zusammen, die nach der auf Schriften des lat. Kirchenlehrers Aurelius Augustinus (354–430 n. Chr.) beruhenden ›Augustinerregel‹ (11. Jh.) leben, zu denen auch Martin Luther (ab 1505 im Schwarzen Kloster zu Erfurt) gehörte; in III 4 sind die »Augustinermönche« zu Dominikanern verwandelt, die ebenfalls nach der Augustinerregel leben.

65.1502– **alle Betten [...] ruht:** Die erneute, wenn auch eher entfernte
1503 Anspielung auf das Märchen von der Prinzessin auf der Erbse
(vgl. in I 1 Theobald: »das Knötlein spürte, in des Bettuchs
Faden«) dient als sprachliches Zeichen für das (erwartete) gute
Ende des ›Märchens‹ um Käthchen und den Grafen Wetter vom
Strahl: damit findet eine Vorausdeutung auf die Nobilitierung
der geheimen Kaisertochter Käthchen als »Katharina, Prinzessin von Schwaben« (V 13) statt.

66.1514 **Prior Hatto:** Abt, Vorsteher eines Klosters; hist. belegbar ist ein
Erzbischof Hatto von Mainz (gest. 913), der für König Ludwig
IV. das Kind (900–911) die Regierungsgeschäfte übernahm.

66.1527 **Ursulinerinnen:** Nach der hl. Ursula – Märtyrerin, nach einer
Legende aus dem 10. Jh. eine brit. Königstochter, die auf der
Rückkehr von einer Wallfahrt nach Rom bei Köln von den
Hunnen mitsamt ihrer Gefährtinnen umgebracht worden sein
soll und deshalb zur Schutzpatronin der Jungfrauen (und Stadt-
patronin von Köln) bestimmt wurde – benannter, 1535 von
Angela Merici in Brescia gegründeter Schwesternorden, der –
seit 1614 unter der Augustinerregel lebend – mit der Verpflich-
tung zur Erziehung der weiblichen Jugend bedacht war.

67.1570– **Du legst mir [...] in die Brust!:** Versinnbildlichung der Rede von
1572 ›schneidenden Worten‹, unter denen Käthchen leidet. Vgl.
Kleists Brief an Christian von Ompteda vom 24.11.1810, wo
der Dichter über Omptedas »*von der Censur durchstrichen[en]*«
Aufsatz *Über die neueste Lage von Großbritannien* (als Entgeg-
nung auf einen Artikel Kleists *Ueber die gegenwärtige Lage in
Großbritannien*) bemerkt: »Diese zwei Striche kommen mir vor,
wie zwei Schwerdter, kreuzweis durch unsre theuerste und hei-
ligsten Interessen gelegt« (SWB 4, S. 455 f.).

68.1601 **Halten zu Gnaden:** Formelhafte, unterwürfige Sprachgeste, die
vermutlich im 17. Jh. entstand; in der Bedeutung: ›Nehmen Sie
es gnädig auf.‹

69.1623 **Stachel der Rache:** Vgl. 1. Kor. 15,55, wo es bezüglich der Auf-
erstehungshoffnung heißt: »Tod, wo ist dein Sieg? Tod, wo ist
dein Stachel? Der Stachel des Todes aber ist die Sünde, und die
Kraft der Sünde ist das Gesetz.« Ein ähnlich gelagertes Bild
findet sich auch in *Amphitryon*, v. 1952 f.: »Und, einer Wespe
gleich, drück ich den Stachel / Ihm in die Brust [...].«

Erzbuhlerin: Ähnlich wie das folgende »Bübin« (Femininum zu ›böser Bube, Spitzbube‹) Schimpfwort i. S. v. ›Oberhure‹ (das Präfix ›erz-‹ lässt sich von griech./lat. archi- »führend«, daher ›Erzbischof‹ von ›archi-episcopus‹, ableiten). 69.1625

hellerweise: Der Heller (von mlat. *Hallensis*) ist urspr. ein seit 1208 zu Schwäbisch Hall geprägter Pfennig, seit dem 13. Jh. zudem eine weit geschätzte Handelsmünze. Vgl. die schon bei Geiler von Kaisersberg (in den Straßburger Predigten 1498) belegte Redewendung ›auf Heller und Pfennig bezahlen‹. 70.1644

weder ja sagt, noch nein: Verstoß gegen das in I 1, von Graf Wetter vom Strahl zitierte bibl. Gebot sprachlicher Wahrhaftigkeit (Matth. 5,37) in Anspielung auf Jesu Worte zur Erfüllung des Gesetzes in der Bergpredigt. 71.1688–1689

Collet: Von franz. collet »Uniformkragen«, kurzes, eng um den Hals geschlossenes Lederwams als Uniform höfischer Bediensteter. 72.1696

Dominicanerprior: Die Dominikaner sind eine von Dominikus von Calaroga (1170–1221) 1216 in Toulouse gestiftete und im selben Jahr von Papst Honorius III. (1216–1227) bestätigte Ordensgemeinschaft, die, wie die Augustiner-Eremiten, nach der Augustinerregel lebte und das Recht erhielt, überall die Beichte zu hören und zu predigen. 1220 wurde sie zum Bettelorden erklärt und bes. durch die ihr ab 1232 übertragene Leitung der Inquisition zum einflussreichsten Orden des MA. Im Wettstreit mit den Franziskanern, denen ggb. sich die Dominikaner bes. am Aristotelismus orientierten, erlangten die Dominikaner zahlreiche Lehrstühle an den Universitäten. Der bedeutendste Dominikaner war Thomas von Aquin (1225/26–1274). Im vorliegenden Dramentext liegt an dieser Stelle eine Unstimmigkeit vor, da Hatto in III 1 als Prior der »Augustinermönche« eingeführt wurde. 72.1698

Ich, Gottschalk [...] Ich!: Dieser auffällige Vers, der einen in Kleists Texten häufig zu beobachtenden Wortwechsel als Versuch sprachlicher Identifizierung beinhaltet, verteilt sich auf sieben Redeübernahmen und destruiert die Rede jeweils in eine einzige Silbe, wobei durch den scheinbar unendlichen Rekurs die Sinnlosigkeit der Sprache und die Beziehungslosigkeit der Sprechenden zur Sprache verdeutlicht werden. Die Reduktion 73.1724

Käthchens auf eine »Stimme«, die der Laute spielende Graf Wetter vom Strahl erkennt, verdeutlicht, dass Kleists Text an seine äußerste Grenze gelangt, an einen Ort, wo die Kunst, Worte zu produzieren, ein Ende haben könnte. Auch die wiederholt beschworene *imitatio Orphei* wird in ihr Gegenteil verkehrt, da explizit auf den geistesabwesenden Zug der musikalischen Aufführung verwiesen wird: der Text lässt Musik ohne Stimme hören, nur der Klang der Laute ist zu vernehmen.

77.1805 **münz':** Hier: ›es auf jemanden abgesehen haben‹. Der idiomatische Ausdruck geht auf Denkmünzen zurück, die im 17. und 18. Jh. mit Bezug auf bestimmte Personen geprägt wurden.

77.1809 **drei Kreuze:** Die Signatur der drei Kreuze wird von jemandem verwendet, der nicht schreiben kann oder seine Identität nicht preisgeben will; der idiomatische Ausdruck ›drei Kreuze hinter jemandem/etwas machen‹ gilt als Verwünschungsformel gegen einen unliebsamen Menschen/eine unliebsame Sache, die man hinter sich gelassen hat.

80.1852 **Fleckens:** Hist., seit dem 13. Jh. belegte Bezeichnung für Dörfer mit gewissen städtischen Rechten.

80.1858 **eine Lunge von Erz:** Vgl. Kleists Brief an Heinrich Joseph von Collin, 20.4.1809: »ich wollte, ich hätte eine Stimme von Erz, und könnte sie, vom Harz herab, den Deutschen absingen« (SWB 4, S. 431).

81.1865 **Was ist geschehn?:** Von Kleist oft verwendete Leitfrage der juridischen Dramaturgie. Programmatisch leitet er auch den *Zerbrochnen Krug* mit *der* Grundfrage des analytischen Dramas nach dem aufzuklärenden Vorfall ein (vgl. SBB 66). Der Handlungsaufbau vom Ende her ist die vom Dichter seit der *Familie Schroffenstein* bevorzugte Prozessform für die *Ent*deckung einer den Zuschauern wie den Figuren *ver*deckten Vorgeschichte.

83.1913 **Das Bild mit dem Futtral!.** Das »Futteral« (mlat. *zu fotrum* »Überzug«) ist urspr. die gefütterte Schwertscheide, dann allg. die der Form angepasste Hülle (aus Stoff) für einen darin aufzubewahrenden Gegenstand. In dem dreimaligen Ruf deutet die Präposition »mit« an Stelle von »in« auf die Umkehrung der Priorität hin: Vorgeblich ist Kunigunde an der Rettung des Bildes, in Wahrheit aber an dem mit dem Bild verbundenen Futteral interessiert, an der Schenkungsurkunde, die Herrschaft über

Stauffen betreffend. Was gerettet werden soll, ist – in Kunigundes illusionärem Spiel – ein anscheinend singuläres Bild und – in eigentlicher Intention – eine anscheinend singuläre Schrift, deren Aufgabe darin besteht, eine Schenkung festzuschreiben.

Habt ihr mich selbst nicht: Seeba (1987, S. 1028) weist darauf hin, dass die hintergründige Frage mit ihrer expliziten Unterscheidung zwischen »Bild« und »Selbst« auch die erkenntnistheoretische und sprachphilosophische Unmöglichkeit der Abbildung von Wirklichkeit betrifft: »Wenn Kunigunde, in der fast hysterischen Wiederholung ihrer Forderung, den Einwand des Grafen Wetter vom Strahl überhört, zeigt sich darin auch ihre völlige Blindheit für die Problematisierung von Wahrheit; sie scheint das Bild für die Wirklichkeit zu nehmen, weil sie eigentlich nur an der Hülle, am falschen Schein interessiert ist, der ihr die Durchsetzung ihrer Interessen erlaubt.« Wird an Kunigunde das Moment der täuschenden Künstlichkeit in all seiner Negativität entfaltet, so deutet die in der ›Feuerprobe‹ gelingende Rettung von Bild und Schenkungsschrift zumindest an, dass die gelingende Benennung vor dem Hintergrund einer unerlösten Wirklichkeit nur im ›Märchen‹ möglich ist. 83.1914

ein Beutel Gold: Entlehnung eines Motivs aus dem populären *Lied vom braven Mann* (1778) von Gottfried August Bürger (1747–1794), in dem ein Preis für die Rettung einer von Sturzfluten bedrohten Zöllnerfamilie ausgesetzt wird: »Rasch galoppiert' ein Graf hervor, / Auf hohem Roß ein edler Graf. / Was hielt des Grafen Hand empor? / Ein Beutel war es, voll und straff. – / ›Zweihundert Pistolen sind zugesagt / Dem, welcher die Rettung der Armen wagt‹« (v. 55 ff.). 85.1932

die Jungfrau: Die »Jungfrau« als Retterin wird mit solcher Symbolhaftigkeit aufgeladen, dass schwerlich nur der Titel eines Bürgermädchens evoziert wird; vielmehr lässt sich an eine erneute intertextuelle Verschränkung mit Hartmann von Aues *Der arme Heinrich* denken, wo erst das »herzebluot« der ›reinen Jungfrau‹ (als solche wird auch Käthchen im ganzen Drama präsentiert) die Heilung Heinrichs von seiner Krankheit bewirkt. 85.1938

wenn's des Kaisers Tochter wäre!: Weiteres Indiz dafür, dass die Sprache bei Kleist (und damit auch der aufmerksame Zuhörer 85.1940 und Leser) oft mehr ›weiß‹ als ihre verblendeten Sprecher; die Stilisierung Käthchens zur hl. »Jungfrau« (mit dem Doppelsinn der anschließenden Wendung »noch unberührt vom Strahl«) verweist zwar weiter auf den Hartmann-Intertext, geht aber darüber hinaus, indem sie mit der Nobilitierung zu »des Kaisers Tochter« verknüpft wird.

vor 88.1985 **Käthchen tritt rasch [...] auf**: Das Motiv findet sich ebenso in Kleists Erzählung *Das Erdbeben in Chili*, wo sich Josephe aus dem brennend zusammengestürzten Kloster rettet (vgl. SWB 3, S. 199).

vor 88.1985 **ein Cherub**: Seeba (1987, S. 1031) versteht den (nur Käthchen und dem Publikum sichtbaren) Engel als »Person gewordenes Bild«. Der in I 1 noch im Irrealis angekündigte Engel (»als wär ein Cherub vom Himmel niedergefahren«) nehme »(in der Gestalt eines Schutzengels) die Stelle des Grafen Wetter vom Strahl ein, der – als ›Strahl‹ selbst ein Lichtengel – Käthchen retten wollte; der Engel verkörpert, nun sichtbar für das Publikum, die Epiphanie, unter der Käthchen von Anfang an Graf Wetter vom Strahl gesehen hat«. Einmal mehr gelingt Kleist mit der Erscheinung des Cherubs (wie im *sparagmós* der *Penthesilea*) eine Transgression der Bühnenlogik, was für eine geradezu als ›Verfremdung‹ zu bezeichnende Rezeptionsstörung gesorgt hat (vgl. das Kap. ›Wirkungsgeschichte‹). Nach Földényi (1999, S. 81 f.) ist der Cherub »ein Gesandter des Paradieses. Aber der Ort seines Wirkens ist die gebrechliche Welt. Und seine Hilfe gilt denen, die tiefer als alle anderen gesunken sind. Dort am Tiefpunkt erscheint er als helfender Engel. [...] Der Cherub *vertreibt* den Menschen aus dem Paradies, doch dabei treibt er ihn schon einem neuen paradiesischen Zustand entgegen. Wer nur *nach hinten* schaut, hält ihn für ein teuflisches Wesen (wie Theobald, der Waffenschmied, den Grafen vom Strahl); wer jedoch auch *nach vorne* schaut, entdeckt in ihm den Engel (wie Käthchen im Grafen vom Strahl). Der Cherub ist sowohl die *Vergangenheit* als auch die *Zukunft* des gefallenen Menschen. Ein zeitloses Wesen.«

88.1985 **ihr Himmlischen**: Vgl. Lukas 2,13–14 zur Engelserscheinung im Rahmen der Geburt Jesu: »Und plötzlich war bei dem Engel eine Menge der himmlischen Heerscharen, die Gott lobten und spra-

chen: Herrlichkeit Gott in der Höhe, und Friede auf Erden in
den Menschen seines Wohlgefallens!«

Säulen Salz: Vgl. die Verwandlung von Lots Weib zur Salzsäule $\quad$ 88.1989
als Strafe dafür, dass sie sich umgeblickt hat (1. Mose 19,24–
26). Das zit. alttestamentliche Muster wird hier umgekehrt:
Kunigunde blickt sich – wie Lots Weib – zuerst um, wirft aber
den anderen vor, sie seien zur Salzsäule erstarrt. Ihre Fehldeu-
tung der Situation verstärkt jedoch die Valenz des zit. Textes:
Erlösung wird nur denjenigen zuteil, die – wie Graf Wetter vom
Strahl »mit abgewandtem Gesicht« – über Käthchens angenommenes Ende Trauer empfinden.

Rotte: Urspr. innerhalb einer Abteilung in einer Reihe hinterein- $\quad$ 91.2033
ander stehende Soldaten; hier in abwertendem Sinne: üble Schar,
verbrecherische Bande.

hilft das Käthchen: Die Verbindung mit dem Akkusativ bei pers. $\quad$ 93.2070
Subjekt ist im 19. Jh. üblich.

setzt sich auf einen Stein: Seeba (1987, S. 1034) erinnert daran, $\quad$ 94.2075
dass das auf dem Stein sitzende Käthchen mehr noch an die
Statue des (auf einem Baumstumpf sitzenden) Dornausziehers
(eine röm. Kopie einer griech. Bronze aus dem 5. Jh. v. Chr.)
erinnere als der Jüngling in Kleists Aufsatz *Über das Marionettentheater* und als die unbewusste Vollkommenheit das »gesti-
sche Gegenmodell der noch unverlorenen Unschuld« verkörpe-
re.

durch Feuer und Wasser: Vgl. die zu Kleists Zeit bekannteste $\quad$ 96.2133–
Feuer- und Wasserprobe in Mozarts Oper *Die Zauberflöte*, die $\quad$ 2134
am 30.9.1791 in dem Vorgänger des ebenfalls von Emmanuel
Schikaneder geleiteten Theaters an der Wien uraufgeführt wurde, wo auch das *Käthchen* seine Premiere hatte; in Schikaneders
Libretto heißt es: »Wir wandelten durch Feuergluten, / Be-
kämpften mutig die Gefahr. / Dein Ton sei Schutz in Wasser-
fluten, / So wie er es im Feuer war.«

sympathetische: Von geheimnisvoller Wirkung; im späten 17. $\quad$ 96.2136
Jh. zuerst im Kontext naturmystischer Vorstellungen belegt:
Körper, Substanzen oder Wesen, die durch verborgene Kräfte
eine geheimnisvolle Wirkung auszuüben vermögen. Im frühen
18. Jh. setzte sich die Bedeutung ›geistig-seelisch mitfühlend, in
geheimer innerer Wechselbeziehung stehend‹ (von griech. sym-

páthein) durch, die auch noch bis ins frühe 19. Jh. hinein üblich blieb. Vgl. Christoph Martin Wielands *Sympathien* (1754): »Wie glücklich, wenn sympathetische Seelen einander finden! Seelen, die vielleicht schon unter einem anderen Himmel sich liebten und itzt, da sie sich sehen, sich dessen wieder erinnern, wie man eines Traums sich erinnert, von dem nur eine dunkle angenehme Empfindung im Gemüthe zurückgeblieben ist.«

96.2140 **zerstreut:** Greiner (2000, S. 184) verweist auf die Nähe zu Kleists Essay *Über das Marionettentheater;* wie dort »der Ich-Erzähler die weitreichendsten Folgerungen aus dem Gespräch über die Marionette, die vom Wiedergewinnen des Paradieses handeln, ›ein wenig zerstreut‹ [...] formuliert, antwortet Käthchen mit ihrer Zerstreutheit offenbar auch aus einem Horizont jenseits des Alltagswissens, d. h. des reflektierenden Verstandes. Sie appelliert an ein Traumwissen, das sie dem Fragenden gleichfalls unterstellt, fordert ihn auf, in die Wirklichkeit dieses Wissens, also ihres mythischen Daseins, in der sie ein Himmels-geschöpf ist, das mit Engeln Verkehr hat, einzutreten.« In der Zerstreutheit der Figuren bei Kleist bricht das Unbekannte in den bewussten Teil der Persönlichkeit ein, das, anstatt diese zu bereichern oder zu erweitern, ins Chaos führt: »Gerade wenn seine [Kleists] Figuren zerstreut sind, erwecken sie den Eindruck von Schlafwandlern oder Maschinenmenschen. Sie sind frem-den Kräften ausgeliefert, können diese jedoch nicht sehen oder beim Namen nennen. Im Augenblick der Zerstreutheit laden sie sich mit ihrer eigenen Fremdheit auf; und der Boden entgleitet unter ihren Füßen gerade in dem Augenblick, als sie glauben, zu sich gefunden zu haben« (Földényi 1999, S. 524).

96.2153– **Versuch:** Vgl. das Experiment, das in Kleists *Prinz von Hom-*
97.2154   *burg* der Kurfürst mit dem träumenden Prinzen durchführt: »ich muß doch sehn, wie weit er's treibt!« (I 1, v. 64).

vor 97.2156 *Er läßt sich [...] gleich wieder still:* Die symb. Andachtshal-tung, die mit dem Kniefall Käthchens bei der ersten Begegnung korrespondiert, ist wiederholt als Indiz dafür gewertet worden, dass Graf Wetter vom Strahl wie ein ›Magnetiseur‹ durch die körperliche Berührung Kontakt mit Käthchen wie mit seinem Medium (einer ›Somnambulen‹) herstellt.

99.2188 **Mariane:** Die Namensidentität der von Käthchen genannten

»Mariane« mit der »Mariane« aus Wetters eigenem Traum (II 10) bleibt dem Grafen verschlossen, ist aber für das Publikum ein weiteres Zeichen zur Identifizierung der wahren Kaisertochter. Der mit Käthchen zum Zweck der eigenen Erkenntnis experimentierende Graf verstrickt sich damit in ein Experiment, in dem er selbst zum Objekt wird: als der verblendete Verhör-Richter, der unbewusst auf der Suche nach der ›Wahrheit‹ ist, die das dramatisch-juridische Verfahren für ihn selbst bereithält.

sah's im Blei: Nach einem Volksbrauch wird an bestimmten Tagen, früher v. a. am Heiligen Abend, heute zu Silvester, geschmolzenes Blei oder Zinn in Wasser gegossen, um aus den entstehenden Gebilden etwas Zukünftiges zu deuten. 99.2193

Er träumt vor sich nieder.: Eine in Kleists Texten häufig auftretende Wendung, die verdeutlicht, dass sich in diesem Moment der Unaufmerksamkeit die Wirklichkeit zum Traum verklärt. vor 100.2217

Cherubim: Im Hebräischen signalisiert das Suffix ›-im‹ den Plural eines Substantivs; bei Kleist oft fälschlich für einen einzelnen Cherub verwendet. 100.2222

Im bloßen leichten Hemdchen?: Vgl. die von Brigitte berichtete Traumerzählung des Grafen Wetter vom Strahl: »mit nichts, als dem Hemdchen angetan« (II 9, v. 1295). Obwohl Käthchen wenig später davon berichtet, dass sie beim Erwachen »im Hemdchen« auf der Erde lag, gibt sie vorerst nicht zu, dass der Graf sie nur in dieser leichten Bekleidung gesehen hat, was auch damit korrespondiert, dass Käthchen ihren Rock nicht einmal bis zur Fußsohle in die Höhe halten will (IV 1). 101.2229

Mariane: Erst an dieser Stelle greift Graf Wetter vom Strahl den von Käthchen bereits erwähnten Namen ihres Traumgeschehens auf, um die Identifizierung der beiden Träume zu ermöglichen. 101.2233

Ja, weil ich [...] wär ein Traum.: Kunstvoll von Kleist auf die syntaktische Ebene gehobenes Spiel zwischen Fiktion und Wirklichkeit. Was im Konjunktiv auf die Ebene des Irrealen transponiert wird, als »wäre« es lediglich ein Traum, »war« in Wirklichkeit ein solcher, der aber eine höhere Realität bietet, als es selbst die Träumenden »glauben« können. Käthchens Handlungsweise ist somit nicht mehr die – wie es anfänglich scheint 101.2234

– unbegreifliche Besessenheit, die ihren Ursprung im Traum eines pubertierenden Mädchens vom ›strahlenden‹ Ritter hat, den sie sich möglicherweise als Effekt übermäßiger Lektüre von Ritterromanen lesend imaginiert (wie schon Achill in der *Penthesilea* als ein durch Homer-Lektüre ›er-lesener‹ Held erscheint; vgl. SBB 72), sondern Treue zu einem Bild, in dem sich der alte Menschheitstraum von der Erzeugung eines neuen Menschengeschlechts aus der Begattung von Himmel und Erde (›Hieros Gamos‹) wiederholt, der seit der griech. Klassik (vgl. Platons *Gesetze*, 841d) zudem als Symbol für Treue und eheliche Keuschheit Verwendung fand.

101.2239 **Mal:** Im Rahmen der aristotelischen Poetik konventionelles Indiz der Anagnorisis: das von Theobald anfangs erwähnte »Mal [...], das sie von ihrer seligen Mutter erbte« (v. 137) ist identisch mit dem im Traum des Grafen explizit gezeigten »Mal [...], das dem Kindlein rötlich auf dem Nacken verzeichnet war«.

101.2244 **Mit Licht:** In der Unterbrechung der Vision durch »Licht« darf man zweifelsohne ein aufklärerisches Element sehen, das jedoch durch die Zwielichtigkeit der Figur der Bediensteten als Trägerin des »Lichts« gleichsam parodiert wird: Es ist die Bleigießerin und Wahrsagerin Mariane, die mit dem Licht der Aufklärung die Visionserscheinung stört. Gleichwohl wird der vorher noch zweifelnde Graf Wetter vom Strahl von der ›Wahrheit‹ des Doppeltraums überzeugt, die sich aus dem eidetischen Kriterium einer Gesichtserinnerung ergibt. Erkennt Käthchen die Traum-Gestalt des Geliebten sofort wieder, bedarf die gräfliche Anerkennung der Prädestination sowohl eines körperlichen Indizienbeweises (»Mal«) als auch einer symb. Sanktionierung durch die Formierung der zerstreuten Teile der Traumgesichte im inquisitorischen Frage-und-Antwort-Spiel.

102.2247 **ich bin doppelt!:** Graf Wetter vom Strahl interpretiert die Identität des Doppeltraums durch die Verdoppelung seiner selbst, d. h. durch jene innere Gespaltenheit, wie sie im Motiv des ›Doppelgängers‹ (Revenant) in vielen romantischen Texten erscheint (vgl. auch Kleists *Amphitryon*). Hier ist das Motiv bereits in I 1, v. 253 ff. vorbereitet: »Wenn ich mich umsehe, erblick' ich zwei Dinge: meinen Schatten und sie.« Gleichzeitig könnte man den Doppeltraum auch als ›Verrückung‹ lesen: der

Geist des Grafen wird aus seinem Körper, der todesähnlich zurückbleibt, herausgezogen und zu Käthchen geführt, die ihn, von einem Cherub geführt, in ihrer Kammer sieht, bis es »Licht« wird (vgl. hierzu mit Bezug auf die Visionsliteratur Oesterle 2001, S. 311 ff).

Schwankt an [...] Hang umher!: Der Abhang des Wahnsinns ist   102.2263 die Grenze zwischen der skeptischen Vernunft und der Hellsicht des Traums; das Bild vom schreckenerregenden Rand des Wahnsinns als persönliche wie ästhetische Grenzerfahrung erscheint wiederholt in Kleists Texten, so auch in seinen Briefen, wo er mehrfach betont, ihm sei, »als ob ich meinem Abgrunde entgegen gienge« (Kleist an Wilhelmine von Zenge, 21.7.1801, SWB 4, S. 244), oder in seinen Zweifeln an der Heilswirkung der Schriftsteller: »Haben Sie das Rad aufhalten können; das unaufhaltsam stürzend seinem Abgrund entgegeneilt? [...] Er [der Mensch] wäre also [ohne Aufklärung], wie Ixion, verdammt, ein Rad auf einen Berg zu wälzen, das halb erhoben, immer wieder in den Abgrund stürzt« (Kleist an Wilhelmine von Zenge, 15.8.1801; ebd., S. 261).

Verkündigung: Die »Verkündigung [...] / Daß sie die Tochter   102.2264 meines Kaisers sei« spielt für die heilsgeschichtliche Lesart des Dramas eine wichtige Rolle, da dieser Begriff durch die bibl. Bildtradition (Besuch des Erzengels Gabriel bei Maria, um ihr die Geburt Jesu, »Sohn Gottes genannt«, anzukündigen; vgl. Lukas 1, 26–38) vorgeprägt ist.

Szene: Die Badegrottenszene mit der Enthüllung von Kunigun-   vor des körperlicher Hässlichkeit ist in vielen Bearbeitungen des 19.   104.2282 Jh.s gestrichen worden.

im gotischen Styl: Hier im Sinne einer spezifisch dt. Baukunst   vor des späten MA gebraucht, so Goethe in seinem Aufsatz *Von*   104.2282 *deutscher Baukunst* (1772) am Bsp. des Straßburger Münsters: »Unter die Rubrik *Gotisch*, gleich dem Artikel eines Wörterbuchs, häufte ich alle synonymische Mißverständnisse, die mir von Unbestimmtem, Ungeordnetem, Unnatürlichem, Zusammengestoppeltem, Aufgeflicktem, Überladenem jemals durch den Kopf gezogen waren. Nicht gescheiter als ein Volk, das die ganze fremde Welt barbarisch nennt, hieß alles *Gotisch*, was nicht in mein System paßte [...].«

106.2316 **Dem Schwane gleich:** Der ›Schwan‹ erscheint hier als kathartisches Moment, als Symbol der Reinigung; ähnlich auch in der *Marquise von O . . .* die von dem Grafen F. erzählte »Vorstellung eines Schwans [. . .], den er, als Knabe, auf seines Onkels Gütern gesehen; daß ihm besonders eine Erinnerung rührend gewesen wäre, da er diesen Schwan einst mit Kot beworfen, worauf dieser still untergetaucht, und rein aus der Flut wieder emporgekommen sei«.

107.2331– **der Tod [. . .] und Stundenglas:** Die Darstellung des Todes als
2332 Skelett mit Sichel (»Hippe«) und Sanduhr (»Stundenglas«) ist das christliche Gegenbild des antiken Jünglings mit der umgedrehten Fackel, den Lessing in seiner Schrift *Wie die Alten den Tod gebildet* (1769) ins Zentrum seiner Betrachtung rückt, deren Tendenz von vornherein darauf zielt, der antiken Todesvorstellung alles »Schreckliche« zu nehmen.

vor **Sie kann nicht sprechen.:** Die Sprachlosigkeit Käthchens ist –
107.2335 neben der Ohnmacht – ein weiteres »Zeichen für die Unaussprechlichkeit einer Wirklichkeit, die bewußtseinsmäßig und sprachlich nicht gebannt werden kann« (Seeba 1987, S. 1043). In seinem Aufsatz *Über die allmähliche Verfertigung der Gedanken beim Reden* (1807/08; SWB 3, S. 534 ff.) stellt Kleist die Sprache in Analogie zur elektr. Spannung: wer bis dahin nicht sprechen konnte, reißt auf die Einwirkung eines Blitzes hin unvermittelt das Wort an sich und bringt etwas Unverständliches zur Welt. Das Stocken Käthchens, die Lähmung der Sprache und das plötzliche fließende Sprechen nach einer blitzartigen Erkenntnis (»Wetterstrahl«) – aus alledem folgert Kleist in seinem o. g. Aufsatz, dass »nicht *wir* wissen, es ist allerst ein gewisser *Zustand* unsrer, welcher weiß« (ebd., S. 540). Dieser einem mit sich selbst identischen und sich selbst bewussten Ich vorausgehende Zustand ist es, der die Personen in Kleists Texten zu unaussprechlichen und unverständlichen Figuren ›entstellt‹, ›zerstreut‹. (vgl. Neumann 1994). Paradoxerweise sind sie jedoch umso mehr mit sich identisch, je mehr jeder Zusammenhang, an den sie sich klammern könnten, zerbricht. Ihrer Identität nähern sie sich dann am stärksten an, wenn sie dessen verlustig gehen, was sich in der europ. Kultur bis dahin als *conditio sine qua non* jeder Identitätsbildung erwiesen hat. Gerade hierin

liegt das ›moderne‹, avantgardistische Potential der Texte Kleists.

vergiftet, tot [...] verwes't zerstiebt: In ihrer destruktiven Sprachmagie zeigt sich Kunigunde bestrebt, Käthchen mit Worten zu töten und in Staub aufzulösen. 108.2374–2375

abgeschmackt prophet'schen Grußes: Anspielung auf die schon in IV 2 evozierte »Verkündigung« des Erzengels Gabriel an Maria (Lukas 1, 26–38). 110.2400

Metze: Leichtfertige Dirne; ein Bild, das hier von Käthchen (vgl. I 1 und IV 2) auf ihre verstorbene Mutter Gertrud übertragen wird, von der sie das Geburtsmal geerbt hat. 110.2407

Zweikampf: Verabredeter Kampf zweier Personen nach vereinbarten oder hergebrachten Regeln, meist zur Austragung eines Ehrenhandels (Duell); gilt als Gottesurteil, das den Verlierer als Schuldigen erweist; vgl. auch Kleists gleichnamige Erzählung (SWB 3, S. 314 ff.). 111.2415

Märchen: Hier zunächst als idiomatischer Gegenbegriff zu ›Wahrheit‹ gebraucht; gleichzeitig ist die Referenz auf die das Drama bestimmende Erzählgattung nicht zu überhören, wobei Kleist das Märchen von den beiden Ringhälften zur Fiktionalisierung einer erklärenden Synthese dient. Er thematisiert hier – wie etwa auch in der *Penthesilea* – die Frage nach der Überschreitung der markierten Grenzen der Differenz in die Richtung eines ›Dritten‹. Das sich in Penthesilea akzentuierende »Dritte« ist Zeichen an der Oberfläche einer ›unbegreiflich‹ gewordenen Welt, die sich keiner Naturteleologie, keiner geschichtlichen Vernunft oder sonstigen metaphysischen Konstrukten mehr subsumieren lässt. Die ›Ordnung‹ des Amazonenstaates verweist auf das ›ganz Andere‹ der Vernunft, das ›Unbegreifliche‹ schlechthin, das den Rahmen für die im Drama entfaltete Grenzüberschreitung setzt. Auch im *Käthchen* wird die prospektierte Synthese durch Graf Wetter vom Strahls unmittelbar folgendem Vergleichsbild (»Ich sei ein Jud'«), das für ihn ebenso absurd ist wie die Annahme, der Kaiser könnte Käthchens Vater sein, abgeschwächt: »Damit wird die Unwahrscheinlichkeit der sprachlich längst vorbereiteten Märchenlösung – der Lösung des grundsätzlichen Problems, ob der (poetischen oder traumhaften) Rede die sprachlich beschworene Wirklichkeit schließlich doch ent- 111.2423

spricht – noch mehr herausgestrichen; die Annahme des Unwahr-
scheinlichen als Wahrheit wäre zu diesem Zeitpunkt noch – hy-
bride Raserei« (Seeba 1987, S. 1046).

111.2441 **Straft um den [...] Welt ihn nicht:** Gemeint ist hier wohl die
unerklärliche, in ihrer wunderbaren Vollkommenheit unbegreifliche Einrichtung der Welt.

112.2452 **Kirchenspiel:** Pfarrgemeinde, die auch für die Geburts-, Tauf-
und Sterberegister verantwortlich war.

112.2458– **aus eines Gottes [...] entsprungen:** Anspielung auf die schon im
2459 antiken Mythos belegte Geburt ohne Mutter: Während Zeus
Leda als Schwan (Euripides, *Helena*, v. 16) und Danae als Gold-
regen (Sophokles, *Antigone*, v. 994) begattet, entspringen Athe-
ne dem Haupt des Zeus (Euripides, *Ion*, v. 454) und Aphrodite
dem Schaum, den die Entmannung des Uranos durch seinen
Sohn Zeus im Meer erzeugte (Hesiod, *Theogonie*, v. 188).

112.2460 **Vatermördergeist:** Vgl. im *Katechismus der Deutschen* Kleists
Wertung Napoleons, den man sich vorstellen solle als »Vatermördergeist, der herumschleicht, in dem Tempel der Natur, und
an allen Säulen rüttelt, auf welchen er gebaut ist« (SWB 3,
S. 485).

113.2495 **der bloße Blitz aus meiner Wimper:** Graf Wetter vom Strahl
entscheidet den Zweikampf für sich, da auch Theobald dem
»Blitz«, dem »Strahl seines Angesichts« nicht standhalten kann;
die überirdische Macht des von Glanz umflossenen »Cherubs«
ist auf den Grafen übergegangen.

114.2498 **die alte Sphynx, die Zeit:** Die vergängliche Zeit im Bild der
Sphinx, in der griech. Mythologie ein geflügeltes Ungeheuer
mit Löwenkörper und Frauenkopf in der Nähe von Theben,
das jeden tötete, der das ihm aufgegebene Rätsel nicht lösen
konnte; erst als Oidipus das Rätsel gelöst hat (mit der korrekten
Antwort: »der Mensch«), stürzt sich die Sphinx in den Abgrund.
Im 1. Buch von Heines *Romantischer Schule* (1835) heißt es:
»Denn jede Zeit ist eine Sphinx, die sich in den Abgrund stürzt,
sobald man ihr Rätsel gelöst hat.«

114.2514 **Pfalzgräfin:** Lat. comes palatinus; in fränk. Zeit Beisitzer oder
als königlicher Stellvertreter Vorsitzender im Königsgericht; seit
Otto I. (936–973) kontrollierten die Pfalzgrafen die Herzöge in
den neuen Stammesherzogtümern Lothringen, Schwaben,

Bayern, Sachsen und verwalteten verstreute Reichsgutkomple-
xe. Bekannt schon zu Kleists Zeiten war die mit dem Herzog von
Orléans (dem Bruder Ludwigs XIV.) verheiratete Lieselotte von
der Pfalz (1652–1722), die in Briefen an ihre Schwester, die
Kurfürstin Sophie von Hannover (1630–1714), kritischen Ein-
blick in das franz. Hofleben gewährt hat.

ein Stern [...] bei ihrer Empfängnis: Anspielung auf den Stern   115.2520–
von Bethlehem.   2522

unterhielt: In der Dreiecksbeziehung zwischen dem Kaiser, Ger-   115.2526
trud und Theobald wiederholt Kleist noch einmal die Handlung
des *Amphitryon* auf symbolischer Ebene: der »Jupiter ging eben,
mit seinem funkelnden Licht, im Osten auf«, als der Kaiser,
Stellvertreter Gottes auf Erden, vom Tanz ermüdet, nach einer
Frau aus dem Volk greift, um sich mit ihr zu »unterhalten«, d. h.
beim Geschlechtsverkehr zu ›erquicken‹. Das harmlos anmuten-
de Verb verschleiert nicht nur den sexuellen Akt der Vergewaltigung, sondern verweist vielmehr auf die Zeugung Käthchens in
einem Sprachakt, durch die Kraft des Wortes. Auch der Kaiser
hinterlässt seiner Geliebten ein Schmuckstück (ein Medaillon
eines Papstes Leo) als Andenken und ein göttliches Kind, denn
Käthchen wird – ähnlich wie Herakles – als Kind »recht nach der
Lust Gottes« bezeichnet, »als ob der Himmel von Schwaben sie
erzeugt und von seinem Kuß geschwängert, die Stadt, die unter
ihm liegt, sie geboren hätte«. Gezeugt wird Käthchen übrigens
um »ohngefähr eilf Uhr Abends«, Kleists Stunde des ungebän-
digten Eros, in der Richter Adam den Krug zerbrach, während
die Marquise von O..., immerhin um 11 Uhr morgens, den
noch unbekannten Vater ihres Kindes erwartet.

gleichfalls nicht kannte: Doppeldeutiges Bild, das sowohl auf   115.2530
den Baum der Erkenntnis als Ort des Sündenfalls (1. Mose 2,9)
als auch auf die bibl. Bedeutung des ›Erkennens‹ (hebr. jad'a) im
Sinne von ›schwängern‹ verweist.

die Verkündigung wahrmachen: Der Kaiser ist nun bereit, die in   115.2536
IV 2 (v. 2264 ff.) von Graf Wetter vom Strahl angedeutete »Verkündigung [...], Daß sie die Tochter meines Kaisers sei«, für
richtig zu erklären; der performative Akt der Herstellung von
Wahrheit (»wahrmachen«) durch kaiserliches Dekret ist »die
utopische Lösung eines Erkenntniszweifels, der am Anfang

von Kleists Dichten steht« (Seeba 1987, S. 1052). Auf diese Weise ist die ›Wahrmachung‹ des Wortes das Märchen von der Legitimierung der Zeichenbeziehung vor dem Hintergrund einer unerlösten Wirklichkeit, in der jedoch – nach Kleist – weiterhin nicht entschieden werden kann, »ob das, was wir Wahrheit nennen, wahrhaft Wahrheit ist, oder ob es uns nur so scheint«. Wenn hier dem sprachlichen Schein durch kaiserliches Dekret der Wahrheitsstatus verliehen wird, verweist dieser ›wunderbare‹ Sprachakt auf eine (märchenhafte) Heilung aller Leiden an der ›Gebrechlichkeit der Welt‹, in der die Übereinstimmung von Zeichen und Bezeichnetem, von Wort und Wahrheit endgültig zerbrochen schien.

116.2556–2557 **mosaische Arbeit:** Die ›wahre‹ Natur Kunigundes als »wesenlose[s] Bild«, insofern sie reine Projektion männlichen Begehrens ist, wird als die eines ›Mischwesens‹ enthüllt, das aus lauter unverbundenen Einzelteilen »zusammengesetzt« ist, eine Konstellation scheinbar kunstvoll arrangierter anorganischer, ›toter‹ Partikel, die zwar den Eindruck des Lebendigen erzeugt, allerdings nichts weiter als ein Groteskkörper ist (vgl. hierzu Reuß 2004, S. 10 ff.). Tritt man daher, wie Graf Wetter vom Strahl in V 7, dieser »mosaische[n] Arbeit« zu nahe, löst sich deren Illusionscharakter auf: Das Bild zerfällt gleichsam in für sich bedeutungslose Teile, die nur der Leser/Zuschauer über seine Wahrnehmung zu einer Synthese zusammenfügen kann. Damit greift Kleist auf die in einem Brief an Marie von Kleist vom Juni 1807 formulierte Einsicht zurück, das »Kunstwerk« sei »nicht das was den Sinnen dargestellt ist, sondern das was das Gemüth, durch diese Wahrnehmung erregt, sich denkt« (SWB 4, S. 379). Kunigunde steht als poetologische Figur, an der Kleist sowohl sein Verfahren wie auch die Zweideutigkeit des Produkts (auch des vorliegenden Textes) demaskiert, für das schlechthin Böse, das mit schönem (Kunst-)Schein die Männer becirct, indem sie die männlichen Projektionen durch wohlkalkulierten Einsatz von Zeichen steuert, und sie in verhängnisvolle Taten stürzt. Ihre Schönheit ist nicht Ausdruck von Grazie oder Erhabenheit, sondern sie suggeriert sie nur, um hinter der Hülle die Leere des Inneren zu verdecken – eine Prothesenfigur, ein Automat, der als Kleists verdichtende Kritik an der Kunstproduktion einer falsch verstandenen Romantik gelesen werden kann, in der die Poesie die Wirklichkeit ersetzt. Kunigunde verkörpert als menschliches Kunstprodukt eine Welt, dem keine objektive Wahrheit mehr zukommt. Darüber hinaus werden auch hier wieder beide Frauengestalten (im Bezug auf das Entdecken und Öffentlichmachen der Wahrheit) miteinander verbunden, da beide durch das Lüften des Halstuches in ihrer wahren Identität erkannt werden. Während Kunigundes Körper ein falsches Zeichen ist, so ist das im Drama viel verhandelte »Mal« Käthchens die Inschrift eines wahren, sozial zu rehabilitierenden Körpers: »Zwei Indizien bleiben zur Feststellung der wahren Identität: Mutter-Mal und Vaterschaft. Man sieht, wie die märchenhaften Züge dieses Dramas nicht an zufälligen Dingsymbolen anknüpfen [...], sondern ein Kleist'sches Grundthema abwandeln: nämlich die Identität, die in der Zeugung und Geburt verliehen wird« (Eybl 2007, S. 169).

drei Reichen der Natur: Mineral-, Pflanzen- und Tierreich.   116.2557

Bergwerken in Ungarn: Dort wurde das Zinnober gewonnen, aus dem rote Schminke hergestellt wird.   116.2560–2561

Reize auf den Stühlen liegen: Bild der extremen Selbstentfremdung nach dem Verlust der Unschuld. In Kleists Aufsatz *Über das Marionettentheater* wird die Grazie über den Verlust des Schwerpunkts definiert, wenn die Seele der Tänzer »in den Wirbeln des Kreuzes« oder »gar (es ist ein Schrecken, es zu sehen) im Ellbogen« sitzt.   116.2569–2570

Bildsäule: Anspielung auf Lots Weib, das angesichts von Sodom und Gomorra zur »Salzsäule« (vgl. I 1, II 15) erstarrt.   116.2571

Sybille: Häufige Fehlschreibung für: Sibylle; im Altertum Name für weissagende Frauen. Die 83 v. Chr. verbrannten sibyllinischen Bücher im kapitolinischen Jupitertempel in Rom, eine Sammlung von Kultvorschriften und Weissagungen, wurden der Sibylle von Cumae in Unteritalien zugeschrieben.   118.2581

Sind die Hexen doppelt?: Vgl. die Erfahrung der Selbstverdoppelung am Ende der Holunderbuschszene (IV 2, v. 2246 f.): »ich bin doppelt / Ein Geist bin ich und wandele zur Nacht!«   119.2597

121.2627 **So fröhlich, wie ein Eichhorn:** Vgl. die zuerst 1784 veröffentlichte 1. Idylle der Sammlung *Luise* (1795) von Johann Heinrich Voss (1751–1826): »ich bin auch fröhlich! So fröhlich, / Als die singenden Vögel im Wald hier, oder das Eichhorn, / Welches die luftigen Zweige durchhüpft« (v. 302 ff.).

123.2638 **Jungfrau von Heilbronn!:** Neben der Anspielung auf Schillers *Jungfrau von Orleans* (1801) ist erneut an die heilsgeschichtliche Lesart zu denken (vgl. v. 2472 f.: »Wissenschaft, / Entschöpft dem Himmelsbronnen«).

123.2658 **Wort des Auserwählten:** Gemeint ist Graf Wetter vom Strahl (»dieser Vertraute der Auserwählten«; v. 2534), der damit selbst zum »Auserwählten« wird, d. h. Gottes Gnade erfährt.

123.2669 **Gott im hohen Himmel! Vater!:** Der Adressierung des Stoßseufzers an Gott, den ›Vater im Himmel‹, wird auf den (Märchen-) Kaiser übertragen, der nicht nur in seiner Funktion als *deus ex machina* – zur Lösung der dramatischen Verwicklung – erscheint, sondern hier gar an die Stelle Gottes tritt.

124.2685 **In meines Herzens Händen:** Zur Personifizierung des Herzens vgl. *Penthesilea*, v. 2799 f. (»O du, / Vor der mein Herz auf Knien niederfällt«) sowie Kleists Ergebenheitsformel im Zusammenhang mit der Übersendung des ersten *Phöbus*-Hefts (mit dem Fragment der *Penthesilea*) an Goethe in einem Brief vom 24.1.1808: »Es ist auf den ›Knieen meines Herzens‹ daß ich damit vor ihnen erscheine; mögte das Gefühl, das meine Hände ungewiß macht, den Werth dessen ersetzen, was sie darbringen« (SWB 4, S. 407).

124.2687 **Was Gott fügt [...] nicht scheiden.:** Anspielung auf Matth. 19,6, wo es über Ehescheidung und Eheverzicht heißt: »Was nun Gott zusammengefügt hat, soll der Mensch nicht scheiden.«

129.2780 **Heil dir, o Jungfrau!:** Der übliche Gebetsanruf an die Jungfrau Maria gilt hier dem soeben zur kaiserlichen Prinzessin von Schwaben nobilitierten Käthchen, womit der Begriff »Jungfrau« als Beiname eines Bürgermädchens erneut durch die bibl. Anspielung relig. verklärt wird. So wäre die Hochzeit Käthchens mit dem Grafen Wetter vom Strahl als Vollzug des Mythos vom Himmel und Erde das ›Heilen‹ der »Gebrechlichkeit der Welt«, Rückgang in den paradiesischen Raum vor aller Unterscheidung und dem Auseinandertreten von Zeichen und Bezeichnetem, den Käthchen im Laufe des Dramas als märchenhafte Ungeschiedenheit von irdischem Handeln und göttliche Sinnhaftigkeit verkörpert.

Sie sinkt; die Gräfin empfängt sie.: Bezeichnenderweise endet vor das Drama mit einer Ohnmacht, die bei Kleist oft ein physisches Zeichen für die Unbegreiflichkeit des Geschehens ist. Ähnlich wie die Titel gebende Figur befindet sich auch der Text in einem Schwebezustand: Das Märchenpaar ist auf dem Weg zur Hochzeit, zum Vollzug des Mythos, aber der feindliche Widerpart (Kunigunde) bleibt als Negierendes bestehen, indem er Fehde ansagt und damit die ›märchenhafte‹ Heilung der Beziehung von Zeichen und Bezeichnetem wiederaufhebt. Vgl. auch Kleists berühmtes Bild des Sturzes im Brief an Wilhelmine von Zenge vom 16.11.1800: »Da gieng ich, in mich gekehrt, durch das gewölbte Thor, sinnend zurück in die Stadt. Warum, dachte ich, sinkt wohl das Gewölbe nicht ein, da es doch *keine* Stütze hat? Es steht, antwortete ich, *weil alle Steine aufeinmal einstürzen wollen* – u[nd] ich zog aus diesem Gedanken einen unbeschreiblich erquickenden Trost, der mir bis zu dem entscheidenden Augenblicke immer mit der Hoffnung zur Seite stand, daß auch ich mich halten würde, wenn Alles mich sinken läßt« (SWB 4, S. 159). Kluge (1995, S. 23 f.) hat unterstrichen, dass auch dieser Dramenschluss (wie sonst üblich bei Kleist) ein offener ist, keine eindeutige Lösung anbietet, der aufklärerischen (des bürgerlichen Trauerspiels) sowie der klassischen Dramatik eine ästh. Absage erteilt und darin seine Modernität beweist. In Kleists Dramatik gibt es keine Beispiele dafür, »daß das Ende des Dramas [...] ohne jede Ambivalenz und Zweideutigkeit, ja Vieldeutigkeit ist, die das Rätselhafte und Widersprüchliche von Mensch und Wirklichkeit ins Bewußtsein hebt, aber nicht auflösen oder gar beseitigen kann«.

Giftmischerin!: Kleist konterkariert die schöne Versöhnung am Ende des ›christlichen Märchens‹ *Käthchen von Heilbronn* durch die Worte »Pest, Tod und Rache« und durch die Bezeichnung Kunigundes als »Giftmischerin«. Damit entzieht das Drama dem vorher angekündigten Bewahrheiten des Zeichens durch den Märchen-Kaiser selbst wieder den Boden. Es handelt sich um ein Ende, das trotz der angekündigten triumphalen

vor
130.2793

Hochzeit wieder ins Offene, Ungelöste, Unerlöste und Bedrohte überleitet. Die Märchenhaftigkeit des Dramas endet also spätestens mit der Nicht-Bestrafung jener Figur des Bösen, der auch noch das letzte Wort des Textes zukommt. Die am Ende nicht als Verbrecherin behandelte Kunigunde funktionalisiert Kleist als »das personifizierte Bild des zersetzten Scheins, und ihr gegenüber treten die unverletzten, zum Zielbild ihrer selbst gelangten Traumfiguren: Käthchen und der mit ihrer Hilfe zu seiner eigenen Bedeutung zurückgekehrte Graf Wetter vom Strahl« (Ueding 1981, S. 181). Die Welt ist – trotz der Illusion eines minutiös aufgebauten märchenhaften Endes – zerbrechlich und höchst unvollkommen. Nur wer aus den Fugen gerät, wer die Grenze des ästh. Kommensurablen überschreitet, durch Wahnsinn, Ekel, Ohnmacht oder Traum, hat die Chance nicht nur auf das, was (bedingt durch den Sünden-Fall) ist, sondern auch auf das, was (in einem möglichen Paradies) sein könnte. »Die Zeit scheint eine neue Ordnung der Dinge herbeiführen zu wollen«, schreibt Kleist Anfang Dezember 1805 an Otto August Rühle von Lilienstern (1780–1847), »und wir werden davon nichts, als bloß den Umsturz der alten erleben« (SWB 4, S. 352).

Suhrkamp BasisBibliothek
Text und Kommentar in einem Band

»Die Suhrkamp BasisBibliothek hat sich längst einen Namen gemacht. Als ›Arbeitstexte für Schule und Studium‹ präsentiert der Suhrkamp Verlag diese Zusammenarbeit mit dem Schulbuchverlag Cornelsen. Doch nicht nur prüfungsgepeinigte Proseminaristen treibt es in die Arme der vielschichtig angelegten Didaktik, mit der diese unprätentiösen Bändchen aufwarten. Auch Lehrer und Liebhaber vertrauen sich gerne den jeweiligen Kommentatoren an, zumal die Bände mit erschöpfenden Hintergrundinformationen, Zeittafeln, Entstehungsgeschichten, Rezeptionsgeschichten, Erklärungsmodellen, Interpretationsskizzen, Wort- und Sacherläuterungen und Literaturhinweisen gespickt sind.«
Frankfurter Allgemeine Zeitung

Ingeborg Bachmann. Malina. Kommentar: Monika Albrecht und Dirk Göttsche. SBB 56. 389 Seiten

Jurek Becker. Jakob der Lügner. Kommentar: Thomas Kraft. SBB 15. 351 Seiten

Thomas Bernhard
- Amras. Kommentar: Bernhard Judex. SBB 70. 144 Seiten
- Erzählungen. Kommentar: Hans Höller. SBB 23. 171 Seiten

Peter Bichsel. Geschichten. Kommentar: Rolf Jucker. SBB 64. 194 Seiten.

Bertolt Brecht
- Der Aufstieg des Arturo Ui. Kommentar: Annabelle Köhler. SBB 55. 182 Seiten
- Die Dreigroschenoper. Kommentar: Joachim Lucchesi. SBB 48. 170 Seiten

NF 279b/1/6.07

NF 279b/2/6.07

Johann Wolfgang Goethe
- Götz von Berlichingen. Kommentar: Wilhelm Große.
  SBB 27. 243 Seiten
- Die Leiden des jungen Werthers. Kommentar: Wilhelm
  Große. SBB 5. 222 Seiten
- Wilhelm Meisters Lehrjahre. Kommentar: Joachim Hagner.
  SBB 85. 700 Seiten

Jeremias Gotthelf. Die schwarze Spinne. Kommentar:
Michael Masanetz. SBB 79. 172 Seiten

Grimms Märchen. Kommentar: Heinz Rölleke.
SBB 6. 136 Seiten

Norbert Gstrein. Einer. Kommentar: Heribert Kuhn.
SBB 61. 157 Seiten

Peter Handke. Wunschloses Unglück. Kommentar: Hans
Höller. SBB 38. 131 Seiten

Friedrich Hebbel. Maria Magdalena. Kommentar: Florian
Radvan. SBB 74. 150 Seiten

Christoph Hein. Der fremde Freund. Drachenblut.
Kommentar: Michael Masanetz. SBB 69. 236 Seiten

Hermann Hesse
- Demian. Kommentar: Heribert Kuhn. SBB 16. 233 Seiten
- Narziß und Goldmund. Kommentar: Heribert Kuhn.
  SBB 40. 407 Seiten
- Siddhartha. Kommentar: Heribert Kuhn. SBB 2. 192 Seiten
- Der Steppenwolf. Kommentar: Heribert Kuhn. SBB 12. 306 Seiten
- Unterm Rad. Kommentar: Heribert Kuhn. SBB 34.
  275 Seiten

E. T. A. Hoffmann
- Das Fräulein von Scuderi. Kommentar: Barbara von Korff-Schmising. SBB 22. 149 Seiten
- Der goldene Topf. Kommentar: Peter Braun. SBB 31. 157 Seiten
- Der Sandmann. Kommentar: Peter Braun. SBB 45. 100 Seiten

Ödön von Horváth
- Geschichten aus dem Wiener Wald. Kommentar: Dieter Wöhrle. SBB 26. 168 Seiten
- Glaube Liebe Hoffnung. Kommentar: Dieter Wöhrle. SBB 84. 152 Seiten
- Italienische Nacht. Kommentar: Dieter Wöhrle. SBB 43. 162 Seiten
- Jugend ohne Gott. Kommentar: Elisabeth Tworek. SBB 7. 195 Seiten
- Kasimir und Karoline. Kommentar: Dieter Wöhrle. SBB 28. 147 Seiten

Franz Kafka
- Der Prozeß. Kommentar: Heribert Kuhn. SBB 18. 352 Seiten
- Das Urteil und andere Erzählungen. Kommentar: Peter Höfle. SBB 36. 188 Seiten
- Die Verwandlung. Kommentar: Heribert Kuhn. SBB 13. 134 Seiten
- In der Strafkolonie. Kommentar: Peter Höfle. SBB 78. 133 Seiten

Marie Luise Kaschnitz. Das dicke Kind und andere Erzählungen. Kommentar: Uwe Schweikert und Asta-Maria Bachmann. SBB 19. 249 Seiten

Gottfried Keller. Kleider machen Leute. Kommentar: Peter Villwock. SBB 68. 192 Seiten

Heinrich von Kleist
- Penthesilea. Kommentar: Axel Schmitt. SBB 72. 180 Seiten.

Friedrich Schiller
- Kabale und Liebe. Kommentar: Wilhelm Große. SBB 10. 175 Seiten
- Maria Stuart. Kommentar: Wilhelm Große. SBB 53. 220 Seiten
- Die Räuber. Kommentar: Wilhelm Große. SBB 67. 272 Seiten
- Wilhelm Tell. Kommentar: Wilhelm Große. SBB 30. 196 Seiten

Arno Schmidt. Schwarze Spiegel. Kommentar: Oliver Jahn.
SBB 71. 150 Seiten

Arthur Schnitzler. Lieutenant Gustl. Kommentar: Ursula
Renner-Henke. SBB 33. 162 Seiten

Theodor Storm. Der Schimmelreiter. Kommentar: Heribert
Kuhn. SBB 9. 199 Seiten

Hans-Ulrich Treichel. Der Verlorene. Kommentar: Jürgen
Krätzer. SBB 60. 176 Seiten

Martin Walser. Ein fliehendes Pferd. Kommentar: Helmuth
Kiesel. SBB 35. 164 Seiten

Peter Weiss
- Abschied von den Eltern. Kommentar: Axel Schmolke.
  SBB 77. 192 Seiten
- Die Ermittlung. Kommentar: Marita Meyer. SBB 65. 304 Seiten.
- Die Verfolgung und Ermordung Jean Paul Marats.
  Kommentar: Arnd Beise. SBB 49. 180 Seiten

Frank Wedekind. Frühlings Erwachen. Kommentar: Hansgeorg
Schmidt-Bergmann. SBB 21. 148 Seiten

Christa Wolf
- Der geteilte Himmel. Kommentar: Sonja Hilzinger.
  SBB 87. 320 Seiten
- Kein Ort. Nirgends. Kommentar: Sonja Hilzinger. SBB 75. 158 Seiten

NF 279b/6/6.07